从弱小走向强大的实战智慧

卖不动到畅销

孟庆亮 著

廣東省出版集團
广东经济出版社
·广州·

图书在版编目（CIP）数据

卖不动到畅销/ 孟庆亮著. —广州：广东经济出版社，2013. 7（2017. 3 重印）

ISBN 978 -7 -5454 -1978 -8

Ⅰ. ①卖… Ⅱ. ①孟… Ⅲ. ①小儿疾病 - 药品 - 市场营销学 - 研究 - 中国Ⅳ. ①F724. 73

中国版本图书馆 CIP 数据核字（2013）第 152924 号

出版发行	广东经济出版社（广州市环市东路水荫路 11 号 11 ~12 楼）
经销	全国新华书店
印刷	湛江日报社印刷厂（广东省湛江市赤坎康宁路）
开本	730 毫米 ×1020 毫米 1/16
印张	17. 75
字数	299 000 字
版次	2013 年 7 月第 1 版
印次	2017 年 3 月第 3 次
印数	6 001 ~7 000 册
书号	ISBN 978 -7 -5454 -1978 -8
定价	48. 00 元

如发现印装质量问题，影响阅读，请与承印厂联系调换。

发行部地址：广州市环市东路水荫路 11 号 11 楼

电话：（020）38306055 37601950 邮政编码：510075

邮购地址：广州市环市东路水荫路 11 号 11 楼

电话：（020）37601950 营销网址：**http://www. gebook. com**

广东经济出版社新浪官方微博：**http://e. weibo. com/gebook**

广东经济出版社常年法律顾问：何剑桥律师

孟庆亮精彩观点集锦

1. 诚信观点

企业和个人一定要把守合同，把重信誉当做一件战略的事来做。

2. 跨界观点

营销与管理是可以“跨界”的，因为商业本质的东西是一致的，突破自己的主观思维一定能获得质的突破。

3. 团队观点

阻碍企业发展永远是已知的东西，而非未知的东西，思想统一及价值观认同是经营团队最为重要的两个方面。一个和谐的团队是最有战斗力的，是一个企业最大的财富。

4. 成功观点

成功是天时、地利、人和的完美结合，而这三样东西是不可复制的。想成功梦想第一、信心第一、坚持第一；策略第二；办法第三。

5. 消费者观点

客户是企业“第一消费者”，顾客是企业“第二消费者”，做品牌一定要赢得双重信任。

6. 模式观点

这个世界没有最好的模式，只有更合适的模式。

7. 管理观点

管理的最高境界就是不要管理。没有最好的管理者，只有合适的管理者。

8. 规则观点

对别人提出要求是需要实力的，规则永远由强者制定。

9. **广告观点**

产品是最好的广告，铺货和陈列就是广告的组成部分。广告投出去全部是费用和现金，是永远收不回的。好的包装自己会说话。终端是火种，广告是火上浇油。

10. **人力资源观点**

最廉价的人力资源是最为昂贵的人力资源，员工没有经过培训就上岗对企业是最大的浪费，员工也包括客户体系。

11. **客户服务观点**

最好的办法就是启发他的脑袋子，帮他装满钱袋子，并用体系长期保护他的钱袋子。

12. **市场开发观点**

市场开发关键在人，人选对了就成功了一半。

13. **培训观点**

培训人才除了培养心态和能力外，最重要的是训练员工养成良好的学习习惯、工作习惯和生活习惯。

理性回顾与思考

这本书主要写儿童药品最畅销品牌“好娃娃”的策划及管理团队是如何以低成本系统让“好娃娃”如何从卖不动到畅销中国的启动期三年的实战智慧。

2003年1月8日，北京国际会展中心迎来了一场营销界的盛会，由《中国经营报》、外经贸部、《国际商报》社、《销售与市场》杂志社、国际营销节联合会、哈尔滨国际冰雪节经贸洽谈会、俄罗斯工商联、俄罗斯轻工业进出口联合会、中国9·19诚信日组委会、中国国际经济科技法律人才协会、美国科特勒营销集团联合举办的“首届国际营销节”胜利召开。

一个儿童药品牌“好娃娃”以两年成长160倍的骄人战绩迅猛发展起来，其销售总监孟庆亮先生被评为了“中国十大杰出营销人”，四年后的2006年，中国工商总局授予了该品牌为中国儿童药品第一个中国驰名商标称号（含形象商标），到2008年，该产品销售量比1999年增长了2000倍以上，销售额增长了5000倍以上，在药业的儿童领域保持了绝对的畅销领先，2008年生产该品牌的太阳石药业在美国上市，2010年被外资以35亿元天价并购，并创下了中国第一大药企并购案。

由于我有一个想法，在产品没有做成行业第一名时绝不发表任何文稿，目的是保护企业更好地发展，不暴露给竞争者，故我在国际营销节上的获奖案例《市场在变化，创新永相随》的文稿一直没有传播，目前行业中的大企业仁和、神威、葵花、三九、快克及众多企业在这一领域展开了激烈争夺，好娃娃被外资收购后销售有所下降。但是，在我离开太阳石的几年中，我在经历了多家企业之后，却发现中国大量的中小企业在经营产品、经营品牌、经营企业上还是不够系统，鉴于此，我愿意把本人十几年营销感受及对好娃娃和太阳石的感受写成此书，愿它能给中国广大的中小企业的老板、高管、营销人员以启示，共同推进中国企业的品牌营销进程及体系化经营。

本书是想通过一个小企业如何让产品畅销中国的故事，向各位总结产品畅销的系统思想、体系、区域启动个案及工具，对中小企业非常实用。

在离开太阳石的日子里，我用在太阳石工作中总结的实战理论，并加以创新，又多次将卖不动产品做成畅销产品，如2010年策划的AB厂，2010年试点后，2011年企业整体增长206%。如顶克品牌2010年底策划，2011年3月底开始发货，10个月时间项目增长400%以上的，并且2012年在行业环境恶劣的情况下依然保持了100%以上的增长。因此，我认为其规律是可以复制及借鉴的，故写成此书，以供大家参考。

读完这本书，您将收获：

让您领略一个产品如何做大、做强成为畅销品牌的真实；

让您分享一个小企业如何成为一家强大竞争力的大企业；

让您树立易知、简从、顺道的系统思想及如何整合的思路；

让您知道规范中求发展与发展中求规范是辩证统一的；

让您分享许多真实的、精彩的区域市场启动全案；

让您分享许多实用的销售工具。

如果您想新产品上市成功，品牌畅销，如果您想将企业做强，这里都有您所需的思考与智慧启示。

作为一名营销人，最怕写出来的东西误导大家，那将是本人的罪过，因此我衷心提醒：

这本书是写药业的，但不要排斥其他行业经验，核心的东西是相同的，如果我没有跨国公司亨氏品牌的工作经历，是不可能成为创造畅销奇迹的核心成员的。

千万不要模仿谁，否则您会很麻烦，一定要实事求是，根据产品、资源、环境等综合因素找到您最合适的商业模式，记住，没有最好，只有最合适。

如果您是总经理，看了这本书感觉好，请您的员工与客户来看，带领大家一起快速成长。

如果您是员工，看了这本书感觉好，请您的上级及总经理来看，只有总经理进步了，企业才能获得进步。

“市场在变化、创新永相随”是我2003年获得“中国十大杰出营销人”案例主题，实事求是与适者生存是市场的最高法则。

阻碍您发展永远是已知的东西，人最重要的本事就是要善于学习与总结，愿这本书能够成为那些有着梦想，并且为能够实现梦想而积极努力学习和感悟的人的一本好书籍。

【本书特点】：由于我从进入太阳石药业起，绝大多数的营销方案、销售文件、会议纪要都是我起草和修订的，并且长期保留了大量工作笔记，因此对整个过程保留得非常完整和真实。在以后的岁月中，我经常在许多太阳石的老朋友那里、太阳石的网站、互联网了解并记录着太阳石发生的一切，并写下了自己的感受。

从2009年起，我通过与彩虹企业管理咨询有限公司合作，将《卖不动到畅销》形成了讲义，开了多场的品牌专题课——“卖不动到第一品牌”，与其说《卖不动到畅销》是今日的有感而发，不如说是十多年的观察与感受。

这本书重在写过程、写体系、写实战、写感受、写得失、写思路；独家首发、真实案例再现、原创实战理论总结及点评，通俗易懂，适合多层次人群。

本书在写作的初期就定下了两个原则，尽量少引用大公司的案例，尽量少引经据典。少点浪漫，多点理性，这样才是对那些做企业、做品牌、做销售的人真正负责。

还有一点，全书更多的是写企业在年度增长1个亿以前的故事，企业从3000多万元到2个亿的过程，其实任何事业都是万事开头难，走好了第一个三年，后面的发展就会进入快车道。

因此，做企业，除了总经理和团队外，商业模式与企业基础永远是最为重要的，模式对了，基础做好了，不想高速发展都不行。

本文中我提出了“低成本”的概念，那么到底什么是低成本，我是这样认为的：

一、企业资源少却可获得更多资源。其实这个世界最不缺的就是资源，关键是您是否知道它们，并且知道它们之间的关联性。记得我在外做培训时常讲的一个美国IT工程师的故事，他拿到很多工作，经常是自己很少做，而是通过互联网整合到“世界的办公室”由印度的IT工程师去做，而印度的白天正好是美国的黑夜，等到美国工程师睡个大觉起来，再在家里接收印度工程师完成的任务，通过互联网支付印度工程师的费用，要知道美国工程师赚了大头，印度工程师才赚了小头。

二、企业缺人才却能获得好人才。只要东家机制好就不愁找不到好掌柜，如正大集团在收购山东福瑞达时，就是用5%的期权套现契约引进操盘手，

2008年正大福瑞达以16. 80亿元天价卖给博士伦集团，正大收获了15亿多元，操盘手也获得了8400万元的天价回报，创造医药类打工仔最大的回报。

三、整合社会资源短时间内高速发展。企业如果都想通过建资源才去发展，那一定会太慢，并困难重重，因此，建企业，做品牌一定要有整合的思想，一切皆可整合，关键在思路。

四、整合人心、聚集人气、获得人才。整合的关键在于整合到能整合资源的人才，而整合的关键在于整合人心，聚集人气，要以诚信为本。

五、整合枪杆子是整合的核心。市场整合是整个整合的关键，打天下关键在人，而只有掌控资源的人才是您最要整合的。

六、整合枪杆子靠好企业、系统方案及体系。但一定要党指挥枪，这是治国的方略，更是做企业、树品牌的方略。否则只能诸侯割据，不能做大产品、做好品牌及企业。

七、还有是不折腾，不回头，不浪费时间，就是最大的低成本。因为时机也是最重要的，是不会回头的。

另外，好娃娃的高速成长及太阳石奇迹的产生，验证了一个道理：一般的企业都是以5%～30%地成长，但成功的企业一定都有100%～1000%的大跳跃式增长，如果一家公司在发展的阶段从来没有出现过三到五年的100%～1000%的大跳跃增长，这家企业在行业中根本就立不起来！好娃娃2003年度比试点的2000年增长了500倍以上就是最好的验证，并为持续畅销打下了坚实基础。

好娃娃及太阳石的极大成功验证了一个问题：任何一项商业成功等于（他人的头脑+他人的资源+他人的资金）乘以商业模式乘以机制。

中小企业想产品快速畅销关键在于先整合到关键整合者，我将《卖不动到畅销》总结出版希望对社会很有意义。

回答几个关注的问题

《卖不动到畅销》的提纲被很多朋友看后，大家非常关注几个问题。

第一个问题，为什么要将网络上已经宣传了4年多的《卖不动到第一品牌》案例最后定为《卖不动到畅销》？主要考虑了几个原因：

1. 第一品牌与畅销是有本质区别的。

第一品牌在某一行业或某一品类中可能只有一个，但是实现畅销却是很多企业可以实现的，第一品牌大多是天时、地利、人和的完美结合，不是每个企业都可以实现的，但是想做第一品牌，首先是要让产品或服务在某一区域、某一时间先畅销起来。

在进入太阳石的第一天，老板是想让我在3年内将企业先做过亿，先将一战主导产品康妇特栓做好并过亿，好娃娃销量争取达到5000万元就行了，当时并没有想到好娃娃能够达到中国第一，亚洲第一，只是我有个美好愿望想做一个儿童药的品牌出来，但是在做的过程中却发现好娃娃的市场增长比康妇特快得多，随着全国很多地区不断畅销才在二次规划时提出做中国儿童药第一品牌的目标，并在6年内在全国各市场实现畅销，全部进入区域前3名，很多市场是第1名，当然在中国就是第1名了，后4年由于机制稳定还是保持了不断增长。

2. 百分百做好畅销远比第一重要。

大家只要按这本书中提出的战略、策略、办法认真地做好每一个百分之一，集100个最好的百分之一争取畅销的实现，我想您的品牌一定能够成为一个非常畅销的品牌。

因此，对于绝大多数的中小企业，“不求最大，但求最好”的理念可能会让企业做得更好，更强，并且做到持续的畅销。我认为：做企业就是要做到健康强壮，太阳石在长期的运作中始终保持了20%左右的纯利润，对企业的稳健发展是至关重要的，一个企业只要有很好的现金流及利润，这个企业才是一个血气旺盛的企业，才是一个可持续发展的企业。

3. 想让更多的读者能够分享这本书。

我认为，这本书是一本小微企业成长为中大型企业的经典，所有案例及故事都是真实原创，是一个完整版的中国企业的 MBA 教案，内容道术俱全，是适合老板、创业者、经理及基层业务员多个层面阅读的一本好书。

如果将这本书命名为《卖不动到第一品牌》可能会让很多读者离开。对于创业者，中小企业老板认为第一品牌太遥远了，并且很多老板对品牌运作还不了解，也不知道怎么去做品牌，不知道品牌对销售的影响力，不知道基础品牌体系是可以在启动时就可以做的事。而对于经理人及业务员也会觉得与他们无关，大家更多的会关注产品如何畅销的问题，第一品牌太遥远，因此很有可能让大家错过一次很好的分享机会。

而写成《卖不动到畅销》会让大家更亲切，更愿意去了解一下，当读完以后，无论是哪一个层面的读者，都会感觉与自己有关，因为本书是一个少有的真实的实战全景案例。

第二个问题，太阳石是如何获得 4 个中国驰名商标的？

关于这个问题，我在本书没有和大家沟通，但是，有一点非常重要，在中国绝对多的地方将产品做到最畅销，最让老百姓信任，您再请一个合适的商标事务所代理申请事宜，相信您成为中国驰名商标不会很难，这样做符合量变到质变的哲学观点。因此，百分之百地做好畅销及持续畅销是申请中国驰名商标的关键，能够获得这个荣誉对于一家企业来说当然非常重要，也会带来很多利益。但是作为真正畅销的品牌最为重要的还是要让消费者信任您，并且不断进行重复消费。

另外，如果太阳石没有好娃娃的销量达 1 亿盒以上，就不可能有好娃娃名字与形象商标同时获得中国驰名商标，没有好娃娃就不会有太阳石与康妇特获得中国驰名商标的机会，所以太阳石 4 个驰名商标的获得走的是以品种打造好娃娃，以好娃娃带动太阳石与康妇特，说通俗点就是一人得道、鸡犬升天。

另外分享一下品字，三口也。

第一，是赢得员工的好口碑，让员工喜爱信任企业与产品，如果您的员工都不敢用自己的产品，他是推销不好自己产品的，因为只有拍着胸脯去承诺您的客户，客户才能相信您。

第二，是您必须获得合作客户的喜爱与信任，让客户赞美您，让您的好品质产品给他带来长期稳定的好利润，这样他就会主动积极地推荐您的产品。

第三，是消费者喜爱信任您，不断消费您的产品，因此，您必须长期做好产品品质，而不是像某些企业广告做得很好，但是只是一个创意，并不是来自内心的一份真诚，不是对客户、消费者一份真正的诚信。因此本书的第一个观点是诚信观点，一个企业和个人一定要把守合同，把重信誉当做一件战略的事来做，并长期坚持。

目前的中国市场，食品、药品、餐饮等多个行业都爆发了大小企业的坑民事件，国民是非常痛心，我们的富人先富起来后依然在唯利是图，在我们这个儒学创始国度，我们企业家怎么就没有一点儒家风度呢，作为儒学大师孟子的七十三代孙，我想我有责任去呼唤，故我想倡导大家向孟子学营销，真正做到民为贵，君为轻，您的企业帝国才能长治久安。当然，很多朋友也希望我能将孟子的儒学思想全面整理，结合时代写出一本《向孟子学营销》，我想我会用几年的时间来研发他，希望伟大的时代能够诞生更多的儒学企业家，这才是国家之幸，消费者之幸。

第三个问题，太阳石是如何进入资本市场，又是如何高价退出的？

进入资本市场在二次战略规划中就提出了水到渠成策略，意思是：只要我们将产品做到非常畅销，企业各项指标做得非常好，我们进入资本市场就非常容易，在这个流动性泛滥的世界里，好的企业及好的项目还是太少，而目前资本是非常大的。不要把资本市场太当回事，做好自己，资本一定会找上您。目前我策划的新企业，已有十多家投资公司想投资我们，他们到底看上我们什么呢？

好的老板、好的团队、好的模式以及高成长性。因此，做好自己，将产品不断做成有利润的畅销才是根本。那时，就是您选择合适的资本合作的时候了，当然，卖价也会更高。

太阳石药业是2003年进行股份制改革的，2008年登陆美国纳斯达克，在资本市场很惨的时候进入，成功融资20多亿元人民币，2010年被赛诺菲—安万特以5.17亿美金（近35亿元人民币），以中国医药行业第一天价被收购载入了中国的医药工业发展史册。外资关键看重中了太阳石的品牌、网络、高利润等重要指标，关于具体操作，我没有参与，虽有了解但也不想在书中多讲，如有机会，大家可以私下交流。

但是，有一点对于做企业的朋友一定是经典：做企业就是为了做成高利润的畅销，并且让所有利益方获利。另外，企业是否真的要进入资本市场？我觉得老板们要好好想想，不要想当然的就是圈钱，退市走人这样简单，关于这方面的书很多，我在这里就不再提出拙见了。

引 论

康妇特——全面呵护女性健康；好娃娃——帮助孩子健康成长；太阳石药业——永远的温暖，三个核心理念的十年坚守，创造中国几个第一，不仅是中国药业的榜样，也应成为众多中小企业学习的榜样。

一、太阳石药业的成长道路

到2010年止，太阳石的成长之路应当说是基本完美的，一个没有太大波折的发展是大多数企业希望的，做企业最怕的就是瞎折腾，浪费人、财、物，失去最好的发展时机。合适的时间、合适的地点、合适的人、合适的办法、做合适的事是企业持续发展的关键，把握好了，企业就一帆风顺，把握不好，企业就会瞎折腾。

1996年，太阳石药业以两个产品“肠炎灵”及“康妇特栓”，租赁唐山妇幼药厂的一层车间开始了其传奇的发展。

到1997年底公司销售规模突破1000万元大关，由于公司创业初期向人借了几百万元资金到期要还，于1997年底又向当时的唐山景泽药业的董事长借来了几百万元，到1998年景泽药业并入太阳石药业，其企业的批文也同时并入太阳石药业，在2000年以前太阳石药业的妇女儿童药的销售基本上是康妇特栓一枝独秀，到2000年销售回款突破3000万元。3000万元对于一个小企业来说，应当说是刚刚度过了一个生死坎，要发展必须要不断“拓展市场”及“开拓品类”。

从太阳石药业创立的那一天，企业就有一个梦想，如何让太阳石药业成为一家真正的专业妇幼药厂，于是企业一直沿着妇科线及儿童线购买和研发批文，注册商标。

1999年底太阳石“好娃娃”品牌上市，到2000年的6月30日，整个销售不到5万元，于是在2000年开始招聘销售总监，2000年8月我加盟太阳石，开始了太阳石药业的第二次创业与改革。

2001年，太阳石药业开始混合型品牌营销模式导入，快速整合了渠道资源，太阳石药业回款突破7600万元，其中好娃娃增长1000多万元，康妇特栓的销售也翻番，产品结构不断优化，并进行了第一个五年战略规划，提出5年将好娃娃打造成中国儿童药第一品牌，并成为中国第一个儿童药驰名商标。年底太阳石药业新厂建成，成为了国内较早的新建GMP药厂。

2001年下半年起，太阳石药业大力开展基础建设，为迎接企业的高速发展做准备。这一年内部进行了组织再造、流程再造、ERP信息资源管理系统导入、网站改造等，外部继续扩大队伍建设及上柜率建设，这一年企业回款突破9700万元，好娃娃回款突破3000万元，公司出现了好娃娃在数量上赶超康妇特品牌的势头。

从2003年起，公司面对非典，太阳石药业出现了跳跃式发展，年度增长从计划增长5000万元到突破1个亿的增长，回款突破2亿元大关。以后7年中平均每年增长一个亿左右。

2006年8月份，好娃娃文字及图形商标成为了中国第一个儿童药品驰名商标，公司被评为中国最具竞争力的非处方药的20强公司。

2008年，太阳石药业在美国纳斯达克上市，成功融资20多亿元人民币。

2009年，太阳石药业回款突破1.47亿美元，人民币10亿元大关，成为了中国最大的妇儿药品生产商，药业百强企业。康妇特及太阳石品牌又获得了中国驰名商标。从此太阳石药业成为了中国制药公司拥有中国驰名商标最多的公司，也成为中国企业拥有最多中国驰名商标的企业，在唐山地区是唯一，在河北是唯一。

2010年10月27日，太阳石药业被法国制药集团赛诺菲以5.17亿美元（近35亿元人民币）全资收购，成为了新中国成立以来外资收购中国制药公司的第一大并购案。

二、好娃娃的成长轨迹

他是一个娃，是一个中国成长最快的娃，一个最值钱的娃，他不仅帮助了一大批人成功致富，更成就了中国药业历史上的一个奇迹，5年时间，他成就了好娃娃从卖不动到儿童药品最畅销品牌的神话，10 年更是造就了一个中国第一收购案，可以这样说，赛诺菲收购太阳石更加看重的就是好娃娃的品牌及强大的分销网络。2006 年《中国药店》杂志在一份调查报告中发现好娃娃的市场占有率竟然高达93%，也就是说中国几乎所有药店和基层医生都在使用它，任何一个品种如有这样高的占有率，想不成最畅销品牌都不可能。

1999 年好娃娃商标注册被受理，旗下有 5 个儿童常用药物，1999 年下半年好娃娃儿童感冒药上市，到2000 年的 6 月 30 日，整个销售不到 3 万盒，回款不足 1 万盒，大量退货产生。

2000 年下半年我进入，开始了好娃娃的招商、布局、样板市场开拓与打造，到 2001 年上半年，销售模式摸索基本成功，开始了好娃娃的第一个五年战略规划。到 2001 年底销售突破 200 万盒，销价提升 60%。同时进行了商标的关联注册保护，为长远品牌保护及品牌延伸预留了足够的想象空间。注册了好娃娃“群娃图像商标”，更有利于好娃娃品牌识别与传播，并引领了儿童品牌包装的趋势。

2002 年，市场网络不断扩大，好娃娃销售突破 510 万盒，销价提升 30%，并出现了销售达 70 万盒的大省，全国各地的经理信心大增，产品供不应求，公司新建颗粒剂车间开工，各地经理开始摸索广告推广及公共关系。

2003 年，全国布局全部完成，好娃娃销售突破 1300 万盒，销售价再次提升 20%，出现了销售达 110 万盒的大省。在很多区域市场儿童感冒药出现畅销局面，产品导入达 5 个，形成了好娃娃系列化，其中儿童感冒药商业规模过亿。

特色传播系统启动：高空点缀（视听媒体的点缀性）+低空突破（售点及地面活动）+中空配合（报媒及互联网）+公共关系（牵手妇联、关心下一代协会开展儿童书画比赛等活动）。

2006 年，好娃娃商标被评为中国儿童药第一个驰名商标，销售额突破 4 亿元大关，成为儿童药第一，销价相对于 1999 年累计提升近 2. 8 倍，品牌溢价水平不断提升。

2009 年，好娃娃销售近 6 亿元，其中，6000 万元以上省份 3 个。太阳石的颗粒剂生产基地成为亚洲最大的颗粒剂生产基地。

2010 年 8 月 28 日，在上海召开的 2010 中国药品零售业态信息发布会上，太阳石药业再创佳绩，旗下“好娃娃”品牌名列“健康中国 · 2010 中国药品品牌榜”儿童用药上榜品牌第一名。

2010 年随太阳石药业一起卖给法国赛诺菲公司。

三、梦想破灭后加盟太阳石

梦想是成功最大的因素，一个人没有了梦想就会没有激情，没有激情的人是很难创新与创造的；一个企业如果没有了梦想，它将停滞，落后；一个国家如果没有了梦想，它一定会落后挨打。

1997 年，我离开了影响我一生的跨国公司亨氏，进入到药业发展，1997 年的 10 月，我们一群来自不同行业的人同时进入了湖南当时最有思想的企业——正清制药集团，到 2010 年，从正清制药集团出去的总监及总经理几百人，对推动湖南医药企业发展及医药行业的发展起到了小黄埔军校的作用，在此我要感谢正清的所有领导，即使后来没有认可我的创意，依然感谢。其实到今天思考本问题，并非是领导不认可，而是没有办法支持。年轻人对别人不能认可您的想法总是怨这怨那，其实还是经历不够，认识不够。

我到达正清后被分配到当时破产重组的正好药业，企业通过三年高速发展销售额从 0 到 9000 多万元，进入湖南医药工业十强，这个发展速度在当时国内也是很快的，其中单品“抗宫炎片”成为全国本品种第一，我有幸从一个大区经理回到公司总部负责全国市场开发，进而负责公司正规市场部的组建，并成为了市场部市场总监，在这里学习了许多管理企业及开发全国市场的经验。

1999 年随着正好公司的高速发展，我发现了一个巨大的商机，就是后来的所谓第三终端市场及儿童药品市场，于是向公司提出了很多意见，尤其是《如何开好推广会》，1999 年在正好开发第三终端立下了汗马功劳，后来又写作了《踏入药店营销》，两篇文稿都发表在《销售与市场》，成为了医药行业最早的 OTC 营销教材，并被收进《中国非处方营销手册》，被很多药厂及同行使用。

由于我从品牌快速消费品企业实战出来，并一直在想，药品行业是否可以导入更多的快速消费品的经营思想和理念。20 世纪 90 年代，中国曾经有一个红极一时的卡通片《聪明的一休》，当了解到“一休”的文字商标被正清制药集团在第五类已注册，形象商标被正好制药在第五类注册，于是我开始查找两家儿童药的品种批文，发现两家公司合起来有几个儿童感冒、退烧、止咳、消炎的产品。当发现了这个机会，便向正好的决策层起草了一个关于启动“一休牌儿童系列产品的商业计划书”，主题就是想通过整合集团内部的商标和产品资源，利用《聪明的一休》在国内热播形成的无形资产效应，低成本地率先在国内儿童药市场推出一个系列化品牌。在当时的中国市场除了哈药的“护彤”在全国采用单一的广告传播外，并没有一个真正营销出来的儿童药品牌。

“一休”品牌儿童系列建议书

致尊敬的王总、邓总（正好的总经理、营销副总）：

并转：集团

1. 市场商机：通过市场部的大量终端走访，我们发现一个重大的商业机会，目前儿童药品市场除了哈药的“护彤”品牌外，没有一个真正的全国性营销品牌，更没有一个儿童系列化品牌，目前通过对公司及集团的了解，我们两家公司的产品中儿童产品有感冒、止咳、退烧、消炎药等儿童常见病产品6个，如果能够形成系列化推广，那将形成行业集成创新的优势，在国内一定是领先的。

2. 目前《聪明的一休》正在热播，我们又抢注了“一休”牌商标，我们将得到大量的免费广告资源，对产品推广将会非常有利。

3. 品牌规划：启用“一休”牌文字商标和形象商标，进行6个产品的品牌VI设计，品牌核心理念可以暂定：为了孩子健康成长（模仿于亨氏——为了健康的下一代）。

4. 整合建议：产品分两个公司生产，集团成立一个儿童药事业部进行专业推广。

以上请公司领导及集团领导商议并决定。如可行，我将进行下一步的详细调查和规划。

提案人：集团正好制药市场部孟庆亮

1999年12月15日

但是建议书递上去后石沉大海，我知道这件事不可能做成，非常失望，同时也看到了正清体制的弊端，当我看到正清由于决策失误在快速下滑时，感到在这个企业再无发展空间，于是在2000年的3月18日，我的31岁生日前向领导提出辞职。

果然，2000 年以后的正清从湖南老大一步步走下坡路，尽管“一休”后来上市，但是还是没有整合好，更没有畅销起来。站在今天的角度，我看自己离开正清，在东方应了“塞翁失马，焉知非福”，在西方应了“上帝为您关上一扇门，一定会为您开启一扇窗”。我是幸运的，2000 年 8 月我到了太阳石，爱上了“好娃娃”，开始了创造儿童最畅销品牌的梦想之旅。

目 录

上篇 从卖不动到畅销

中篇　营销模式解密

下篇 打造畅销品牌道与术

上篇：从卖不动到畅销

企业成长壮大，从产品上实现畅销突破！

第一章　企业第一难事产品卖不动

随便问一个企业的总经理或者是销售人员，企业第一难事是什么，大家一定会说是产品卖不动，这个世界不知有多少企业天天在头痛这件事，本书的故事就从太阳石的产品卖不动说起吧。

第一节　不到100万元创建企业

1996年，总经理凭着自己对妇女儿童事业的执著追求，以及他14年在医药行业的多个企业、多个岗位的工作经历，在面对唐山医药工业落后的局面下，企业在自有资金不到100万元的情况下，面对缺资金、缺工厂、缺产品、缺队伍、缺品牌等综合困难情况下，创办了太阳石（唐山）药业有限公司，在当时谁也不知道，这个企业到底能否活得下去，更不会想到，企业会在14年后创造一个中国医药工业史上多项第一的神话。

1．缺厂房的化解

没有工厂怎么办，在创业初期如果先建立一个工厂，可能的结果就是厂房还没有建立起来，创业的基金就会用完，并且可能会因此负债累累。当时的唐山妇幼药厂由于体制等多方面的原因，企业经营不善，总经理就与当时的唐山妇幼药厂的厂长协商能否租赁经营一层车间干起来。非常幸运的是，唐山妇幼药厂的厂长非常欣赏总经理的胆略，觉得一个30出头的年轻人有想法应当去支持，便同意了租赁企业厂房的方案，没有厂房的难题得到了解决。

2．缺资金的化解

对于一个年轻人，想创办一家企业，缺资金是一个常见的问题，由于总经理十几年在医药行业积累的人脉关系，1996年总经理在自有资金不到100万元的情况下，向好朋友借了300万元投入到企业中来，但是等到厂房装修、设备、原材料全部到齐，企业的流动资金已经非常少。而作为传统的建设队伍，赊销产品的做法就会让企业更加资金短缺，因此代理制与底价承包制成为了早期太阳石药业营销融资的最佳办法，企业开发市场的资金以客户投入为主。

3．缺队伍的化解

由于总经理在医药行业有十几年的人脉关系，实行了以代理为主、自建为辅相结合网络组建原则，迅速地在全国构建了一个基本的销售网络，成为中国医药业较早实行代理制的公司，而且也具有了混合制营销组织模式的雏形，为我后来的发扬光大奠定了基础。

4．缺品牌的化解

总经理凭着自己的灵性及行业的底蕴，思考了大量注册商标，从 1996 年到 1999 年就注册了 30 多个，目前的好娃娃、太阳石、康妇特这些“经典”商标都是那个时候取的。从重点商标的取名可以看出，商标是围绕企业的战略方向进行取名的，而且“商标的基因”非常好，一看就让人知道这个品牌传达出来的寓意，这也是后来能够用较少的广告费用却创造了很好的传播效果的主要原因，虽说当时没有更深层的规划，但更多的是一种对市场的感觉，这种感觉是由一种特别的基因与经历决定的，不是随便就可以训练出来的。

所以我认为，企业家不是培训出来的，而是一种大分加经历的综合体，这种取名在 20 世纪 90 年代的医药行业已经是非常超前。

所以说领先三年，富贵十年，好的商标资源的抢占为太阳石的品牌发展减少了很多传播费用，企业的成功是有准备的。

5．缺产品的化解

建厂初期，太阳石药业的主要产品就是一个肠炎灵胶囊，一个康妇特栓，后来随着景泽药业并入太阳石药业，太阳石药业增加了许多产品，但是并没有给太阳石药业的妇女儿童产品的战略发展增添任何好的产品，相反却让企业的产品方向背离了企业的定位方向——妇女儿童专业药品生产供应商的定位。这一点总经理有清晰的认识，到 1999 年底，公司通过购买与研发相结合，妇女儿童的产品品种增加到近 10 个，已有明显的系列化的痕迹，很明显，研发与营销是匹配的。

而许多企业的研发与营销是脱轨的，造成渠道成本、传播成本很高，很难做大品牌。

我由于祖父懂医的缘故，对于《黄帝内经》有一定的研究，其不光是讲医，也不光是讲药，核心是写如何提升生命的质量，如何让生命活得又好、又长。

因此建立一家企业，第一步一定是活下来，第二步是活得好，第三步才是又好又快。

中小企业想从一开始就又好又快非常难，但是也是可以创造的，关键看人。

1997—1999 年太阳石药业通过三年的发展，企业的销售突破了 3000 万元这个坎，企业已解决了生存危机，而且保持了 20% 以上的较高税后赢利能力，并且一直保持到了企业上市，主导产品康妇特栓已经在北京、上海、天津、大连等大城市与跨国制药企业杨森的产品达克宁栓不相上下，在品类中已进入了前三名。

1999 年底，总经理开始了他的第二步行动，上市儿童系列化产品好娃娃，向专业化的妇幼生产商继续前进，但到 2000 年 6 月份下来，却出现了以下情况：

第二节　一战产品销售停滞不前

1. 养家产品出现区域化特点无法突破

当时太阳石药业一个养工厂工人的产品叫肠炎灵，什么叫养工人，就是这个产品有一定的生产量来满足工人的生产作业，否则工人将无事可做，没有熟练的一批工人对生产企业将是致命的，其产量与质量都很难稳定。这个品种经过三年的运作，在云南一个区域市场，该品种形成了近 80% 以上的占有率，但在面对全国市场的开发道路上一直没有进展，想开发其他市场，货一旦发出去，产品又会大量回流到云南市场。另外由于产品疗效好，尽管在云南市场比竞品的价格高了近一倍，消费者还是选择了太阳石的肠炎灵。

启示 1：产品只要品质好，适当高定价是没有问题的。

启示 2：先入为主，一个产品只要抓住了消费者的需求，竞争者是很难超越的。

启示 3：品种育品牌、品牌带品种，后来太阳石企业的任何产品到这个市场都能发展快，客户及消费者都认可这个企业。好娃娃这个品牌也是最先在云南这个区域市场率先畅销起来的。因此无论区域市场还是全国市场，任何一个企业都应当重点打造一个产品或品牌，待第一个品牌有足够的消费者消费量及信任度的时候推出二战产品，这样无论是客户还是消费者都会更容易接受。

启示4：喂猪与养儿，很多企业在一开始创业的时候，总是雄心勃勃，想创造一批品牌或重点产品出来，结果是养了一群儿子却养不活，要么送人，要么死掉。这里就得提出一个观点，在创建企业的时候，一定要搞清楚，谁是您的猪，谁是您的儿，穷人家的办法就是“喂猪育儿”。

因此创业的时候一定要有“穷人思维”您才可能养好一个儿，当然有条件的话更要喂一群猪、养一个儿，喂猪赚现在的小钱，育儿赚未来的大钱。

2. 主导产品康妇特栓只占领了部分大城市，增长慢

康妇特栓：一个治疗妇女宫颈炎的产品，在产品的上市初期，由于合作的推广客户都生活在大城市，从一开始走的是与跨国公司同台竞技的道路，投入相当大，三年下来，虽说在北京、上海、天津、大连等几个大城市与第一品牌“达克宁栓”不相上下，但是在广大的二、三、四线城市及周边地区，由于没有队伍及投入，销售极少，很多省份由于没有客户网络，销售处于零销售状态，市场增长进入了缓慢增长期。

3. 主导产品康妇特栓出现窜货情况

由于企业在创业初期，公司的销售都是总经理一人运作，营销模式基本上实行的是简单的交易型代理制，即发货回款的销售，是典型的粗放式管理，对市场的规划及管理都不到位，康妇特栓大部分省区代理又层层发包，加上市场发展不均衡，后发展市场对先开发市场有较大窜货发生，由于公司不能及时处理，又出现先开发市场的报复性低价抛货，造成整个市场窜货横行，全国价格体系不能维护，想做大的市场都不想投入及不敢投入，整个销售没有了增长。

4. 思考：产品不能持续发展的主要问题

（1）体系不合理，最重要的是价格体系、推广体系、渠道体系冲突，企业不知如何处理、不处理、拖拉处理等，造成客户与客户之间，客户与企业之间怨气冲天。

（2）队伍发展不均衡，代理商及队伍不重视产品，其实根源在于企业无规划、无管理、无培训沟通，造成客户对企业没有信心，从而不去建设产品推广队伍。

(3) 企业服务不到位，不守契约、不讲诚信，很多企业见钱眼开，客户刚刚做起来就在同一地区发展新客户，以为客户增加了，市场就能增长，但是事实是很多地区客户太多，销售恶性竞争，反而无利可图，造成很多客户放弃。

客户是企业“第一消费者”，顾客是企业“第二消费者”，当客户不愿经营时，渠道就此短路，消费者再也不能买到企业的产品，这是很多产品还没有做大就死掉的主要原因之一。

(4) 政策变化快，企业见不得市场人员富起来，这个在很多企业中存在，主要是老板或总经理有问题，企业的机制有问题，这样的企业是不可能做大的。

不能让企业相关人员“发财与发展”的企业一定会死，一定会众叛亲离。

(5) 产品的质量不稳定、生产不稳定等。没有好品质的长期坚守，就不可能有长远的品牌产生，三鹿这么大的品牌一下就被摧毁了。

以上问题在企业的初创阶段可以说是常见的问题，但是完全是可以预防，可以通过制度及流程建设来改变。

第三节　二战产品上市受挫卖不动

1999 年下半年，太阳石药业的二战产品好娃娃在只有 100 多字的文件下上市，到 2000 年的 6 月份整个销售可以说是惨不忍睹，近一年时间，商品发出不到 3 万盒，回款不到 1 万盒，好娃娃投入市场失败，生产及销售不能持续。

市场客户主要表现为：不愿推、不能推、不推广、整件整批退货到公司，原因如下：没有一个完整的营销方案，也没有做培训，就起草了一个非常简单的白纸文件，给了一个底价您自个去卖，以为按原来的产品推广办法就能成功，这种上市方法在绝大多数中国企业中仍然在演绎。尤其是其原来的客户都是做医院渠道的，根本就不知道如何做市场渠道，因此失败是必然的。

对好娃娃这个品牌没有一个规划，所有的客户不认可这个商标，更有客户说这个商标是农民取的，非常老土。同时认为好娃娃嫁接的几个儿童药品都是没科技含量的东西，且生产厂家众多，谁都不愿意推、谁也不敢推广。

加上没有任何一个样板市场，没有任何推广成功的榜样及经验。企业在这种情况下，就给每个市场铺上 5～10 件货，一张单页，可是几个月后，一个又一个市场整件货都退了回来。

目前在中国还有很多的企业正在演绎着这样的产品上市，您说这样的产品上市怎么能做大，市场人员谁有信心去做，谁的开发利益又能得到保证？因此新产品上市一定要有规划、有试点，到再规划，再试点的一个过程，即使是同样一个类型的产品也应当有规划、有试点，目的就是要做出样板市场，做成“赚钱”的效应，增强样板客户信心，从而带动大家信心，并用体系进行保护。

第四节　二战产品上市失败常见的六个规律

1. 没有为二战产品走向市场做好准备

这里所讲的准备主要指人、财、物方面的准备，而且是人、财、物的有机结合，人是核心，财物是基础，缺一不可。但许多企业往往是在以上条件不具备的情况下，匆忙推出二战产品，结果导致产品推出就失败。如某某省的某一制药厂，原来一直生产处方药，从未生产销售过非处方药，后来通过各方面途径弄到一个 OTC 产品，企业领导认为企业人、财、物、办法皆已具备，于是大上广告，可半年后一统计，广告费是产品销售额的五倍，领导到这时才猛然醒悟，原来的医药代表只知道做处方药，还不知道 OTC 产品的销售方法，而公司又没及时补充 OTC 的策划和营销人员，造成货物根本无法到达终端，造成了二战产品上市的失败结局。

2. 二战产品的市场生命力脆弱

企业一战产品的市场成功，使企业的决策者和课题研究人员往往盲目乐观，夜郎自大，相信自己胜于相信市场。这时，这些决策者们已不愿意去做用产品的科技含量和市场价值去吸引市场和消费者的工作，而是用决策者的主观想法主宰并代替一切。也就是说，这个产品泡沫大、风险大、功能不完善的隐患大量存在。其实，企业只需冷静并理智地重新审视一下自己的产品，就可以得出不同的结论。但往往令人遗憾的是，胜利冲昏头脑，想要阻止鲁莽行为已不可能。

因此，希望企业的经营者在将二战产品推向市场时，要慎重地问一下自己，这个产品究竟是填补了公司的空白，还是填补了市场的空白？即使填补了市场的空白，也要完善产品，使其真正具有生命力。否则，也将一败涂地。如某省的某一制药企业开发了一种女性喷雾剂，通过临床观察和大量的市场调研，确实填补了某种妇科用药的市场空白，而且潜力巨大。于是企业匆忙组织采购、设计等各方面准备，并设计了一种新的营销方法，产品一上市便启动了市场，可好景不长，产品包装不合格，出现大面积漏液，消费者开始投诉、退货，经销商放弃经营，使一个好产品的市场推广失败。

3．没有为二战产品设计新的营销方法

探寻企业的成功模式，我们发现有以下几种成功模式：机遇性成功、创意性成功、规范性管理成功、高科技商业化成功等。而国内的部分企业一战产品多为机遇性成功、创意性成功，少规范性和商业化动作，缺乏流程和制度管理，造成营销方法的主观性多，客观性少，不够科学和严谨。当二战产品上市时，由于前面的营销方法使企业一战产品大获丰收，企业的经营者不再仔细研究市场的各种变化，不再仔细探寻新的营销办法，不加强营销流程设计、制度设计，使二战产品用老的营销办法，结果造成二战产品推广失利，有的甚至造成企业的快速死亡，这样的例子，国内近几年不胜枚举。因此，成功的营销规律告诉我们的企业，若想不断地从市场获得利益，必须不断地改变和提高，包括企业的营销办法，有时哪怕一个战术的改变也会为企业带来意想不到的利益，否则，企业经营者的期望只能是水中捞月。

4．企业的管理和二战产品的营销不相适应

即使企业有一种良好的、稳定的速度持续增长，一般到企业发展的第三、四年，企业的管理能力不足的问题都较为严重，从我服务的几家企业来看，这似乎是企业发展的一个必然周期，它只能提前到来而不会滞后。

此时企业管理能力不足主要表现为：企业经营者坚信自己熟悉市场，可以操纵一切，把自己凌驾于企业之上，权力无约束，整个决策系统日趋简单、武断，管理层开始出现骄傲自满情绪，对市场服务意识和服务态度变差。销售队伍开始变得散漫、懒惰，服务水平明显下降，摆功劳，不服从管理的现象日趋严重。企业和企业营销的各个环节缺乏创新，以为市场营销是“一招鲜，吃遍天”。认为营销本领已经足够，漠视培训工作和企业精神的培养。不改变自己，却试图并相信自己能改变市场。相互之间沟通、协作下降，争名争利现象严重，打击报复时而有之，用人机制僵化，跳槽现象频繁。更为严重的企业，财务管理开始混乱，各种损失、浪费乃至贪污现象开始骤增，危机感则骤减或消失。如果此时推出二战产品，再好的营销方法也会失败无疑。

此时企业在研究二战产品的上市过程中，必须加强企业的改革，使企业的管理能力与市场营销办法相适应，才能有力推进二战产品的市场推广。

5. 没有及时进行企业产品结构调整

企业对二战产品的推广时必须及时对企业产品结构进行调整，否则，会使二战产品的推广动力不足，即使不败，也难有大的作为。但许多的中国企业经营者已习惯于对产品进入市场进行研究，却不善于做出在适当的时机，主动让某一产品，特别是知名产品退出市场的决策，这大概与中国市场经济的发展程度有关。中国企业的研发，创新能力较低，亦不善于对市场进行深入的分析与研究，因此，宁愿销售已知无风险的，销量很低的老产品。其实这样非常不科学，也很不利。比如某制药厂有两个产品在全国打开销路，便同时生产几十种普药，有的一年只生产几万元，还卖不完，甚至有的还被经销商退回公司仓库，可就是不愿舍弃，到年底一算账，普药经营有70%品种亏损，挤掉了两个畅销产品近20%的利润，这时，企业才选定了“有所为，有所不为”的策略，砍掉了大部分亏损品种。目前，从该情形来看，效果非常明显。

不管怎样，这是一条铁律：当企业的产品线太长时，企业奶牛产品的地位必将变得脆弱。要使二战产品顺利推广，必须及时调整企业产品结构。

6. 二战产品的营销同企业的发展战略没有有机联系

当一个企业的一战产品成功后，准备推广二战产品时，如果没有一个新的企业发展战略来指导，二战产品的成功性非常小。二战产品的市场推广必须以战略为指导，系统运筹。系统运筹与单一环节的策划，其根本的差异在于前者强调未来性，全局性和事务间的关联性、次序性和交叉性，而后者则注重单一行动的效益，并将这个行动同企业与产品之间有机联系割裂开来，追求一时的轰动和短期的繁荣。许多成功的企业，之所以无法实现持续发展战略，关键是在这个环节上没有处理好。他们研究战术多，研究战略少；关注眼前多，关注未来少；研究自己多、研究别人和市场少。从而不能抓住主要矛盾。更重要的是企业由此错失了一次又一次企业大发展或者防止大衰退的极好时机，这应该说是企业主的最大悲哀。因此，二战产品的上市必须以战略为指导。

总之，企业在开展二战产品营销时，一定要一切从市场实际出发，从企业实际出发，多问几个为什么？将问题细化、系统化、规范化，调动人的积极性和创造性，则无往而不胜。

第五节　总代理发生危机及应对智慧

1. 康妇特栓总代理不能有效开发市场

太阳石在创立的时候由于资金短缺，企业的两个产品都是采用总代理来开发全国市场的，在当时确实是一个好的办法。

实际上肠炎灵的销售主要在云南，由于产品销售的总体规模不到 300 万元，又加上总经理与总代理近十年的朋友关系，总代理合同在运行做大的过程中有了调整，客户不能做好的地区由企业来运作。

但是另一主打产品康妇特栓总代理合同却要到 2001 年年底到期。在 20 世纪 90 年代签订全国总代，要找到一个推广团队确保全国市场达成合理的开发程度是很难的，即使是今天也同样非常难。但是往往厂家在与客户签订合约的过程中忘了一个关键点，客户只在几个市场就能完成任务却不再开发其他市场，或者只有几个市场的开发能力，但是合同中的约定往往是中国区总代理约定，不管总代理是否开发，而此时厂方却不能招人及派人再开发，任由时机及市场白白浪费。如果厂方开发就会被客户罚款，不幸的事就被太阳石的康妇特栓项目遇到了，而合约的关键是厂家只要开发，就要被罚款。

2. 无法沟通修改合同

由于总代理非常牛，总经理也是非常强硬，合同的修改机会终究没有到来，只到我进入后也没有能改变。厂家与客户沟通无法达成新的协议书，因为双方都有违约，随着双方做大，人的弱点也暴露出来，都想说了算，因此无法达成沟通，原定契约出了问题也无法修改。

但是总经理还是做出一个大胆的决定，一个非常智慧的决定：用钱买市场，买时间，招人开发空白市场。

具体来说就是算清账，宁可花几百万元赔偿金给总代理也不要浪费时间，错过产品发展的时机。当时与总代理签订的是五年的合同，到 2001 年年底才到期。由于当时好娃娃开发市场失败，康妇特栓总代理面临合约到期后重新规划上市，企业必须改变才能获得新生，因此决定招聘销售老总。

第六节　企业应如何发展总代理

（1）不是到了山穷水尽的地步，企业的主导品种一定不要进行全国总代理。

（2）对地区的分配可以全国总代理，但是一定要有时间去开发计划，对于计划不能达成的地区，厂方一定要有干预的权利。

（3）由于总代理的代理期限一般在5年以上，而在签订合同时，对于弱势企业可能目标会签得过低，而市场的变化有时是人无法想象的，正如上面的太阳石的发展，总代理的发展已经阻碍企业的发展却无法干预。因此应当签订一些防范性条款，但是一定要对双方有利，我一般会将已开发市场归原总代理。

（4）最大的困惑就是很多企业在签订总代理之前，并不了解自己和合作伙伴。另外总代理一定要交满定金及必要的预付款才能开工生产，看上去一个基本的常识，只到今天在做顾问中还是碰到不交定金就生产的企业，后来总代理不履行拿货而发生风险的故事。

（5）对于多品种企业，如有战略规划，品牌产品是不能做总代理的，非战略品种可以总代理。

（6）对于目前一些行业的品种规格总代理也应当小心，有市场保护的品种一定不能多规格总代理，除非某类跨地区的连锁进行贴牌，可以保护零售价，否则冲突会非常大。

第七节　关键突破点招聘合适的操盘手

一旦决定就马上行动是总经理的一个最好的个性，也是其不断走向成功的内因，他总能比别人快一点，成功多一点。当然这种性格也会给他带来一些损失，在后面的启示中将会分享。

2000年春节后太阳石药业在《中国医药报》连续几周的1/4通栏招聘销售总监及区域经理。

几百份的简历投向了太阳石，由于我当时在正清制药集团正好制药工作，正好制药与太阳石药业走的是同一个战略——妇女儿童专线，我当时主管市场部，负责整个公司的整体品牌策划及全国市场开发，在大量的工作中了解了康妇特栓及太阳石药业，但对好娃娃当时确不知晓，好娃娃虽说已上市，但是销售基本为零，故不可能知道。而当时的正好制药却在高速发展，也在高速透支未来，我提出发展“一休”儿童系列产品的规划不被领导认可，走 OTC 品牌化道路的思想也得不到公司及集团的认同。

在这种情况下我把几篇内部企化的文稿改了一下投向了《销售与市场》，成为了行业非常受欢迎的培训教材，一篇为《踏入药店营销》成为了早期药业 OTC 营销最重要的教材，一篇《如何开好推广会》指导大家将推广会规范化、专业化，另一篇《医药保健品营销九要诀》成为了医药保健品的长期热点文稿，而这三篇文稿却是好娃娃畅销最为重要的工具，在后面的篇章中将详细介绍。

五月底我看到太阳石的招聘广告，将简历投向了太阳石，当总经理了解了正好的发展理念、发展速度远远高于太阳石时，就决定找我沟通，但是此前由于我的两个老同事已经去了太阳石，并找到他们俩对我进行了详细的调查，当了解了我的信息后，七月份总经理在长沙与我进行了第一次沟通，当总经理向我介绍好娃娃时，我感觉找到了知音，也隐约感受到了我的梦想将会实现。

那么总经理都重点了解了我哪些情况呢，其是如何发现一个合适的操盘手呢？当时有很多大公司的副总级的高管提交了应聘书，为什么最后确定与我合作呢？

操盘手最少应具备：

(1) 了解企业主导品种市场，并做过关联产品。隔行如隔山，做过企业主导品类的人会更好地把握市场。

(2) 人品要好。有德有才是精品，有才无德是毒品，用错了高管将会满盘皆输。找到与其工作过的多人了解其为人处世的态度非常重要。

(3) 要有过基层工作经历、会干。猛将必起于士卒，宰相必起于州部，离市场最近的人最了解市场。

(4) 还要有策划能力及培训能力，一定要能写、会说，否则无法培训团队、带领团队。

(5) 认可企业的发展理念，价值观认同是共事成功的最坚实基础。

(6) 管理过全国市场、了解全国市场的特点。在全国有人脉关系，有利于快速了解信息及组建团队。

除此之外，由于我在世界 100 强企业亨氏从事过快速消费品的工作，有非常好的品牌理念、销售及管理功底，主动研究儿童系列化，并认为儿童药品没有真正的品牌及系列化品牌，是一次非常好的机会。在公司及当时太阳石大部分经理都在否定好娃娃的声音中，我提出的理念和总经理非常合拍。

大多时候对于未知的领域，真理是掌握在少数人手上的。

一个月后，我北上唐山，开始了职业生涯中的一个最成功的旅程，这一段经历让我感到自豪和荣耀，也让我更高更快地学习与成长。尽管后来与总经理有些意见不合而离开了太阳石，但是随着时间的推移，我对事情的感受完全不同，我仔细审视自己当年的不成熟。其实人与人的合作是一种缘分，能在一起干成一件事更是一个天大的缘分，得失固然重要，但是经历更是人生最大的财富。10 年后，我在这里要再次感谢总经理给了这次机会，没有平台一切都是空的，感谢好娃娃让我实现了创建一个伟大品牌的梦想，从卖不动到畅销中国。

第二章　如何调查与组建开发团队

没有调查就没有发言权，没有真实的情况及数据的掌握，规划就会走偏，产品就不可能畅销起来；另外，再好的规划也要一个好的开发团队，尤其是营销策划与执行团队。

第一节　规划必须对企业内部进行八项调查

2000 年阴历八月十五日后，我到达唐山太阳石后，马上开始了调查工作，如果一个人对自己要服务的企业不能深入了解，他是不可能把工作做好的。

1. 调查企业组织情况

破解组织结构的密码是做好一切工作的指南，一个企业是否好首先就应了解其组织及其负责人。

当时的太阳石实行的组织架构体系是总经理领导下的简单的大部制，权力集中，流程短，决策快。

综合办公室：一个主任，主要职责就是管接待、后勤、安全等事情，谈不上专业的行政管理。一个劳资员兼办公室内勤，谈不上人力资源管理，其主要职责就是管理档案、发工资、考勤。

销售部：一个经理协助总经理管销售；两个内勤，一个管发货、一个管开票、回款等工作。

财务部：一个经理，两个会计、一个出纳。

采购部：销售部经理兼任、另外加上两个采购员。

生产体系的部门较为齐全，有一名生产总监管理着生产部、质管部，工程部主要负责当时新的 GMP 工厂建设。

研发只有一名总监负责，配备了一名小助理查找资料与整理资料，主要是整合研发。

2. 调查马上可以用的商标资源

非常值得注意是，太阳石的总经理的品牌意识非常强，企业已经在第五类药品注册了30多个商标，而且在后来的沟通中发现，基本上是准备上一个研发项目的时候就会取上几个商标或商品名备用，在当时的小药厂中应是非常专业，即使是现在，依然碰到研发与营销的不匹配，有产品却没有合适的商标资源的情况大量存在；当时的主导商标“好娃娃”、“康妇特”也只在第五类药品进行注册，没有进行商标的关联保护，可见商标的整体规划是不够的。

那么如何进行商标保护？由于我在工作中进修了法律专业及国际贸易专业，对《商标法》及《商标马德理协定》有一定的研究，我与总经理进行了沟通，得到了其认可，我们马上对主要商标好娃娃、康妇特等进行了相关行业的关联注册，后来凡是可以关联的产业，只要没有被其他企业进行注册，我们都进行了补充注册，对后来主导商标申请中国驰名商标起到了很大的作用。

这样做的好处有三：一是为了未来做大后的品牌延伸，提高品牌的价值；二是即便将来不进行跨行业发展，也不给李鬼仿冒跟进机会；三是未来商标一旦做大还可以授权经营。

3. 调查企业CIS是否做了，情况怎样

我认为如果一个企业要做品牌，连CIS系统都没有是很难成功的。进入到太阳石后，总经理给我一本手册，我一看，是一本很好的VI手册，但对企业的理念、品牌的规划没有提及，但有一定的导入，如信封等办公用品等，可是没有系列化导入，尤其没有在包装上系统导入，就放了一个简单的企业太阳石的LOGO标志，这个现象到今天依然在很多企业演绎，以为有了一个LOGO上去了就是做品牌了。

如何用CIS？什么是CIS？简单地说就是一个LOGO标记，给产品形成统一的包装销售风格、说一样的话、统一的行动。这一点军队做得最好，最早的CIS创意就是在军队整个系统上找到灵感的。

在很多培训场合，我经常打个比喻：如果100个人穿100种衣服排一个方阵走过天安门广场，您感觉是什么？大家异口同声说这是一群土匪。如果100名中国人民解放军，穿着统一的服装走过天安门广场，您感觉是什么？大家再次异口同声说这是一支军队。

统一形象会有效提高客户和消费者的信心。

最重要的导入应是以产品 VI 与企业形象的和谐统一。蒙牛在创办公司之初就花大钱做了 CIS 系统，记得 1999 年在正好市场部时，想为正好制药导入 CIS，曾经收到过深圳一家广告公司的相关企业的 CIS 设计，其中蒙牛的 CIS 给我印象最深刻，当时觉得这个企业很有理念，果然，后来这家企业创造了中国传统工业企业的一个奇迹，尽管后来发生了一系列质量事故，但蒙牛发展的很多思路是企业可以学习的。后来蒙牛的 CIS 的核心的东西一直没变，有力地累积了品牌形象。

CIS 这件是大事，但是在我顾问的过程中发现很多企业做到几千万盒的产品销售，产品包装依然是五花八门。如果从产品上市就导入 VI 系统，就能累计很多产品及品牌形象。CIS 系统含 CI 理念系统，BI 行为系统，VI 形象系统。

“产品是最好的广告”是我在跨国企业学到的最好的品牌传播理念。如果一个企业从一开始就能对产品进行统一 VI 设计，用产品与客户进行沟通是最好的。

4. 调查企业管理是改变其管理的前奏

太阳石药业当时管理只能说简单并粗犷，应当说在企业的初创阶段来说是非常高效的，当时的太阳石也可以说是高效的。

企业除了总经理秘书有一台电脑，整个公司管理没有进入电脑化办公。

报表管理非常简单，让你感觉到管理是很粗犷的，你很难短期内了解到公司的方方面面。

没有形成例会管理，有问题随时沟通、随时解决。

集权管理，整个公司的管理围绕总经理展开，基本上总经理说了算。

我认为，一般来说管理分为三个阶段：10～100 人左右的企业，团队的领导应走在前面，凡事亲力亲为，以便引导企业发展壮大，并且建立制度与流程；100～1000 人左右，团队的领导应走在中间，这时企业进入到一定规模，企业应团结一个小团队去领导一批人，应当完善制度与流程；成千上万人的企业，领导应跳出圈子，站在高处，既要是局内人，保持对企业的感觉，更要是局外人，更多地保持清醒和视野，同时更要加强企业文化与体系的建设与完善。

当时的太阳石正处在第二阶段向第三阶段的进程中。

5. 调查研发是有利于营销战略设计

可以这样说，太阳石的研发是有系列化思想、较为系统的一家企业。产品的研发基本上以妇女儿童为主，非妇女儿童为辅，是与企业的战略和营销的方向相匹配的。

当时好娃娃品牌下已经有 5 个品种、康妇特品牌下已经有 3 个品种。但是很多企业却犯了一个通病，研发没有形成系列化，造成渠道建设成本很高，给产品的畅销提高了门槛。

6. 调查生产状况有利于营销资源配置

企业为租赁经营生产难以突破，因此公司在唐山高新区购买了 2 万平方米地进行了全新的 GMP 工厂建设，以后又先后两次进行购地扩建，目前占地 4.6 万平方米，形成了一个非常大的现代化生产基地。

当时企业有九大剂型，九大剂型的 GMP 建设如何做？见证了一家企业的资金使用智慧。

当时的太阳石由于经营较好，唐山的另一家企业景泽药业主动被太阳石购并，整个产品达到了二十多个，涉及九大剂型。

对于当时只有3000 多万元销售额的企业来说，要靠自有资金来建一个2 万平方米的 GMP 新厂房谈何容易。当时整个工程最少要 5000 万元以上，如果按 5000 万元进行，资金是个大问题；其次如果能弄到款，按 2 万平方米地来建，企业必然背着很高的债务，而且将来每年的财务费用也必然很高，一旦销售不能做起来，产能将大量闲置，还可能把企业拖垮。鉴于此，企业权衡再三，又征询了专家意见，确定了先建一个大车间，以后分批再建。关键看市场发展，按市场发展及未来市场推广的重点来配置生产线，将企业有一定销售规模的胶囊、栓剂、颗粒生产线优先发展，其他剂型都做一个微型生产线通过国家验收。

这样一来，通过工程公司带资先建，企业配套一些资金，不到 1000 万元就启动了工程，2000 多万元就顺利通过了 GMP。2001 年年底由于好娃娃试点成功，增长迅猛，公司又加盖了全国最大的一间颗粒剂车间。后来随着好娃娃的不断成功，太阳石的颗粒剂生产线成为全亚洲最大的生产基地。

而与此同时，全国的 GMP 工厂改造进入高潮，很多企业却盲目图大图全，造成了大量的产能浪费，也造成了后来的恶性价格战，很多几百万元、上千万元销售的小企业在地方保护主义的保护下，怀着不同的目的花几千万元或上亿元建一个厂，造成了医药产能的无限放大，而等到做营销时，银行不再放款，因为很多企业的销售利润还不够还银行的贷款利息。

因此，在市场化的企业中，建工厂首先应考虑市场，其次是与规划方向配套，再次一定要考虑成本。

作为企业主，闲置资产是对企业、对银行、对纳税人最大的过错，故意闲置资产是对企业、对银行、对纳税人最大的犯罪。

而中国的医药产业的这场 GMP 改造又有多少资金被闲置，造成了多少产能的浪费。

7. 调查销售情况才能制定好产品畅销的方案

内部：有简单的发货、回款、应收款管理报表；没有客户分析报表、没有客户进货频率分析、没有产品结构分析、没有销售部门应该有的其他报表；管理账目都是手工账，看起来让人头晕。

外部：全国市场代理与底价承包相结合的销售模式，河北本部有几个业务人员采用低底薪加提成的办法操作，基本处于无培训、无管理状态。整个公司的铺底应收账款较大，但是实际的现金风险不大，为什么呢，因为产品的毛利率特高。后来，好娃娃的全国发展中对于这一发现，便采用铺货支持市场方式起到了很大的经济杠杆作用，具体分享见后面一组数字揭秘。

为了对销售有一个把握，我没有其他好办法，亲自将公司的所有销售台账要来，亲自画表格进行统计分析，通过近 7 天的辛苦工作，对太阳石的销售现状有了一个非常清楚的了解。

8. 调查财务系统是需要策略及观察技巧的

不直接调查：您进入一家不规范的公司就想看人家的财务账基本上是不可能，就算提出来要看，对方也会拖延您、应付您。我采取的办法就是只观察，根据观察的程度来判断其财务状况，完全缺钱您也是很难实施您的规划的。

观察的诀窍：员工的工资能否按时发放，有无拖欠历史，尤其是最近几个月有无此事发生；客户的返利能否按规定时间打出；供应商的款是否有规律打出，是否经常有供应商上门讨债；总经理与当地银行家关系是否像朋友。

只要您用心观察，就不会给总经理出难题。当然通过我的综合分析，进行市场改革的基本底线的钱是有的，否则总经理也不会随便招聘销售老总。

第二节　做规划一定要做好五项企业外部调查

1. 外部主要代理商的认识与沟通

为了能够快速地进入工作状态，总经理和我对全国最重要的几个区域经理进行了一次拜访，一是让我了解他们的思想、他们的市场，同时也让他们了解我的思想及下一步的构想，同时也让各地主要市场对我进行一个评判，以增加总经理自己的信心。

通过一周的全国沟通，我通过了各地市场经理对我的一个基本认可，总经理认定自己的选择没有错，后来几年的合作总体来说是比较愉快的，产品也从卖不动到畅销全国。

我认为这样考查职业经理人确实非常独特，值得向企业推广。如果一个人不被大多数人认可，他想干成一件事从一开始就决定了他会失败。

因此一个人要成功，最重要的特质就是要让人快速喜欢您、认可您。

2. 与外部广告商沟通

当时太阳石的产品设计、促销品设计及广告的拍摄都外包给了北京昌荣广告公司，当我们就一些理念进行沟通后，双方都能认可，后来昌荣广告公司的客户总监离开昌荣，成立了太阳石的广告公司，太阳石的一切传播问题还是继续保持了较好的沟通。

在我们的沟通中并且达成了后来的十六字经典传播原则：高空点缀、低空突破、中空配合、公共关系。在后面的篇章中将会详细讲述。

3. 外部竞品与公司产品市场占有率情况调查

知己知彼、百战百胜，规范的调查应按专业的流程做，由于我在来太阳石之前，已得到过一个花了 30 多万元，请专业市场调研公司做过的妇儿市场报告，因此并没有按专业地做市场调查。只是在部分样本城市对同类的竞品做了一个详细调查，通过调查明确了市场竞争的一个基本态势。

在当时的中国市场上，西安杨森的达克宁栓在妇科生殖领域是一强独大。康妇特栓名列第二，但是在局部大城市与其不相上下，这个主要取决于两个企业的不对等，但是在杨森的眼里康妇特栓还是被认定为最大的潜在对手。

另外，在当时的中国市场上，儿童产品可以说是群雄割据的局面，外资控制一线城市及江浙等市场，中小品牌各有区域优势，唯一算得上全国品牌的只有哈药集团的护彤牌感冒药，系列化的儿童品牌根本没有，市场的想象空间太大。

但是真正要把一个调查做好，还是要有一个规范的运作。如果我没有在同类型企业几年的工作经历，又不经大量调查就能有一个全面深入的了解是不可能的。

第一，是如何取样本城市，我是这样定的：一线城市选北京、上海、广州；二线省会选东南西北中各两个；三线地市选东南西北中共十个；

第二，是每个城市如何取样本终端。我是这样选的，连锁及卖场各五个，散终端20～30家；

第三，如何取样竞品。品类区产品前五名，如何判断：见下面“终端竞品调查的关键点”。

以上这些运作方法都是我在跨国公司学到的，在1997年协助湖南南山奶粉开发湖北市场时起了很大的作用。后来我写了一篇培训类文稿《陌生大市场如何找客户》对大家启发很大，关于这篇文稿可上网查询。

4．经销商调查的四个关键点

判断经销商生意状况好坏的关键：仓库的人员多少及忙碌程度，这个经验对任何一个企业都有用。

判断其回款是否较好：是否有清晰的对账、收票、放款的流程、制度、时间表等。

判断其是以调拨为主还是终端为主：找一个相关人员搞定就知道了，或者圈内调查一下。

经销商处竞品的调查：调出流向单，分析出其销售终端的类型，进行不同终端的归类分析，这个就一定要有一个人能够拿到其电子报表，或者找其中高层直接沟通您的营销方案，获得支持。并且要了解其销售人员状况及销售政策，有的放矢地开展商业拦截工作。

5．终端竞品调查的关键点

第一，是看门店是否有广告；

第二，是看门店是否有专门的陈列，如堆头等；

第三，是观察竞品是否畅销还是滞销：陈列数量多少、生产日期就行了，如果您去问营业员，这个产品好不好卖，您得到的回答基本上都是：还可以。什么叫还可以，只有专业的数据才是真实的，以后到终端去调查，您只要设计这样一张表格，不同的终端调查20～30家，特大城市可分区调查，每区20家左右，您就知道谁是您的真正对手。

产　　品	陈列数量	生产日期	陈列位	终端促销说明

如果要看市场价格是否有维护，可以加一个零售价。

看陈列位的目的，可以看出零售商对此产品的态度及利润状况，一般来说，好位置一般都会给高毛利及畅销的产品。

虽说这些办法没有在总部调查的时候大量运用，但后来的天津市场的精细化管理都是按这样的思路及办法去做的，好娃娃取得了一年就成为天津同品类第一的业绩，后面的区域市场启动中将仔细介绍。

第三节　数据面前总经理与我从冲突到统一

1. 各种分析报表系统设计及统计分析

为了尽快拿出方案，我设计了几种销售报表对公司的主要产品销售情况进行了统计，所有的统计工作都是自己亲自完成，对我来说这才是一次对企业销售真正的了解。

当时的太阳石除了总经理秘书有一台电脑，其销售部门都没有电脑，全是手工账，同时没有系统的统计分析报告系统，没有一个人能准确地答复任一产品的销售数量和金额，更不要说产品的客户分析、产品结构分析、退换货分析及其他分析了，幸亏当时的产品还不是很多，否则不知会怎样。

2. 市场分析发现窜货

当我将所有报表统计并分析后，发现了两个市场的妇科康妇特栓在冬季的销售量成倍增长，根据多年销售妇科药的经验，我有了怀疑，并向被窜的市场经理进行调查了解，由于当时太阳石药业的工厂只有批号管理，还没有防窜码管理系统，谁也不能准确地说窜货产品是这两个市场的。为了更准确，我装成了经销商向这两个市场要货，这一要货就有了重大发现。

这两个市场的商批价格果然比其他市场少了近15%，后来我才知道，这两个市场是公司总经理放了特别政策的，当然总经理制定特别政策是为了培植市场，但是由于没有监管，好政策被人利用了，也造成了对全国市场的冲击。因此一个政策给到某个人或市场，如果企业没有监控，不仅是对自己不负责，也是对其他客户和公司的不负责，“好心办了坏事”是我们很多人工作中常见的事件，这个对系统的破坏也是很大的。

企业主的主要责任是对系统及绝大多数人负责。

由于窜货存在，当时很多客户停止了市场开发，没有保护的市场客户是没有信心投入与运作的。

于是我制定了一个调整政策：全国统一最低商业供货价，对两个窜货市场停发货并进行整顿，详细调查其商业返利及流向，必须将价格调整到最低商业供货价才能重新发货。

3. 第一次发生冲突后达成意见统一

当我拿着分析报告及建议到总经理处，陈述制定的政策时，他的第一感觉就是销售量会受到影响，公司的主导品种如果受到销售量下滑的影响，公司的生产经营一定会受到影响，总经理不愿调整，而且一直认为这两个市场是公司的优秀市场，这个问题恐怕是很多职业经理人进入企业经常碰到的问题之一。

围绕着两个市场的调整我们展开了近三个多小时的争论，那是我进入太阳石药业第一次与总经理发生重大冲突，我们从上午9点多一直争吵到中午1点多钟，双方闹到拍桌子的地步，双方各自坚持自己的意见。后来我冷静下来与总经理分析利弊，有一点对他触动较大，如果这两个市场的货物真的流到了其他市场，好像肉是烂在自己锅里了，企业该赚的差价都到了手上，但是有一点是肯定的，被窜货市场的利益受损，而又得不到公司的公正处理，办法只有两种：一是各地市场报复性窜货，二是再也不对产品进行投入。长此以往，公司因小失大，销售必然停滞不前或进入衰退。另外我还和总经理分析，如果市场保护做好了，各地市场投资必然会信心大增。当总经理还在犹豫不决时，我最后表态：“总经理，如果没有市场保护，公司没有可能做起来，我只能选择离开。”这个问题在我后来工作过的多家顾问的单位里都遇到了，能够完全接受的不太多，很多企业总经理或老板还是过多地看重眼前利益，因此为什么这个世界非常畅销的产品与品牌很少。但是在我近几年的策划中，凡是接受了市场保护理念的企业都出现了投资高潮，疯狂增长。

当企业的总经理或老板只顾自己眼前利益和局部利益时，本身格局就太小，就不可能成就大品牌，大企业。

最后我们终于达成了一致意见，总经理给我和他自己每人泡了一桶他最爱吃的方便面。可以这样说，这一次的争吵让总经理明白了"市场保护"的重要性，在以后的产品推广中市场保护让太阳石的客户信心大增。

其实商业的本质就是分好地、分好钱，并用一套体系保护他，只要敢于这样做，就没有做不好的产品和市场。

于是，我们重新制定了新的规则。

（1）只有统一的标准对每一个市场，市场才会有信心。

（2）可以给每个市场特别支持，但是一定要到终端、到消费者，决不能在商批等中间环节。

（3）两个市场整顿到位，否则不给发货。

（4）加快生产体系的防窜码系统的导入，从源头发现窜货者，在新工厂建成以前我们采用的是一箱一码技术，当新工厂建成时，我们采用了每盒一码的"流水码"防窜货技术，高价产品实行了"暗码"技术。

（5）制定窜货处罚办法并严格遵守，签订"防窜保证书"，否则不发货。

（6）加强市场检查，但是由于管理人员太少，成本又高，实际没有做。

窜货是不可能完全杜绝的，但是可以防范，减少到最低，关键还在于窜货后整个公司的处理的态度和处罚的公平。

4. 管理好窜货的几种办法

（1）生产体系的防窜技术，一是一箱一码技术，这个对中小企业都可以运用。二是流水喷码技术，这对厂家来说必须投入大设备。三是激光暗码技术，即将防窜码打在批号的下面，前面两种打码技术容易刮掉防窜码，防窜码被刮掉后窜入其他地区，导致无法查处，这两种技术一般用于20元以下的低价产品，后面激光技术一般用于高价格产品，因为刮掉防窜码就会刮掉批号，而无批号产品在很多行业都是不可以销售的。

（2）营销模式控制，如保证金，防窜货协议书，终端零售价控制型销售，让客户不敢窜货。另保证金前松后紧，也可以防止后来的客户侵犯前面的劳动成果。

（3）招商时关注客户的资源是否可以控制终端，召集起来进行培训是最好的考察手段。当发第二次产品时，公司的销售管理人员一定要暗访产品是否到终端。所有的风险就是发生在产品第二次销售时，尤其是新产品销售的上升期阶段更为明显。

（4）发生窜货一定要及时、准确地打击，提高公司制度的威信。

5. 窜货管理协议书样本

以下是一份窜货保证书样本供大家参考，与客户签订协议时如果能够签订它，便能很好地进行控制和防范。

窜货管理协议书

一、窜货的定义

所有销售部凡是在非签约地区进行销售都为窜货。

二、窜货数量的认定与取证

所有窜货采取被窜方举证、取证，公司认定的原则。

1. 商业窜货：跨地区进行商业销售，抓到任何一个防窜码，凭商业公司的购货凭证及20盒样品，经公司认定后，一个防窜号按一件算。

2. 终端窜货：除在公司备案运作的连锁外，一切终端窜货一定要提供两个以上终端的同一批次防窜号购货证明，并每个终端不低于5盒以上样品。销售部边界终端冲突由公司进行认定与调解。

三、窜货的处罚

1. 赔偿机制：只要利益被侵害，公司就扣窜货者的保证金给被窜者，不足部分可扣提成、货款给被窜者。保证金被扣后，窜货人必须补足保证金，否则公司停止供货。

2. 赔偿标准：一个防窜号被认定，按公司与销售部的供货价乘以一件数量进行处罚，对被窜客户补偿总额的70%，节余部分建立防窜基金，除用于应急窜货事件处罚外，年底对没有窜货的人员进行抽奖。

3. 收货费用由窜货者承担，窜货货物交由公司处理。

4. 所有窜货事件及处理决定公司将对全国所有销售部进行公告。

5. 将窜货者赔偿的任务量记入被窜方的任务中。

四、应急处理

如果任一销售部对另一销售部进行多批次的低价销售，除进行处罚外，公司有权取消该销售部的管理权。

五、窜货的处理程序

1. 被窜方按公司要求以书面形式，将产品的名称、批号，防窜号及发现窜货产品的客户名称、供货价格用传真或电子邮件方式传到销售服务部，销售服务部在2个工作日内查清货物的流向及窜货销售部名称，并向窜货方发出《窜货通知》，窜货方3日内必须提供产品流向以核定数量。

2. 窜货方在3日内没有提交的，以公司处理意见为准，公司开出处罚通知单3日内如有不服，必须提出书面异议，否则认为默认。

3. 被窜方故意做假夸大数据的，经公司认定，取消一切赔偿，并按做假数据进行处罚，赔偿款及处罚款归入防窜基金。

六、特别约定

本文件由各地销售部经理签字，凡是不签字的销售部经理停发货物。凡是窜货方公司将对其所有产品供货底价上涨0. ×元/盒，半年内没有发生再恢复到签约价。

七、本协议从公告之日起执行。

××公司

公告日：2010年　月　日

本人自愿遵守以上窜货管理规定，并承担一切主观及管理不当所造成的经济损失责任。

客户（业务员）负责人签字：

第四节　第一次组建招商团队

随着工作的全面展开，总经理提出给我配助手，招聘一名企划经理和一名商务经理，由我自行组阁。考虑我一个人孤身来唐山，总经理出于乡情考虑，决定用两名湖南人。

1. 企划经理的招聘及使用出现败笔

企划经理，经济学硕士，文笔很好，企划非常格式化，给人感觉很好，面面俱到很周全，做过几个小的保健品项目的全国策划总监，对药品行业不太熟悉。与我也是一个较为短暂的交往，我对其人品及真实水平并没有一个真实的了解，当时我及总经理内心都是不想用的，但是双方为了对方的面子，最后起用了他。使用后才发现他除了对招商媒体了解较好外，对药品的销售是非常陌生的，而且普通话极不标准，沟通起来很困难。

鉴于此，出于对其职业生涯负责的考虑，我和总经理让其下市场锻炼，以了解市场，可到了市场这个人的坏品行就暴露出来了，他竟然劝当地市场经理囤货去窜货赚钱，一种想靠掠夺他人的开发成果短期捞一把的心态终于暴露出来。后来公司了解了这件事的真相，总经理问我怎么办，其实总经理是想让他下课，我的回答也是：人品有问题就只能下课。

2. 企业招人及职业经理人用人启示

（1）企业招人一定要定标准。

有品有才重点使用，有才无品坚决不用，有品少才培养使用，无品无才不予录用。对各个岗位的人才要定出标准，实行严格的严进宽出的用人机制，在公司的基础管理年时，对这一点要逐步进行了完善。

（2）职业经理人最好不要自己选助手。

到任何一个企业，职业经理人一定不要自己来选助手，而要由公司来决定，在以后的职业生涯中，我再也没有在熟人圈直接选助手，而是通过招聘程序和公司规定来选，这样有很多好处：一是防止小团队思维产生危害公司。二是减轻总经理及内部管理层的压力及不必要的猜测，造成公司不必要的人事问题。任何一个团队，离自己最近的人的斗争最多，这是物种的天性决定的，人类也很难避免，因此，举贤一定要避亲。三是发现人品有问题的人员坚决快速辞退，决不能让一粒老鼠屎坏了一锅汤，而且坏的品行也是很难修正的。

第三章　如何做好初次规划与招商

调查、规划、整合、培训、服务是一个整合型企业的五大工作体系，好的规划是迈向成功重要的一个环节。而在大多数的中小企业里，规划的意识淡薄，一般都是想到哪干到哪，使企业错失很多机会。

第一节　二战产品无法导入一战产品客户销售

2000 年 10 月份，随着我对公司情况的全面了解，总经理开始让我全面负责公司销售工作，我再次与原销售康妇特的全国各地区经理们进行沟通，劝说大家销售新产品好娃娃，但大家依然以种种理由拒绝销售新产品。

理由 1：等工厂建好了再说，当时新厂确实刚刚动工。

理由 2：原来 ×.50 元一盒都卖不动的东西，现在商业就卖 7.50 元每盒，根本不可能。

理由 3：好娃娃，一个多俗的名字，简直就是农民取的。

理由 4：产品太普通了，没有一点科技含量。

当时好娃娃的主导产品小儿新速效感冒颗粒批文全国有 16 家，同类的批文有近 300 多张，从产品本身看好像是没竞争力，但是真理往往被少数人先看到，好娃娃是否是好产品在以后的产品解读里可看到。

同时大家应当知道，往往批文多就意味着产品好，市场认知高，市场容量大，关键在如何推广。其实很多大品牌都是这些产品，因此在很多行业里，在成熟的市场中做品牌更易成功，红海中找机会比蓝海更容易，我们需要的是将红海装进蓝色盒子里。

面对市场经理这样一种态度，指责只会破坏关系，强压销售更不可能，我们思考再三认为：

（1）市场怀疑是有理由的，我为什么要做？样板在哪？要想让人相信您，您得有榜样，毛主席说，榜样的作用是无穷的。因此我们的方案中有了“试点”的规划。

（2）市场不愿经营很正常，我凭什么去做？要想别人做，您得有一套方案及工具给人去做，而且这个方案必须是好娃娃本身，而不是其他产品的。因为产品变了，方法也会变。

（3）老客户依然没有兴趣，您认可，您做给我看。尽管后来制定了一个试点方案，但是原太阳石的老客户依然不搭理。

我知道什么叫做吨位决定地位的道理，表面上的认可是没用的，管销售的只有真正把产品卖起来，卖畅销了，别人才会认可您，主动与您沟通，无论您以前如何成功，那已是过去，您必须做好现在。

第二节　初次规划与整合思路

在原有老客户基本上都否定的情况下，公司到底用什么样的方法来启动全国市场成为摆在我们面前的主要问题，记得总经理刚与我接触时，跟我聊起其销售模式时，认为我原来的企业发展快就是因为自建预算制办事处的方式好，但是当我接触完太阳石各地省区后，我觉得代理及底价承包也不是模式不好，只是没有管理到位罢了。

当时的中国医药市场出现了一种模式之争，认为外资为主的预算制销售模式是最好的，可是最好的不一定是最适合的，由于盲目导入，又有多少企业受害、销售出现倒退，离开了资源与时空条件来谈模式是不适合的。当时我对承包制转型也做了深入的研究，写了《销售承包制转型的思考》一文，目前在互联网上可以点击观看。

1. 推广模式的确定

任何一家企业在不能确定自己的推广模式时，唯一的好办法就是对多种模式进行试点，实践是检验真理的唯一标准。出于这一原则，我在规划中决定三种推广模式都试，即代理、办事处及底价承包相结合，后总结为混合制营销，实际上当时的很多的中小企业都在用它，到今天混合制已成为中小企业发展的主要模式，除极个别的特别有实力的大企业采用较为单一的预算制的直营办事处的模式外，其他企业都在采用它。它不仅在医药行业运用，在快消品中等多个行业也在运用，如上市公司陈克明面条，就是一二线的主要城市自己建立办事处，三四线城市以代理制为主，主要原因是一二线城市的运营成本太高，如上西安某连锁的上柜费就是60万元一年，还要铺货，每年还要合同费、店庆费等等，代理商无法承受。后来这一方案得到了总经理的认同。

2. 混合制模式理论

任何中小企业要想营销有突破，如果不进行大的营销创新，再好的品牌规划也较难有所突破。好娃娃在推广上市之初正遇上企业在进行GMP工厂建设，加上企业规模还偏小，企业根本无法有足够的资金来建办事处开发市场，因为前期投入实在太大。

鉴于此，我提出：市场推广关键在人，只要人对了，不管什么样的营销模式都可以，经讨论，企业准备采用三合一的混合制营销体系来构建全国的营销网络。

所谓混合制营销就是指自建办事处、代理制与底价承包制相结合的体制。这种体系的最大好处就是可以有效地整合一切社会营销人员及资源来开发市场。

具体地说，只要认可好娃娃品牌及系列产品，认可公司的管理体系的人才全部拿来所用。有钱有网络的给你一个较低的底价去开发市场；有网络但资金不是非常充分的，企业给铺货，客户投入前期市场推广资金，但是政策比现款代理的底价次之；如果人品好，有渠道资源，缺资金，企业就建办事处，既发底薪又铺货销售，利益在三者中最差，但一定不低于行业水平，以调动大家的积极性。

其中铺货销售起了一个非常关键的作用，因为铺货，企业的毛利升高，有利于对市场更好的终端支持；因为铺货，让代理商、底价承包人减轻了前期市场启动的风险及货款压力，让代理商及底价承包人觉得企业对自己的产品及品牌有信心，敢于大力开展产品的铺货及推广，从而赢得了时间，抢占了一个好的时机。另外所有的办事处、销售代理商及底价承包人都以公司办事处形式对外，接受公司的管理，公司的各项管理比较到位，提高了整个销售网络的战斗力。

从2001年起，太阳石药业通过了GMP改造，产品的品质有了绝对的保证。企业设计了一套统一的品牌形象手册及广告片，刻成了光盘，发给全国各地市场运营人，以便各地市场灵活开展宣传，但又能保证传播的统一性和高质量。对于市场保护，公司更是制定了严格的管理体系，保证了各方的利益。对于服务更是建立了一个有特色的电子管理模块并推广到所有代理商，有效地保证了服务的快速和准确，到今天为止，太阳石药业销售近10亿元，产品十几个，仍然是几个内勤服务，并且能保证又快又好。

由于采用了混合制的销售体系，企业通过对原销售队伍的有效整合，又对空白市场实行了招商及招聘，迅速在全国范围内完成了对省级市场的布点，并且在两年内到达主要的地县市场，有力地推动了产品的销售及品牌的形成。

3．分销模式的确定

一个产品的销售如果全由经销商去做，在当时的环境下，经销商只能起到一个物流配送的角色，一个全新的产品在没有大规模的传播支持下是不可能做起来的，那么必须要有一套队伍帮助经销商分销及开发市场、推广市场、维护市场，即必须对经销商进行协销。

协销 = 产品供应商（生产商及总代理）帮助经销商开发市场 + 推广市场 + 维护市场

这一模式可以说一直是主流模式，还将继续下去，经销商主要赚的是配送费。

当然随着时代的变化，目前很多行业的竞争已经是终端掌控和消费者掌控，因此，分销模式的确定一定要考虑产品的特点和市场的特点。

合适才是最好的，不要模仿和羡慕别人的模式，盲目地去套，否则只会是拿起石头砸自己的脚。

4．如何设计五大体系

（1）产品体系。

以儿童感冒药为主，附带消炎、消食、咳嗽等药品。但是在后来的实际推广中，大家还是以儿童感冒药为主，其他产品很难卖动，就是客户不认可。

这个错误许多经营者还在继续，一个产品还没有经营成功，就梦想系列化，试想您作为一个消费者，连一个品牌的一个产品都没有产生好感时，您怎么会购买它的其他产品？一个商家经营您的产品还没有赚到钱，没感觉您的产品好卖，他怎么会去经营您的其他产品？当然，如果是成熟普药就可以多上几个，但是一定要有好模式及办法。目前由于渠道的分散化趋势明显，不要进行消费者教育的品种都可以关联系列化。

但是有一点是肯定的，如果您的产品不知道哪一个好卖，您只有多上两个品种，通过试点找到那个成长快又能赚钱的品种，如果能够系列化，就顺势而为。

一个产品考虑是否上市，我定了一个较好的办法，如果开发全国市场，一个最小批量的生产在 90 天内还卖不完应考虑停产，第二个最小批量 90 天卖不完还是要考虑停产。

（2）价格体系。

任何一个产品销售的成功，最重要的是分好钱，如果钱没有分好，产品的销售就上不去，更不要说建立品牌。而在价格体系中推广体系最重要，其次是商业体系与零售体系。当时我们在设计价格体系时是这样做的。

推广价格体系分代理体系、承包体系、办事处体系，其利益的分配跟其承担的风险相匹配，风险越大、利益越大，到被收购为止，好娃娃的推广体系仍然保留了这一种原则。当然，随着被外资收购，目前已不存在。

商业价格体系：主要是约定统一的全国商业供货价、全国统一的商业出货价、商业返点的控制，只有做到这几点，全国商业的价格才能统一，才能从根本上保护厂家、商家、推广人的利益。到今天为止，好娃娃是这样做的，所有的大品牌产品无不是这样做的，否则就会窜货横行，没有良好的商业体系根本就不要谈产品销售，更不要谈品牌建设。

零售价格体系：区域零售价的相对统一，在产品的上市初期尤为重要，但是不强调全国零售价的统一，对于特别高价值产品要求应严格一点。

如果采用由商业配送的模式，一定要对重点的零售商进行零售价控制，否则，一旦零售无利可图，产品离死不远了，新产品上市更要进行零售价保护。

（3）推广体系的设计。

混合制政策介绍：四种销售的政策体系，就一个产品举例说明：现款底价政策：好娃娃 A：×.17 元；铺底价格政策：好娃娃 A：×.87 元；省外建办事处：回款价的××%，底薪加房租、电话补贴，外加开发费及铺货支持；省内：底薪加提成，全部由公司投入，实行严格的分析、计划、执行、控制一条龙办法进行管理。正是这种灵活的销售网络建设思想，我们的队伍建设很快在全国组建，两年内完成了 70% 以上中国地级以上市场的覆盖。

（4）渠道体系。

商业配送到终端的体系：制定了一个简单的对具体开商业、及商业运作的规定。

代理制的推广商：由于是先款后货，风险自担，在客户的开户上非常灵活，一是用不同供价吸引现款；二是赊销客户少量供货，少量多批。

办事处及底价承包商：由于商业开户过多，应收较大的局面，但是正因为有足够的开户，发挥了商业开户终端的功能，产品的上柜率建设很好，由于产品的销售做起来，应收较大的局面得到改善。因此任何事情都是一分为二，好坏同在，关键当时对您好处多您就得用，到时再调整，在发展中不断完善。

（5）促销体系。

当时的确没有形成体系：一是没有资金，二是经验不足，只有一个赠品装、一张POP，一个广告片，到今天已经完全记不起来了，不想限制各地市场的促销的手段。

但是随着市场的不断推进，公司各地市场摸索了许多好的促销手段，尤其是广告袋及医生装散药品的袋等，到今天为止，这些促销方法依然是最有效的终端促销，医生和药房还是喜欢，因为药店与医生低值易耗品的用量太大了。

因此最简单的东西往往很有用。

第三节　如何做好招商设计是招商成功的关键

销售的第一步，最重要的事就是建队伍，如何建，是全国同时建，还是局部市场建，由于公司原有代理商和底价承包商绝大部分不认可，我们只有全国各地找人来做，由于当时企业规模偏小，又在大规模地进行新厂建设，想大规模的实行投资预算制的办事处制已经不可能，因此通过招商来寻找推广客户就是我们的主要工作。

1. 如何设计招商主题：说什么

一个招商设计需要怎样说才有说服力，我们该强调什么？由于我有跨国公司亨氏的工作经历，长期的工作让我认为：只有理念认同的人才会相信您，才可能真正的跟着企业走。共产党为什么能由小变大，最后建立新中国，就是因为坚定的信仰。鉴于此，我们决定强调三个方面：

（1）强调好娃娃品牌及打造中国最好的儿科药的理想；

（2）强调产品的系列化及长远的系列化的支持，提高渠道建设的效率；

（3）强调市场保护与利益保护。

2. 应设计哪几个合同，其核心点在哪

（1）一定要设计一份推广合同。

核心条款：统一商业供货价，统一零售批发价、区域独家经营、区域保护。对违反核心条款提出严厉的处罚条款。对于低价窜货我们的原则是：要么走人，要么赔偿，没有中间地带，正是有了严格的长期坚持，才有了良好的市场秩序，才有了广大推广人、经销商的信心。

同时根据不同的推广体系还要有所强调：比如对底价承包人还要对货款风险进行分担。

（2）一定要设计好一份经销合同。

核心条款：统一商业供货价，统一的零售批发价、区域窜货管理及处罚条款。如果赊销，要强调货款的回收是公司，并要规定推广代表不许借货、不许借款，确保款、货安全。当然，如果可能的话，可以根据不同渠道进行合同设计。

（3）一定要设计好一份购销合同。

合同设计完，最好由律师审查完以后再定稿运用，以减少后续的法律纠纷。另外，作为合同设计者最好还要写一份合同使用说明，防止各地推广人员的素质不同而产生偏差，最好做一次培训及演练效果会更好。

3. 启用形象商标进行包装设计与传播

在好娃娃上市的近一年里，好娃娃的包装一直缺了一个元素，包装一点都不活泼，只有三个看上去像人的木桩图案，没有一个鲜活的人物形象与之配套，当我和总经理都达成这一认识后，我们开始找寻这样一个图案，2000 年 11 月份的一天，当我来到当时的唐山新华医药批发部的时候发现了好娃娃一个广告牌，里面有一个“五子闹新春”点鞭炮的图标，非常生动喜人，后来与总经理沟通，能否将其进行商标注册并放到产品盒上去。

后经商标专业人士操作，这一商标注册成为了商标，当我们的注册申请通过的时候，我们马上用到了包装中，成为了好娃娃品牌的 LOGO 标志，以后所有的传播都将此形象放入，有力地提升了好娃娃品牌的亲和形象，促进了消费者沟通与销售，在 2006 年，该图标被评为中国驰名商标。

后来，随着好娃娃影响力的不断扩大，这一个方法被很多同类企业学习，对整个儿童药品的经营起到了一个很大的推进作用。

2006年，药品行业出台了一个24号令，文字商标只能是药品通用名的1/4面积，对于所有药厂来说，影响是非常大的，对药品的包装设计及品牌推广可以说打击非常大，但是好娃娃由于采用了文字及形象并举的“双商标”策略，包装风格并没有大的调整，对销售没有形成冲击，但是很多大品牌药厂，由于换包装，终端有部分消费者就怀疑是假药，放弃了购买。

4. 有特色的市场支持品的运用与启示

记得在来太阳石之前，一次去广东某企业办事处搞交接，我们意外地发现，在其办事处放着大量不同宣传礼品，后经询问已经放了很久，当搞卫生整理时，才发现已被污染，不得不当作废品卖掉。这次的经历让我在宣传品的设计和管理上形成了自己的风格。

（1）不同时期不同重点，尽量1～N种宣传品，宣传品越多，公司花出的现金越多，流动性慢，占在仓库里。在基层，宣传品多，发下去，不知道怎么用，怎么管，浪费大。

（2）宣传品由公司设计，各地报计划，达成制作数量的就由公司来统一制作。达不成的由公司设计光盘，各地市场自己制作。

（3）对于运输过程中成本过高或容易损坏的大设计，公司也只管设计，不管制作。

（4）所有宣传品的费用都会记在每一个市场的头上，公司在各市场返利、奖励中扣除，公司不用担心宣传品浪费的问题。

5. 如何选择媒体发布：何地发

当时选择了三家媒体作为招商的宣传：《中国医药报》、《中国经营报》、《销售与市场》，准备各登两期，但是最后执行的时候还是采用了行业聚焦，选择了《中国医药报》。2000年的冬天，我们开始了好娃娃全国市场的起步，连续三周、每周两次、共六个通拦套红登出了好娃娃系列化品种招商的信息，并首次启用了形象商标，给人的感觉非常大气，有理念。如果现在招商我更多会选择好的网络媒体，因为现在网络已普及化，而报媒已是落后媒体。

招商选媒体的关键看客户去哪里了解您，您就要到哪里去发布招商信息。

因此，招商媒体的选择对招商的效果影响很大，一定要找到最合适您的产品发布的媒体，否则，钱打了水漂，而且时间被耽误，结果也会以失败告终。

第四节　招商结果及思考

1. 结果统计与分析

一共打进了280多个电话，大部分都是我亲自谈判，大小客户成交了十几个，凡是在价格上较劲的都没有成交，当时我们的招商价已达到了行业一个较高水平，就是在现在也是非常高的。

为什么要定高价？由于我们规定了供终端的价格，客户是有加价空间的，另外我们认定好娃娃走的是品牌化道路，一定要留出整合支持的空间，如果我们的定价不能满足整个利益链的要求，任何一个品牌和品种的推广都很难成功。

分析了客户的惯例，给得低就卖得低，客户与终端的关系就容易妥协，价格体系难以形成，为此我们没有随意改变我们的价格原则，正是这样的坚持才有了好娃娃的今天。

2. 认可理念的成为了千万富翁

2000年12月底，贵州兴义王经理打来一个电话说要做我们好娃娃的代理，我在电话中将好娃娃的规划说了一遍，他非常认可。同时我问他为什么要做我们的好娃娃，他告诉我，因为他所在公司新特药部在我们最早试点的云南市场调过两次货，终端没做任何工作，却有回头客，顾客认为疗效非常好，这自然给我也增添了许多信心去做好娃娃，当时我对产品本身的疗效是没有把握的。

几天后，王经理又打来电话，试探地问："我能不能做贵州省总代理？"并询问了做总代理的条件，很真诚地介绍其马上要结婚，自有资金只有不到2万元。当时我们对总代理虽说定了一些条件，但是认可我们的发展理念是最重要的，当时贵阳还有一个想做总代理的在做市场调查，我将这个消息告知了王经理。

又过了几天，王经理告诉我，他借到了五万元，问能不能做总代理，如果给他做总代理，他马上去贵阳建办事处。我将一切告知了总经理，总经理当时觉得贵州市场是一个小市场，王经理又有这么高的热情，值得支持其先做。

三天后，王经理推迟了婚期，叫上了贵州天地药业的郭总飞到了唐山，签下了招商以来的第一个省级总代理。

三年后贵州市场好娃娃超过护彤、科辉成为贵州儿童药第一品牌，到目前年销300万盒以上，成为了贵州销量第一的儿童药品品牌，实现了在贵州的畅销。

第四年，王经理创办贵州山君生物工程有限公司；第七年，王经理创办好将来健康食品有限公司及苗通医药科技有限公司，个人资产过千万，并被评为贵州省十大杰出青年。

可以这样说，王经理的创业大部分都是从经营好娃娃及感受太阳石的发展中得到的。但是一个人能够看懂一个理念，并长期去坚持推广才是王经理最好的眼光及个性，因此，作为一个代理人如何选择到一个好产品、好企业、好上级是需要天分的，但是如果您能从我的这本书中知道了什么是好体系并能识别，您就可能找到更多好的成功的机会。

3. 牺牲一批小代理

企业没有做大以前，对市场的管理一般是很难到位的，因为一个小代理商的进货所产生的毛利不够一次出差费，鉴于此，我们与小代理商签订了一个规范化的代理合同，明确乱价及低价窜货的处理办法，要么高额罚款，要么走人。

但在实际的执行过程中，这些小代理商并没有按我们的要求去做，之所以前期没有取缔他们，最为重要的原因是他们没有构成对别人的伤害这一底线原则，伤害了就一定要处罚，否则企业就没有权威和公信力。

后来随着做大，很多小客户依然不按公司的规则来运行，当然就只有被取缔，这个也是我们后来取缔和整编他们的主要原因，愿意接受罚款的就整编、不愿接受处罚的就开除。市场就是这样，您白字黑字地认可了规则，您就要对规则承担责任。

另外客户还要明白一点，企业大了，您一定更要按企业的规则去办，否则，一个企业谁都可以定规则，企业怎么可以做强做大，企业是需要对大家及系统负责的。

但是这些代理为我们所做的贡献也应当是看到的，他们在为好娃娃不断做市场上柜及上量工作，在影响着后来大代理商的加盟及投入。

目前第一批招商还留下的代理就只有贵州、蒙东赤峰两地，因为他们一直按照规则在做，并成为了当地同类品种最畅销的。

4. **做了总比没做好，活下来比品牌更重要**

任何一个中小企业一定要明白一个道理，您没有品牌、没有投入、没有队伍，在这样一种情况下产品上市，只要有人来做，您就一定要去做，只要坚持一个地区一个代理，别让市场乱得厉害，免得以后难调整。

首先您得先活下来，如果过分去强调品牌体系您就可能没有产品上柜完成，没有上柜您就不会有任何销售的机会，但是还是有一点是要强调的：产品没有规模是很难产生渠道冲突的，在产品的上市初期尤为这样。

作为管理者一要在规范中求发展，在体系的制定上要强势及规范，但是在实际的执行过程中只要您的客户没有构成对其他客户的伤害，他有一点违反，您口头提示就够了，随着您规模的做大，您自然会占上风，这时您可以完完全全在规范中求发展。

对别人提出要求是需要实力的，规则永远由强者制定。

好娃娃的前期的市场管理我们基本上是采用了这么一个原理，等到规模试点成功后，我们才真正走向了全国统一的一盘棋。

5. **做品牌与做销售量的启示**

很多人认为，一个企业要做品牌一定要等到销量做到一定程度才开始做品牌，他们把做品牌当成了打广告，认为是大企业才能玩的东西，其实做品牌从您给产品取名及设计包装时已经开始了。

为什么跨国公司的产品要在终端不断抢占好的陈列位，其实来源于一个朴素的广告观点，产品是最好的广告，这里包含了产品品质、VI型包装、陈列等一系列化的课题，是品牌传播的一个重要组成部分，它对销量的影响也是非常巨大的。可惜很多企业在这个问题上不断吃亏，这其实是一个企业最基础的品牌问题，看似简单，却不能重视与坚持。

6. **招商中如何与客户谈判**

在招商谈判中，我们谈什么？

（1）要谈愿景规划，对于有梦想的、有理念的人他一定会认同。什么是愿景？

有一个故事可以和大家分享，当年美国记者斯诺到延安去访问，当他碰到一个老农时，他向老农问道：“毛主席要带领大家搞社会主义，到底有什么好处啊？”

老农回答：“社会主义就是有啥吃啥。”

斯诺又接着问：“那共产主义又有什么好处呢?”

老农笑着回答：“想啥吃啥哦!”

在一个缺吃少穿的年代，这样的愿景怎么能不激励人呢。因此，一个好的愿景可以调动人的积极性。

（2）要谈市场保护，对于真正的好客户，没有保护一般是不会和您合作的。具体就是区域独家保护运作权，市场被侵犯有索赔权并能切实获得赔偿。

（3）要谈价格体系，有差价保护。稳定长期的商业回报是一切商业活动的本质。

（4）谈公司体制及总经理的决心，让客户相信公司的体制是稳定的、长远的，是重合同守信誉的。

7. 什么样的客户能做大

“信、行胜于言、有枪、有队伍。”

（1）要信。如果客户对企业所倡导的一切表示怀疑，即使合作也会失败，因为其不会全力以赴去做，因此对于不相信的人是可以放弃的。

（2）要有枪。什么是枪？在市场营销活动中它就是客户资源、资本、交通工具等实力，没有这些是不能做大做好的。

（3）有队伍。只有有队伍才是真正需要去整合的，有队伍才能真正将产品落到终端，是防止窜货的最有效条件。

（4）行动。再有想法，不去行动将永远没有结果，因此在签订合同时一定强调多长时间不进货协议作废的条款，让行动者行动起来才是关键的。

第四章　畅销中国的布局与试点

不谋全局者，不足谋一域，不谋长远者，不足谋一时，没有一个好的布局思想，没有一个长远规划，就不会有一个好的结局。全国市场如此，区域市场同样如此。

第一节　成功布局中国的五个战略思路

一方面通过招商进行布局，一方面也在圈内整合人员参与好娃娃的推广。通过讨论，我们根据企业资源情况及客观实际做出了5个战略思路。

1. **多种市场试点，面上选点，点线面结合策略**

中国市场太大，南北差异、区域差异太大，如果只选一个市场试点，一定难有代表性，难以作为市场的指导，为此我们决定多处试点，采取面上选点、点线面结合的策略。

西北：说服乌鲁木齐原康妇特的何经理，在乌鲁木齐市先开始，如果成功，全境推广，然后开发兰州带动甘肃、开发西宁带动青海，后来由于陕西一直没有找到合适人选，2002年下半年，何经理进驻陕西西安，成为了西北王。

东北：通过朋友关系，说服了一个做过儿童感冒药的朋友杨经理，让他看到好娃娃的品牌系列化的前景，先做透沈阳，继而开发整个东北市场。后来杨经理通过做大沈阳，兼并其他东北小客户，成了除大连外的东北王。大连的单立主要考虑的是原康妇特的经理有想做的意愿，只是不知道怎么做。出于对创业同伴的感谢，企业支持了大连单立，但是后来也形成了不少冲突，是因为成大方圆及东北大药房的跨地区连锁发展带来的冲突。

内蒙：在蒙东的物流集散地找到了一个做过儿童感冒药的代理商，但由于原厂家没有品牌规划及市场保护，市场做得很难受，他看到了好娃娃的规划后，决定加盟，因此以做透蒙东赤峰，进而带动蒙东的构想也就形成。当时也想在蒙中找到一个合适的人做，一直没找到。在2003年公司的二次招商中，找到了这样一个人，就像前面提到的贵州的王经理，借了五万元，到今天带领60多人的团队在蒙中、蒙西、宁夏进行销售，年销售近2000万元。

华北：由公司原有的几名商务代表集中做透唐山、河北；然后开发天津、山西、最后开发北京。

山东：由于山东一直有一个战略伙伴在，太阳石有股份，我们就将山东的开发给了这个伙伴，其从青岛先试点成功，然后采用人海战术开发山东全境并成功，高峰期达160多人，后来这个模式导入河南这个人口大省也取得了非常大的成功。

西南：做透云贵、带动西南五省。在好娃娃上市的前三年，云南市场一直是公司整体销售量的老大，并一直影响着全国市场的信心。从2000年艰难上市，到2003年成为第一个销售量破100万盒的省份。

中南：做透湖南、影响中南。湖南市场的成功，已被《医药经济报》等多种媒体报道过，其中《好娃娃走俏长株潭》成为了最重要的经验，详情见附件。

华东：先在江西、安徽成功，其次进入江苏与浙江，最后进入外资占统领地位的一线城市上海。

2. 多种体制试点，混合制营销的运行

到底用什么销售体制来开发市场？

（1）选择全部代理制，但是不可能全国同时找到20个以上有实力的省代。

（2）企业全部投资建办事处，在当时资金是不允许的，同时也不可能有这样的管理能力。

（3）全部底价承包，资金及管理也无法配套，到底怎么办？

我们的策略是三种体制同时并轨，充分整合各种资源开发市场，缩短市场的进入速度。之后我将其总结为混合制营销，目前国内很多行业的企业都在用这种销售模式。

代理先款后货：近10个省都采取了这个办法，它极大地减低了公司的货款风险，盘活了公司资金，在做大的过程中，个别市场给了一定的资信支持，如30天内付款等。

底价承包：给铺底货，货款的风险处理，品牌如果推广成功了，由底价承包人承担，做败了由企业承担，这种模式极大地降低了公司及客户双方的风险，真正地体现了风险共担、利益共享。但是人员投入由客户支付，企业不要去管基层的业务人员，这样能减少企业的用人风险。

投资办事处：基本上是在找不到代理及底价承包人的地方才采取这个方式及河北大本营运行。发工资、费用申报制、投入及应收款支持。在2002年以前比例较高，并且阻碍了市场发展，从2003年起只保留了河北本部。

在2003年起，底价承包比例放大，提高了人的积极性，解放了销售力，市场发展明显加快。

3. 家门口的绝对样板，上柜力度与传播力度都大

一件事情要做好，如果自己没有信心，别人肯定没有信心，而信心的表现就是在自己家门口打造样板市场。

唐山：中国北方的一个工业重镇，其工业产值在河北排名第一，综合消费能力比天津还强，人口近700万。为此我们在唐山专门成立办事处，共八人，一个处方主管、一个市场主管、六个代表，每人管2～3个区县。

试点围绕公司主导品种的上柜和上量而展开，首先确保在一年内达到70%以上的上柜率，为此在上市的初期对业务人员开展了以“上柜率”为主的考核，确保指标的完成。

传播的支持：由于唐山的特殊城市布局，唐山百货大楼特别聚人气，其广告位也是特别抢手，我们通过竞标一共投入120万元买断440平方米的三年的广告权，同时又投入了几条主要公交线路的汽车广告及站台广告，在主要批发点及药店进行户外包装，让人感觉太阳石的广告无处不在，表现了对做品牌的绝对信心。

2001年，太阳石药业的新厂建成，这一年的半年度会议我们选择了在唐山召开，当所有的与会经理看到了公司的新厂，并看到唐山这样一种投入，认定了原来企业准备做品牌的决心是真实的。

从此以后，太阳石药业的经理们信心足，决心大，发货越来越多，当然生意也越做越大，从2001年的9月起，随着感冒高发期的到来，产品供不应求，2001年10月起新的颗粒剂车间动工，最后2001年公司整体比上年增长100%以上，好娃娃更是达到500%以上增长。

4. 试点不限方法，只有指导，只有限价

对于全国的试点，公司只出台了一个商业的限价文本，只规定供价、批价、商业返点的空间，以及对窜货的管理，并要求与会代表签订防窜协议书。

对不同的体系的销售队伍召开座谈会，提出指导意见并进行探讨，签订了到2003年年底的销售协议书，让大家吃下一个定心丸，大胆放心地操作。

对OTC的运作统一认识，用快销的管理办法进行OTC产品市场的推广。当时这个思路在很多医药企业是遭到怀疑的，可是我说服了总经理，说服了市场经理，当然在执行的过程中还是存在了一些问题，但是管理是相通的，最终公司运用了这一理论。

后来很多成功的药品OTC品牌无不是这样，而且在药品的零售业同样也是如此，湖南医药连锁的发展就是因为步步高连锁输出了很多人才才能快速发展的，目前做得好的益丰、老百姓的主要管理骨干都来源于步步高连锁。

因此，营销与管理是可以“跨界”的，因为商业本质的东西是一致的，突破自己的主观思维一定能获得质的突破。

5．做好布局前的配套工作

（1）包装的调整：产品是最好的广告，这是我在跨国公司亨氏接受培训及实践工作中得到的一个最重要理念，一个产品如果想做品牌，它一定要有明显的特点，要有强烈的市场陈列效果，好的包装自己会说话。

鉴于此，我们对包装导入品牌VI，让大家感觉我们的包装高档出自名门，质量好、买着放心，放在同类产品中能跳出来，同时纸张全部用进口高档白卡纸印刷。

（2）各种必备支持品：各种规范性销售文本准备、广告片、POP等终端物料。

（3）OTC的运作指导及终端促销指导文本。

（4）如何进行商业管理的文本及推广会的技巧的文本。2002年由于河北推广会的成功经验，太阳石药业获得了首届“白内停”杯的优秀案例奖。

第二节　重点加大河北大本营试点

1．家门口策略、重点投入

河北试点目的出于4个战略考虑选择了投资办事处制。

（1）要做成总量上的绝对前三，甚至是第一，给各地市场一个信心，最后我们做到了并长期保持第一，做到了墙内开花墙内香。

（2）要能够养活工厂，不受市场波动的影响，不受其他市场控制。

（3）要能够成为人才培训的基地。

（4）要便于各种办法的试点及经验总结。

最后河北成为了公司3个过8000万元的市场，实现了公司的战略意图。

2. 大推广会与小推广会的结合

由于公司在河北得地利又得人和，公司也专门成立了一个推广会小组，配备了一台金杯车，我们采取了一二级分销的运营体系，通过一级商召开二级商大型推广会议，将货物配送给有终端的二级商；然后配合二级商召开小型终端会议将货物上到终端柜台。

其实当时环境下终端会议也简单，吃吃饭，给点小礼品。当然现在的环境已发生了巨变，开发的流程和细节应当更加严谨，而且终端会议出现重点终端大型化及重点乡镇小型化特点，即"面上抓重点，重点抓透面"。通过近半年的推广会，产品的上柜率在河北得到了一个明显的上升。

3. 传播的支持、高空试点

有一个高的上柜率，如果没有一个促销的支持，产品要想上量是很难想象的。当时太阳石的产品还没有大规模媒介的经验。出于非市场的综合考虑选择了河北省某电视媒体，后发现效果并不明显而停掉。

这次媒体的运用可以说是失败的，因为它不是基于规划及市场的需要，而是出于一些其他的原因，这也是很多企业无可奈何的事情，目前这样的事情在很多企业依然发生，我认为企业对于过分的行政压力及裙带关系还是要敢于说不，当然道理也应当说清，其他利益没办法时给一点。

第三节　湖南试点成功影响公司所有客户

1. 区域市场试点建立信心

一个省级市场的开发是否需要做区域市场的试点？

答案是肯定的，任何一个新产品的上市它都将面临许多未知的东西，为了避免少走弯路，一定要找到适合区域市场启动的模式和方法，树立信心。营销大师史玉柱先生在做脑白金的市场启动试点时，在江阴都有近一年的摸索。

当时湖南的王经理已经和太阳石合作了康妇特栓，他的营销手段是以 OTC 运行模式为主的，因此当好娃娃品种决定试点湖南市场时，其确定的销售模式就是走 OTC 运行模式，为了降低风险，王经理将试点市场放在了株洲市场。通过 2 个多月的试点市场明显出现了产品销售不断上升的势头，鉴于此，王经理将试点范围扩大到了长株潭三城市，并取得了成功。（见案例）

2. 分销与终端都要强

产品要卖得好一定要解决两个问题：上柜与上量，这是所有销售的核心，所有的其他一切活动都应围绕这两个目标展开。

所谓上柜，就是如何让产品快速上到终端与消费者见面，它分不同产品而有不同的上市策略，如选择型分销、密集型分销等。

所谓上量，就是如何吸引消费者购买及促动终端向消费者推荐。

上柜要求分销强，上量要求终端工作强，所谓强就是要根据渠道的特点、人性的特点做出合适的方案，湖南市场在整个工作过程中抓住了这两个基本点，获得了市场的突破。

3. 区域组织体系建设探索

任何工作的完成主要靠人，如何招人、育人、留人是每一个基层团队主管的一个主要工作，尤其是底价承包及代理商团队中尤其重要，湖南市场进行一些大胆的尝试，对后来整个公司的发展都起到了很好的指导意义。

4. 关注新渠道并积极合作

2001 年湖南医药界的老百姓、益丰平价卖场连锁模式出现了，我当时认为这是未来零售业的一个重要业态，既然是这样了，我们就应研究它，并且只要不破坏整体的情况下完全应该去合作，记得老百姓大药房湘雅店，一个月可以销售好娃娃感冒药 15 件，而当时的省儿童医院一个月却不到两件。

10 年过去了，老百姓大药房及益丰大药房已发展成全国最大最好的品牌连锁店，并有可能在近 1 ~ 2 年上市。目前全国的医药连锁年销几百亿，已经成为了医药界一个发展最快的渠道。

5. 区域混合制

在区域市场上为了快速整合资源发展，也采用了底价承包、底价代理、发工资建办事处相结合的模式，快速地推进了好娃娃的在湖南市场的发展，在三年内湖南销售过千万元，六年过 3000 万元，成为了区域市场儿童药品第一畅销品牌。

6．营销与传播的匹配

最早开展营销与传播试点的省份就是湖南市场，随着好娃娃的上柜率不断提升，湖南进行了电视、广播、车身、重点终端拦截等一系列活动，对销售提升很大，从2000年不到1万盒的销售，到2003年突破了100万盒的大关。

7．慎重选择试点省份

湖南市场是太阳石药业好娃娃系列药品在2001年的试点市场，从2000年四季度开始规划并进入市场，到2002年的12月底，累计销售好娃娃系列产品900多万元，产品也从单一的小儿新速效感冒颗粒到目前的小儿咳喘灵、小儿罗红霉素的全面启动，短短的一年多在长沙、湘潭、株洲三城已成为儿童用药中的首选品牌，鉴于此，公司总经理、我、公司销售部及市场部的负责人于2001年7月及2001年12月两次下湖南进行市场调研和规划，以便总结其中的经验，第二年在公司类似的市场进行推广。

为什么选择湖南作为好娃娃系列药品试点省份呢？这主要是基于当时的一些实际情况考虑的。

（1）2001年4月份以前公司的好娃娃系列产品的文号虽说已经有七个，但是由于没有进行完GMP的生产改造，公司的实际生产能力只能进行小儿新速效感冒颗粒及小儿罗红霉素分散片的生产，并且生产能力有限，担心全面开发市场供不应求，后来在2001年3月的整厂搬迁时果真有此情况发生，幸亏推广面不大，否则后果不堪设想。后来在我咨询的大多数企业都会是这个情况，看上去有产能，而实际产能很小，只是因为小厂其营销能力太差。

（2）太阳石药业当时的销售管理还是以底价承包制为主，营销管理还没有实现管理转型，公司没有专业化的销售部和市场部，对市场的整体规划及指导工作还不能跟上市场发展的形势。所有市场的工作成败还是得靠地区经理或地区代理商的能动性。

（3）了解妇科产品市场的同行，一定知道康妇特栓，太阳石药业的前5年的成长史可以说就是康妇特栓的成长史，连我当时也是只知康妇特栓，不知太阳石药业，但是太阳石药业从成立的第一天起便立足于妇女儿童用药的专业领域，但是康妇特栓基本上是在处方市场上推广成功的，大多办事处对OTC药品为主的好娃娃系列产品的推广还没把握。同时大多办事处经理还感觉公司好娃娃系列产品都是老产品，并且价格比同类产品较高，认为较难推广，对好娃娃品牌的长远发展及长远利益没有认同，处在观望的人多。

（4）而湖南市场的王经理却有自己一套独到的见解。

第一，好娃娃这个品牌本身就具有很大的亲和力，易记忆、易传播。

第二，儿童产品的市场不受国家医疗体制改革的影响，便于大胆投入。

第三，产品系列化，并且首先上市的产品都是儿童的常见病和多发病的产品，可以说都是长线产品，市场的潜力大，前期推广较易成功，推广成功后的受益时间长，同时系列化的专业生产和推广在国内还是首家，商家和老百姓都好接受，并且大多厂家还没有这么做，是一次非常好的市场成长机会。

第四，产品的疗效非常好，价格偏高不是主要因素，据调研儿童产品的价格因素影响不大。

第五，好娃娃系列产品以 OTC 市场为主，避开了国家对处方市场的监管和降价的风险。

第六，随着 WTO 的加入，OTC 的推广越来越受商家和厂家的重视，进入的成本将上升，同时竞争将加大，以后的难度将更大，因此要抓紧抓好时机一举成功。

（5）湖南在推广康妇特栓时就实行了处方和 OTC 的分流管理，当公司提出好娃娃系列产品以 OTC 推广为主，处方市场为辅的市场整体推广战略时，便马上响应。在 2000 年年底会议上，王经理看到了公司即将竣工的 GMP 新厂，看到了公司规范化管理趋势及其支援的方向，更加信心倍增，于是回到了湖南开始了大力度的市场推广，在此之前株洲市场已经开发成功。

案例：好娃娃走俏长株潭

一、进行市场的整体规划

湖南市场的王经理在推广太阳石药业产品之前是湖南某制药厂的经营厂长，对湖南的医药市场有较深层次的认识，同时在做太阳石的产品的几年内自己从一线开发市场做起，一步一个脚印地干，因此对市场是非常清楚的，他根据湖南市场的实际情况定下了以下四个方面的整体规划。

整体市场销售目标：

确保A万元，力争B万元，到年底三城市的铺货率达到同类产品市场第一。

产品的推广采取先集中力量打响一个，然后再推第二个，进而带动全部。

目标市场的选择推进：引爆三城，带动湖南。鉴于湖南市场的重心在长沙、株洲和湘潭三市，因此本年度的工作重心就在此三市，同时由于三市又是本省医药产品的集散地，引爆三城可以对湖南的整个销售工作起到一个非常好的促进，对第二年的工作必将事半功倍。

整体推广传播策略：高空点缀，低空突破。所谓高空点缀是指在市场推广的过程中电视、报纸杂志、电台的硬广告是点缀性的，在资金的投入上是相当有限并有技巧的。低空突破是指根据湖南的实际情况开展系列化的推广活动及传播行动，使好娃娃的认知度提高，并最终达到好的销售额的行动。

二、推广的第一步，寻找突破口、建立信心

任何事情的第一步对全局都是非常重要的，只有成功才会对以后的推广起到大的推动作用。鉴于此，从当时的天时、地利、人和、资金等多方面分析，长沙、湘潭、株洲三城市中株洲的各方面的胜算都较大，并且可以获得以小博大的结果，于是决定对株洲市场用1～2个月的时间进行启动。决定一经做出，我便用一个晚上的时间写出了一份详细的市场计划书，第二天便到两家主要商业客户那里谈经销事宜，由于事前准备工作到位，王经理对商业客户提出的问题对答如流，通过商业客户的协助株洲市的铺货面一周内达到了60%，紧跟着株洲台的黄金时间的好娃娃小儿新速效的产品广告连续上了两个月，由于上广告的时间是感冒高发季节，不到一周的时间市场明显启动，为了加大铺货面，让广告的效应最大化，王经理又派人对药店开始了店员教育，加强了产品的陈列及终端包装，同时对主要商业客户派驻了商业促销员，加大了对整个商业客户的包装及宣传，这样一来让产品从城市的药店逐步扩大到了厂矿医院，诊所及部分乡镇市场，到2000年年底株洲市场仅用两个月的时间便开发成功，2000年1月份我偶尔问及株洲的两位朋友，一提及好娃娃都知道，并且已是家中的常备儿童用药。

三、建一支专业零售队伍是打开长沙市场的关键

株洲市场的快速成功对整个湖南市场都是一个极大的推动力，但是长沙市场却是株洲市场的三倍，并且比株洲市场对湖南的影响力更大，一旦长沙推广成功，则整个湖南都会快速反应。但是长沙市场光市区的药店、诊所及厂矿医院就达千家，要达到低空突破的目的，必须建立一支专业的销售队伍。但是当时的湖南长沙市才只有两名 OTC 代表，而好娃娃系列产品属于低价常备药品，必须大量分销才能快速销售。鉴于此，准备招聘一批 OTC 代表，但如果都招新人，必然耽误时间及市场机会，而湖南当时的现状是，一批知名的 OTC 及保健品的厂家的推广的高峰期已过，大批 OTC 的主管及代表有换公司的愿望，于是就在汇仁公司、云龙盘海等知名 OTC 公司中招聘了一批懂 OTC 推广，又熟悉长沙市场的人进来。

人员招进来容易，要让他们踏踏实实的工作才是关键，鉴于此，湖南的王经理提出了管理 OTC 队伍的八字方针：“关怀、培训、信任、制度”，一进入太阳石药业就对他们实行了严格的公司制度以及产品及推广计划等相关培训，让他们忘记过去，以全新的姿态投入到新的工作当中去。同时王经理作为一名长者对他们的工作方法及为人也提出要求及期望，使这批小年轻受益匪浅，当我与他们谈及此事时他们都是非常感激的。同时通过对他们跳槽的原因的分析，给家在外地的 OTC 代表提供住房，并提供交通费、电话费、误餐费等补贴，从生活上对这批年轻人进行关怀。

用人不疑、疑人不用，一旦给予了您多大权限就让您用多大权限，这对于这批小年轻又是一次大的震动，工作起来特别自觉认真。另外为了有效管理这批小年轻，制定了一套责权利对等的激励机制及考核管理制度，在制度面前人人平等。在管理上基本上是参照了快速消费品的管理办法，从执行情况来看目前很成功，并且公司在广东、重庆、广西等省份也在开始推广，并取得了较好的回报。如晨会计划制度、晚会的总结制度、周会月会制度、定期培训制度、报表制度、奖惩制度等。2001 年 12 月我到湖南时觉得湖南的这个销售团队有一种家的氛围，这时我深有感触：古话说得好，家和万事兴。

一支和谐的团队是最有战斗力的，是一家企业最大的财富。湖南有这么好的一位经理及团结的销售团队没有不成功的道理。

四、有特色的低空推广是长沙成功又一关键所在

一般来说，现在的OTC药品的低空推广一般集中在药店、诊所等终端，很少企业对中间商进行推广及促销，而当时的市场环境却有这样的市场机会，并将随着商业的GSP达标影响将加大。王经理根据湖南长沙的市场实际情况审时度势又提出专业销售必须专业分工负责，于是将OTC代表分两个层次进行分工，一部分对中间商进行推广叫商业促销员，一部分对终端进行推广叫终端促销员，并且对员工反复强调做终端及做中间商的意义，做中间商的促销最大的好处在于调动更多的终端分销您的产品，而好娃娃系列产品的价位较低，又多为小孩多发病的药品，必须快速地大面积分销，而做终端的最大优点在于调动消费者的心，同时也兼有其他功能，这一次分工又很好地将宝洁、亨氏等大型跨国公司的推广思路进行了合理嫁接。具体如下：

1．商业推广。

第一，对长沙市的所有大小医药商业进行全面包装，因为无论市场怎么管理，在商业公司一定会有空间可以展示企业及其产品的形象，加上太阳石及好娃娃的形象好，商业公司乐于接受。对商业的包装包含两个方面：一是医药公司的外面的包装，主要包装的地方为开票处、入口处、提货处，包装材料以条幅为主，并将公司大宣传画制作成展版，同时对粘贴及悬挂宣传画也提出了几条原则：醒目、整洁；不宜被竞争者随意破坏；长期性。为了防止竞争者的破坏，一方面加强沟通，以达到双赢的格局，另一方面是调动商业对好娃娃宣传品的重视并加以保护。二是对内的包装主要有：展版、宣传画、灯箱、多处陈列公司的包装盒，对于重点商业更是这样，包装的主要地为开票处、提货处、收款台、样品陈列柜等地，包装原则同上。

第二，对重点商业派驻商业促销员，进行终端推荐及拦截，提高产品的分销面。防止断货及大量库存的出现，保证重点商业的快速分销和快速回款，保证公司的资金周转，制造旺销的势头，以提高商业及终端经营积极性。

第三，对商业相关人员设立推广奖，对重点终端设立进货累计奖，在不同时期开展一些对所有终端的活动，但是所有的奖励都不给现金，只给奖品，以避免回扣的误区，同时奖品坚持生活化、实用性、多样化的原则，以保持吸引力。

2. 终端推广。

终端推广的策略是先零售市场，后医院市场。所谓零售市场主要是指药店、诊所、小医院这一大片市场。所谓医院市场主要是指大型儿科医院及二甲以上有儿科的大型综合型医院。这主要考虑的是零售市场的准入相对较快、较容易，而处方市场的进入时间周期长，而且成本高。

为什么还要做医院市场？主要的目的是为了获得广大医务工作人员对好娃娃的认可，让专业认可与广告传播相互呼应，提高整个产品的传播效果和质量。因此，从2001年春节后，专业的OTC队伍一建立马上按以下思路开始了整个长沙市的终端市场的工作：

（1）调查终端，将重点医院及所有零售终端的资料建档，并将所有零售终端根据内部讨论确定的指标进行分类。

（2）制订人员分片管理计划，画出终端的区位图表，并制订了详细的市场开发计划和铺货计划。

（3）多渠道地分销和铺货。第一，利用重点的商业和连锁进行铺货；第二，通过对商业的全面包装及进货奖励制度带动终端的试销进货；第三，终端推广代表的协销和对终端的系列化的推广攻势加强了终端的进货；第四，对个别要求直销的重点终端采取先直销、后归口的策略，让其卖俏后不得不经销您的产品时再要求他们到大公司去分销，以减轻回款的压力及工作量；第五，加强对湖南儿童医院等重点医院的攻势，争取早日进货，以达到处方的专业推广与零售推广的互动，进而更大地推动销售。

（4）在加强铺货的同时加大店员的教育，在重点终端开展店内的推广，通过点、线、面的策略将市场炒热，同时坚持产品就是最好的广告的理论，加大好娃娃产品的陈列，在陈列时始终保持“长期性、最佳陈列位、最大陈列面、同类产品相邻、尽量集中陈列。”这一点基本上和大的消费品公司、OTC药品大的跨国公司的做法相一致，目前的情况只是很多医药保健品企业不认真负责的执行及执行不坚持长期性罢了，而长期坚持认真负责地管理终端也是好娃娃产品最为成功的经验。

（5）在适当时机对店员，尤其是重点终端的店员开展销售竞赛活动，活动的内容以推荐度、摆位及销售量等内容进行，分不同的店对以上指标设不同的权重，以便调动大多数店员的积极性。

（6）在终端的长期的拜访中湖南的小年轻们坚持友善、真诚、专业、踏实、勤奋的原则，树立了太阳石的良好形象，推动了终端的推荐度和销售。

五、整合有限传播资源，并与低空推广相结合

由于太阳石药业当时仍然是以底价承包的形式为主，公司的市场部、广告部及销售部还没有建立起来，公司的整体好娃娃的形象传播设计都是北京昌荣广告有限公司制作，但是由于多种原因，终端的支持物大多都没设计，只是拍了一个好娃娃的广告片及设计了好娃娃的整体品牌的形象标识。公司唯一能提供的终端支持物只有单一的 POP 粘贴画。

鉴于此，湖南王经理通过对湖南市场的有效媒介的分析研究，根据市场小孩病了以孩子的母亲及祖母为小孩购药多的特点，确定了第一步高空宣传的重点为妇女。于是以长沙女性频道为主，重点对长沙及部分周边县进行高空的集中投放，同时在湖南影响较大的几本医药商业杂志刊登产品广告，以便配合电视广告加大终端的现款提货，自己设计部分终端支持物，对所有可以进行包装宣传的地方进行包装，在药店还配备大量印有好娃娃字样及形象的袋子，由于袋子印刷精美，好娃娃的形象可爱，店员愿意用，顾客也喜欢，因此起到了很好的宣传效果，同时对终端实行长期推广。

随着市场的不断上升及长沙对周边的辐射，电视广告的重点又转到了湖南的生活频道及文体频道，同时继续加强长株潭的重点推广，对重点居民小区、重点小学及幼儿园开展终端拦截宣传，以送气球、广告笔及宣传小册子为主。抓住湖南长沙正进行城市改造，道路拥堵严重，人流大且慢，城管管制较松的机会在重点路段及小区挂横幅，使好娃娃的宣传在低投入的情况获得了很好的市场宣传效果。

通过一年多时间的推广，现好娃娃系列药品已经在长株潭走俏，尤其是其中的小儿新速效感冒颗粒已是此三地老百姓的首选品种，并且带动了好娃娃系列产品的销售，当我们 2001 年 12 月份到长沙走访终端时，问及一位买我们产品的顾客为何买我们的产品时，她告诉我们一句让我们非常意外的话："我的孩子现在是喝奶就是娃哈哈，服药就要好娃娃。"当我们听到这句话时心里别提有多高兴，大家相信只要我们产品质量好，推广和服务有特色，同时随着企业 GMP 达标及底价销售的成功转型，不远的将来不光是好娃娃走俏长株潭，而是走俏神州大地。随着这一案例的成功，公司的客户信心大增。

第四节　云南试点成功推动客户抢地盘及投资

1. 信心第一

云南市场是河北省外市场上的第一个试点市场，为什么选择云南市场呢？最主要有以下两个原因：

一是总经理对云南市场有着深厚的感情，康妇特栓的云南市场就是总经理带着人开发出来，而且市场规模在全国的康妇特市场的规模当中排名前三，仅次于上海、北京。

二是太阳石的产品在云南口碑非常好，并且肠炎灵加康妇特栓一共有超过100万盒的年销售量，太阳石品牌在云南是受到商家及消费者喜爱的。

2. 坚持才能胜利

2000年的4月份，云南市场开始了对市场的持续铺货，到7月份一共铺出100多件，而整体市场对产品的销售并没有太多的回头客，整个云南的推广团队和公司都感觉到了压力，尤其是云南市场都是现款将货买来的，如果卖不出去，将面临大麻烦和亏损。但是大家有一点就是对好娃娃品牌是认可的，对其品质也是认可的，8月份整个云南市场只分销了几件货。在这个时候，我们共同分析，7、8两月是整个销售的淡季，随着9月旺季的到来，产品一定会畅销起来，大家一定要有信心。9月云南继续加大进货，并对终端制定了许多优惠政策，到9月底销量明显放大，到四季度，云南市场的销售是节节攀升，公司的好娃娃终于有一个销售几十件的市场，这对公司是一个莫大鼓舞。第二年春节后，云南市场高开高走，销售约升到100件以上，坚持，让云南市场看到了胜利的曙光。

3. 责任

云南的团队是总经理亲自找朋友运作的，由于多年合作，对总经理的妇女儿童专业化的思路是非常认可的。当总经理找到他们的时候，大家对好娃娃这个陌生的品牌也是犹豫过，但是一旦接下来就是一分责任，就一定要将它做好，出于这样的情怀，大家将好娃娃当做自己的孩子一样看待。

4. 特色价格体系

当公司产品价格体系进行第二次规划时，要求云南市场将产品的商批价格调整到全国统一的每盒8.50元水平时，云南的省区老总却有自己的看法，他认为7.50元在云南更有利于做大，并认为做到100万盒时再进行提价会对整个市场有利，对于这个违反公司价格底线的事情公司表示了反对，但同时我们也在思考云南市场的情况，也认为7.50元更有利于云南市场快速做大，但是如何控制不对其他市场窜货呢？

我们与云南的赵总达成了一个协议，云南市场不能流出一盒产品，如果流出云南就按2倍进行处罚，并一起商定了控制办法。通过2001—2002年两年的运作，云南市场成功将产品全部锁定到了云南市场进行销售，并且最先突破100万盒的大关，为公司的发展创造了样板作用。

5. 开展特色传播组合

（1）买断一家报纸，开展好娃娃的软性传播。

（2）关注贫困失学儿童，成立好娃娃助学基金，进行公关运作，培养好娃娃的口碑，这个经验为公司后期的整体公关策略提供了示范作用。

（3）开展好娃娃儿童书法比赛等活动，从2003年起太阳石在全国范围开始进行公关试点，到2004年便开始举行了长达七年之久的“智慧好妈妈，聪明好娃娃”活动。取得了政府的支持，媒体的免费报道，当然更多的是让老百姓更信赖好娃娃。

6. 云南市场总结汇报

云南办事处2000年3月份开始启动好娃娃新速效云南市场，从2000年3月至2002年6月共28月的时间里，总共销售好娃娃系列产品4572件，平均每个月销售163件，最黑暗的时间一个月未卖出1件，最少的时候每月卖出6件，最多的时候10天之内卖出577件。最近三个月平均每月374件。好娃娃从起步到现在也在众多同类产品的竞争中走过了曲折的道路。

为了启动市场，我们采取了三条腿走路，一是通过商业公司的影响力，二是直插市场网络，三是在零售终端直接宣传。为此，我们在28个月内总共投资近90余万元，用于电视广告宣传、报纸软硬广告媒体、儿童电视节目、气球、礼品等等，平均每月3万余元。此费用仅仅是作为宣传，不包括市场运作费用。电视广告从昆明市内至市外、遍及云南省16个地州。昆明电视广告密集时一天达7次之多。从现在看回报是大于投入比例的。但在起步阶段才接手的第一年，起步也是艰难的，我们从投入到开始赚钱，经历了一年多的时间。

可能大家会说我们很笨，确实如此，因为我们一旦接下这个品种，我们首先向自己负责，我们同时也向总经理、向太阳石负责。为此，我们提出一手交钱，一手交货。自己给自己施加压力，绝不让自己的钱烂在仓库里。

云南市场在国内首先启动，2000 年 3 月第一批进货 50 件，一个月内全部铺向市场，4 月份毫无反应，5 月份进货 100 件。连续铺货 3 个月，7、8 月份销售商基本不进货，每月 7、8 件。从 10 月份起市场回头客开始启动，售出 30 余件。很快，市场开始大幅攀升，月销从 100 件以内向 200 件进军。三个月后突破 300 件直至今日。春节期间因运输问题脱销 40 天，四个货柜一起到，10 天内销售 577 件。

年春节过后，我们就感到感冒用药的淡季将来临。如何在淡季时再火一把，再来检验好娃娃的市场占有，为此我们从 2 月份开始着手。一是加大进货量，二是加大宣传量，从 4 月开始至 6 月份与电视台、广告公司、报社、经销商联手，在药厂市场部的帮助下，搞了一台好娃娃儿童专题节目和一个好娃娃有奖征文，在各大药店配合下免费赠药 40 件。一些经销商看到我们对市场的宣传力度，信心也强了，加大了进货量，消费者看到太阳石药业能开展如此的活动信任度也增强了。4、5、6 三个月销售 1122 件，平均每月 374 件，淡季期间卖到如此数量，应该说活动的结果令人满意。有句古言“好酒不怕巷子深”。其实当今时代如果我们还一再迷信这一古言，一定会让我们误入歧途。所以说“好酒还要吆喝”。

走过的道路，应该说结果还可以。但以后的销售是否还能保持如此势头？云南的市场，大家的想象都觉得不错，我们的好娃娃都是 OTC 产品，而云南 OTC 市场价在全国可以说是最低的。好娃娃新速效在云南的零售价在 10 ~ 12 元之间，零售商的毛利在 8% ~ 20% 之间。其他省份市场价格我不了解，云南市场哈药护彤 2.6 元/盒、三九库克 0.60/包、贵州科晖小儿速效颗粒 5g/包 ×9 袋，4 种不同果味 4 元/盒、昆明制药厂 0.1 元/6g/包、昆明中药厂 6.8 元/12g ×10 包、云南名牌天紫红 11.50/12g ×6 包、广东宏远果果 0.6 元/ ×6g。好娃娃的价格在云南零售价 10 ~ 12 元，虽然卖价不高，但也可以说是一个领跑价了。同类药价在持续走低的同时，云南的大多数农村的孩子还是希望吃便宜些的好药，好娃娃的销量再往前走真的很难，虽然难，但也得往前走。

听说贵州、广东等地的零售价在 16 ~ 17 元之间，零售商的积极性应该还可以。大家可能会说云南的市场如此之好，其实云南市场只是先走了一步而已，现在是否已到了饱和期？零售商的积极性又不高。反过来，我羡慕在座的各位同仁，云南的消费能力、用药水平、城市人口比例都排在全国中下水平，云南销售排名第一，这绝对不是正常现象。我期望今后仍保持这个位置，但这是不可能的，这只是一厢情愿。如果这样，药厂肯定也不会满意。因为发展到头了，不再往前走，总经理是要打屁股的。所以云南充其量只是暂时领跑而已。今后真正的好日子，其实还是在座的各位同仁，我相信你们的发展空间还会相当大。

今天我们回头来总结好娃娃之所以有如此高的回头率，并保持着一定的销量，除了我们所做的工作外还有一个大秘密：那就是疗效好，品牌好。好娃娃产品能一路走好，还有一个很重要的原因，销售商的协调和药厂制定的“价格的保护和市场的保护”。我想我们应该珍惜“价格的保护和市场的保护”这个东西，它是一个非常好的资源。同仁们应该有同感，如果我们不珍惜和保护这个游戏规则，三个月内，价格烂了不说销售还将下降。因为价格往下走的产品谁也不敢囤货，大家认真做好自己的市场，只要我们努力，并对经销商有一定的约束，前景应该还是很好的。

下半年的计划，最重要的是如何把人的能力提高，工作扎实做细，力争再突破上半年的销量。把我们的销售员与零售商的销售人员建立起亲情关系，在儿童同类产品中树立第一品牌做足文章。

今天在这里与大家一起探讨交流，其实只是抛砖引玉，更重要的是来向大家讨教。药厂介绍湖南、广东、贵州等地 OTC 工作做得很好，希望讨些招数回去用用，还请大家传经送宝。

总结好娃娃的成长过程，好娃娃今后还卖什么？卖品牌、卖服务、卖质量、卖约束机制、好娃娃还卖什么？好娃娃给我们带来收获与效益，说得实在点儿，真的还要感谢太阳石药业公司的领导给我们提供了一个好产品，而且领导开明、政策透明。感谢太阳石后勤员工的努力配合，感谢销售部、市场部等各部门的指导、协调、关心、帮助。

云南其实只是一个并不大的市场，我们对所做的工作总结了几点：起步早一点、投资多一点、精力集中一点、目光远一点，再加上产品质量好一点。云南能做到的相信大家也能做到。衷心希望同仁们更上一层楼，真正的大市场还在同仁们的手上，为了药厂和我们自己的事业有更美好的未来，努力吧，朋友们。

好娃娃系列逐月销售统计表（单位：件）（略）

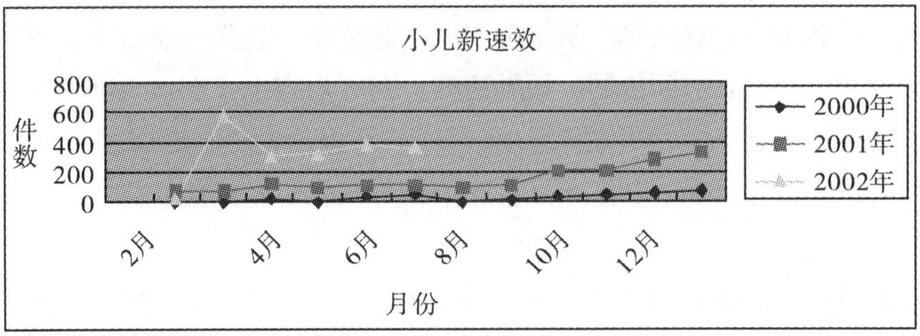

从产品曲线上看，云南市场是稳步上升的，2002 年 1 月到 2 月为什么有一个零进货，主要是断货影响的。在好娃娃发展的前三年，可以这样说，销售是逼着生产走的，仓库基本上没有库存量，经常要给各地匀货。

云南市场到2006 年好娃娃的年度销售3 万多件一年，成为了云南市场儿童药最畅销品牌，以后增长缓慢。

而云南市场的成功让大家看到了希望，在边缘的省份都能成功，应当能够在全国各地都可以成功，因此，随着云南的成功，各地市场加大了地盘抢夺及投资。

第五节　办事处建设弊端到老板团队体系创造

1. 建立办事处体系公司与办事处经理都不满意

从 2001 年起，公司先后对没有代理商的地区开始尝试办事处体系的建设，逐步建立了四川、重庆、广西、安徽、山西等办事处，所谓办事处就是公司的员工体系，发工资，拿费用，拿提成，报销费用，公司垫付开发费，对市场铺货的销售组织模式。

由于市场都是在开发期，结果自然是费用高，应收大，企业在这些市场都是投入多，回款少，在开发的前几个月，每月都是回款够不上费用加货款的垫付之和。在这种情况下，公司总经理是极为不满的，开始对这几个市场的发货拖延，报销推迟，弄得各个市场极不高兴，但可以理解，原来都是不发工资及费用的模式，谁能受得了。加上这些人都是我招的，自然或多或少有些微词，好在在公司工作多年的贾经理负责公司销售部的发货、开票、回款、结算事宜，而且此人做事非常公正、公平，并且跟随了总经理多年，是总经理最信任的人，否则，有几个办事处中途都会夭折，在这里，我要感谢贾经理，很多职业经理人进入到一家公司里是得不到这样的帮助的。

所幸的是随着时间的推进，在不到一年的时间里，各地办事处的经理的费效比不断提高，回款也不断增长，公司也认可了这几个市场，他们也同样把好娃娃做成了区域儿童药品的第一品牌，目前随着太阳石被法国赛洛菲收购而永远告别好娃娃。

随着办事处规模不断扩大，问题随之发生，由于办事处的费用及提成只有底价承包经理的70%，各个省区办事处产生了对比的心态，认为干大了吃大亏，干起事来总是不那么卖力，总感觉是在为别人干，没有动力，这些意见都反映到我这里和销售部贾经理处，面对这种情况，我向总经理建议，是否顺应人心，将办事处全部改成底价承包制，这样会更有利于市场的发展。

2. 引进新的销售部经理管理无效后修正办事处模式

总经理没有同意，认为我专门替办事处经理想好处，没有站在公司立场想问题，还突然引进一名销售部经理进来，直接向总经理负责，也就是这样一个突然的人事决策，让我和总经理有了一定的矛盾。

因为销售部经理是总经理招聘的，便经常越过我销售总监向总经理汇报，而总经理也不闻不问，听之任之，让我很难堪。当时我想，这么为总经理工作，还这样对我，真想辞职，但是好强的我，通过深思熟虑，最后决定用时间来证明一切，即使要走，也要光荣地走。几个月后，销售部经理在公司没有任何建树，也没有为公司引进任何人才，当然也就离开了。

到2003年，这几个市场依然是发工资提成的办事处制，但结果是公司最后几名，我再次向总经理建议，人心不可违，越快改变越好。可到我退出太阳石后，总经理担心我带走他们，或还有其他缘故终于将其改为了底价承包制的办事处。后来果然发展很快，第二年销售都增长了100%以上。

这些办事处经理都说："老孟，您走了，让我们受益了。"当时确实有点气愤，但今天看来，我的走对好娃娃的推动起了帮助，这是我感到欣慰的，因为做企业、做品牌太难了。

3. 办事处与代理、底价的本质区别是老板心态

从以上可以看出，发工资、拿提成，在很多人看来，是拿别人的钱为别人办事，是打工者心态，自然效率就低，他是不可能调动人的全部潜能的。

而底价承包制，是拿别人的钱为自己办事，有点老板的心态，但是不承担太多风险，自然会效率更高，当然就会产生好的结果。

而作为现款代理，是拿自己的钱为自己办事，风险及利益全自己负责，自然就是完全的老板心态，也必然决定了成功的概率。

因此，到底什么是最好的组织模式，到底要用什么样的组织模式，是单一型，还是混合型，关键要效率优先。

第六节　中国其他区域市场试点集锦

1. 辽宁的试点集中抓连锁获丰收

在2000—2003年的中国市场，最大的医药渠道变革就是连锁化的发展，而当时做得最好的要数辽宁市场，在2000—2003年，东北的成大方园曾经是中国医药连锁的老大，同时东北大药房、维康大药房等都是国内领先的大连锁，因此辽宁做好了连锁就做好了一半。

鉴于此，沈阳市场的开发上，以连锁为主，每个连锁一个主管专攻，并且配合公司产品的系列化开展专柜营销，联合用药活动，有力地推动了好娃娃的系列化发展，是公司系列化做得最成功、产品结构最合理的地区，这个榜样的树立为全国好娃娃的系列化再次创造了新的样板，证明了系列化是可行的品牌策略。2003年太阳石公司为了不断提高上柜率和系列化还开展了一个陈列比赛活动，有力地推动了公司产品的全国系列化上市。

辽宁市场业务人员在与客户合作时，不断为客户出主意，搞宣传，为客户免费提供做好连锁的一些管理价值，客户也对太阳石的产品开绿灯。由于辽宁的成功，有力地带动了后来在东北的开发。

2. 山东市场试点的人海战术成功

山东市场可以说是总经理的老兄弟市场，从好娃娃一上市就开始做，最初是以青岛为主，前期的推广时是非常慎重的，并没有启动广告，而是全面以地面推广为主，即以公司的理论指导中的医药保健品营销九要诀中的“人力营销拓市场，软硬终端搭配好”的组合策略，通过一年的推广，销售节节攀升，并实现了赢利，鉴于此，山东市场准备走人海战术的策略，对整个山东市场进行开发，业务员最高峰时达到160多人，销售达到乡镇。

在业务开展的早期阶段，由于各种管理办法不到位，公司在货物直销终端时，出现了个别业务人员卷走货款的问题。后来山东办事处针对问题采取了以下方针：

把方针写出来，按写的去做；把做好的再写出来，再按写的去做。

在运作的过程中不断纠错，不断进步，高峰期山东的好娃娃销售量在8000万元以上，也是山东儿童药品的第一品牌。

后来河南、内蒙古及大多市场前期启动都是以“人力营销拓市场，软硬终端搭配好”进行终端推广的。

第五章　二次规划与加强基础管理

没有一个清晰的战略规划，企业的发展方向就会乱，没有好的基础管理企业就不会有发展的后劲及支持。

第一节　做畅销品牌要有梦想

从2001年起，好娃娃的销售从1月到6月，每个月的销售量都节节攀升，即使是到了淡季7、8两月，销售同比也暴增了500%以上，环比还在上升。这时公司另一个重大利好消息也得以完成，就是公司GMP新厂盖成并启用。

这时外围的消息总体趋势是好的，但由于好娃娃整体处在导入期，产品在终端的动销还是一般，但是从全国各地监测到的情况看，终端在没有广告的情况下光靠店员的推荐，消费者是愿意接受的。

我们预感产品一定会卖起来，当时由于GMP新厂的搬迁，整个公司感觉是一个空壳，硬件是一步到位了，可是软件不能跟上去，公司就不能发展。从下半年起，公司再次进行了战略规划，对企业进行了一个重新的大改造，为迎接公司的大发展做准备。

准备在以下多方面加快企业构建，当时我们没有请外脑，没有请咨询公司，所有的重新规划就是我和总经理商定的，我拿方案，总经理拍板。

以下就是当年的一份简单的战略规划书，我们就是从这一简单的规划书开始了好娃娃的梦想和太阳石药业的梦想：为什么这样简单，因为这件事情我们既是组织者，又是执行者，加上我们多年的行业积累，我们没必要像别人一样做一个战略规划那样写个长篇大论几十页或上百页。这也符合“大道从简”的道理，也是太阳石追求简单文化的表现。

太阳石药业定位：做中国最专业的妇女儿童药品供应商。

太阳石品牌规划：形成两大核心品牌，好娃娃儿童系列、康妇特妇科系列，进而托起太阳石药业品牌。

愿景目标规划：五年内将好娃娃打造成中国儿童药品的第一品牌，销售过3亿元。公司争取在5年内创造2~3个中国驰名商标。

队伍建设模式：代理制、底价承包、自建办事处三结合。

销售方向转型：向OTC领域进军，不断扩大产品销售渠道。

产品分线运营：成立妇女儿童事业部及非妇女儿童事业部，企业将主要资源向好娃娃及康妇特倾斜。

基础规划：加强组织再造、流程再造、信息化管理。

目标推进：略，后来被总经理删掉了，他认为市场布局都没完成，写了也没用。后来还是采用了目标引导法。

企业上市：水到渠成。

当时我在目标体系中确实只写到不同年份要到达的目标，而没有细的目标推进保障计划。但是有目标规划，尤其年度目标规划是非常重要的，这样可以根据目标配置资源。

从此，我们围绕这个纲领性的东西不断前进，并不断探索与丰富着创造最畅销的品牌的伟大梦想，直到最后做成了最畅销的品牌。因此我总结，做最畅销品牌一定要有梦想，并满怀信心，不断坚持。策略和办法都是可以想出来的。

可以这样说：梦想第一、信心第一、坚持第一；策略第二；办法第三。

第二节　进行专业化的企业定位

企业到底走向何方？这个问题不解决，企业的一切工作都没了方向。后来我们通过大量的数据分析及市场分析，认为太阳石的发展一定是专业化，一定要将太阳石药业打造成中国最专业的妇女儿童药品供应商。

因此太阳石的主营业务要聚焦在妇女儿童药品领域，其他业务应进行分离。

当时我们的规划就一句话：做中国最专业的妇女儿童药品供应商。

第三节　进行四大基础品牌规划

这是很多企业忽视，却又是最为重要的东西，可惜大多数企业在建立的时候花费的精力太少，造成品牌无法累积。

1. **要解决整个公司品牌架构问题**

如果一个公司没有一个完整的品牌架构，就不可能将品牌做好，当时我们并不知道什么品牌的专业词汇，至少觉得太阳石药业目前就只能做两个品牌，好娃娃系列和康妇特系列，通过两个品牌做起来支撑太阳石的企业品牌，在我们的心中就是在未来的5~10年太阳石要创2~3个中国驰名商标。

当时我给太阳石的品牌架构归纳如下表，并不知道这就是品牌架构，但是我们的感觉是对的，我们并没有像今天这样分析清晰，这样专业。

太阳石药业			
核心品牌1	核心品牌2	核心品牌3	其他品牌
族群品牌策略	族群品牌策略	综合品牌策略	产品品牌策略
好娃娃儿童系	康妇特生殖系	太阳石普药系	处方药系

所谓核心就是要重点推广的品牌，任一中小企业的核心品牌都不能太多，在有限的资源状态下，有时还要缩减。

那什么是族群品牌，它有哪些优缺点呢?

族群品牌又名产品线品牌，是各种产品属于同一产品线，产品物理属性、使用价值、使用方法与对象都比较接近。像上面的好娃娃儿童系列药品，康妇特女性生殖药品采用这一品牌策略就非常对，其优点有四，缺点有三。

优点1：有众多产品分担品牌建设成本，有利于做大品牌。

优点2：做出一个大品牌后有利于进一步进行产品延伸。

优点3：产品之间比较接近，比较容易提炼有感染力的核心价值理念。如好娃娃，帮助孩子健康成长，康妇特，全面呵护女性健康。

优点4：每个产品的成功都在推动品牌成长及品牌旗下其他产品的增长，降低营销和广告费用。

缺点1：产品线延伸有限。如好娃娃只能做儿童类产品，康妇特就只能做妇科产品，而且最好只做妇科生殖产品，如果导入口服产品，会让人有不好的联想，故后来的口服制剂采用了女美系列，由于多种原因，一个产品都没做起来。

缺点2：产品线中的明星产品会遮掩掉其他产品曝光的机会，这也是好娃娃产品在前几年只有感冒药卖得好的根本原因，消费者认为好娃娃就是儿童感冒药品牌。

补正的办法就是采用主副品牌的策略，如后来好娃娃－化刻的广告推广，又有力地抓住了小儿化痰止咳这个细分市场，但其他品种再没有出色表现。如果要把一个个产品做成明星，还是要多用此主副品牌策略。

那什么是产品品牌，它有哪些优缺点呢？

产品品牌就是每一个产品或某一类产品上都用上一个品牌，表现为一品一牌和一品多牌。

像宝洁公司的洗发水的一品多牌，如海飞丝、潘婷等，杨森制药的一品一牌，如达克宁栓、多潘立酮、派瑞松等。其有三大优点，两大缺点。

优点 1：凸显个性和特点，锁定目标消费者更加精准。

优点 2：一个品牌出问题不会殃及企业，降低企业风险。

优点 3：一品一牌还可更多的占领货架位，更多地卖货。给品牌忠诚度低的消费者更多选择；鼓励内部品牌经理间的竞争，鼓舞士气。

缺点 1：成本很高，一般的企业玩不起。

缺点 2：需要更多的品牌专门人才。

但某些特殊行业没问题，比如：处方药的营销等。建议中小企业在做大众传播类产品时慎用这个品牌策略。

那什么是综合品牌，它有哪些优缺点呢？

综合品牌就是一个企业的各种产品都使用一个品牌，很多企业就是用企业品牌一统所有产品，在不同的行业中都有。其优点有三，缺点有四。

优点 1：节省广告费及品牌建设成本。

优点 2：集中资源打造一个大品牌，带动全类发展。

优点 3：任一品种的畅销都会提升品牌价值。

缺点 1：一个品牌下产品太多、品牌个性模糊。

缺点 2：面对强大专业品牌将处于弱势。

缺点 3：多种品牌要寻找到一个共性很难。

缺点 4：一个产品出事整个品牌受损。

运用的综合品牌注意事项：

（1）根本前提：品牌核心价值观兼容各种产品。

（2）产品有一定的关联性，如葵花药业。

（3）技术与品质成为主要动机的产品，如中联、三一重工等品牌。

（4）企业财力不够，品牌人才不够。

（5）很高的品牌推广成本的市场环境，如家电业等。

（6）企业的产品市场容量都不够大。

（7）竞争者是非专业化品牌。

（8）开发系列化产品搭便车。

（9）所有产品的传播最后都要落到品牌，如葵花。

（10）中小企业最好找到一个市场容量大的产品先培育品牌。即以品种育品牌，以品牌带品种，像葵花、汇仁、江中就是这个策略的成功者。但目前葵花在推小儿产品时，用了小葵花这个品牌形象加以微小区分。

那什么是主副品牌，它有哪些优缺点呢？

副品牌策略就是一个主品牌涵盖一个系列化的产品，同时给每个产品打上一个副品牌，以副品牌来突出产品的个性形象。这个策略运用最早的是乐百氏的健康快车。

如好娃娃－化刻牌小儿化痰止咳颗粒、好娃娃－宝宝盖牌小儿钙制剂、好娃娃－添添香牌健儿消食口服液等，就是主副商标策略的具体运用。这一策略是在2003年以后启用的，其中的好娃娃－化刻牌小儿化痰止咳颗粒运用较为成功。

副品牌策略要运用成功，要注意以下几点：

（1）广告主要宣传的是主品牌，副品牌处于从属地位。如好娃娃－化刻，用于小儿化痰、止咳。最后落底还是：孩子常见病，信赖好娃娃。

（2）副品牌一般都比较直观的表达产品的优点和个性形象。如好娃娃－化刻牌小儿化痰止咳颗粒、好娃娃－宝宝盖牌小儿钙制剂、好娃娃－添添香牌健胃消食口服液等。

（3）副品牌有口语化、通俗化的特点，从好娃娃的副品牌大家也可直观感知。

（4）副品牌比主品牌内容更精准，适应面窄。

（5）副品牌一般不会额外增加企业的广告预算。

2. 要解决整个品牌的核心理念问题

从1999年到2000年的10个月间，好娃娃的理念是“儿童健康专家”，后经多方讨论，定为帮助孩子成长，最后定为帮助孩子健康成长。后来的广告和推广很多都是围绕这个展开的，并坚持了10年，有力地推动了品牌的成长。

康妇特的核心价值理念：全面呵护女性健康。

太阳石，公司从成立到2000年，一直都没有想透这个问题，当一群人碰撞到一起时，思想就产生了火花，太阳石是太阳里的石头，相对而言它是永远烧不尽的，并不断散发出热能，让人感觉到温暖，同时，太阳石的使命就是不断关爱妇女儿童的健康事业，让他（她）们感受到温暖。

就这样，一句以后常用的经典组合就这样定了下来。

好娃娃，帮助孩子健康成长；康妇特，全面呵护女性健康；太阳石，永远的温暖。从此，这个理念跟随太阳石一直做到今天，传播到今天，公司后期的传播、推广、公关的主题都没有离开过它。

到今天为止，我认为在核心价值理念的提取上，太阳石是非常专业和到位的，最重要坚守到今天，十年磨一剑，值得很多企业深思，尤其是那些朝令夕改的企业。

对核心价值理念的提取要注意5点：

（1）高度的差异性。不要模仿他人的东西，要想做大品牌，一定要与众不同。

（2）触动消费者的内心。就像好娃娃的核心价值理念，没有一个父母不深有感触。

（3）具有广阔的包容力，预埋品牌延伸管线，提伸品牌的延伸力。如好娃娃的产品线的不断延伸，当时我们在很多类别都进行了商标保护，就是想进行品牌延伸的。

（4）获得较高溢价能力。好娃娃系列产品最先在全国卖高价，让所有产业链上的人都获得了很好的回报，正因为利益的保护也让更多的人愿意经营，分好钱永远是一切商业模式的核心问题。

（5）注意品牌核心价值观与产品定位的区别与融合。

3. 要解决品牌的传播问题

太阳石在2000—2002年对全国市场的投入是没有广告支持的，这也是很多人困惑所在，没有广告支持，却可以获得高价。

我一直认为，销售与广告是营销的两个方面，在企业产品的上市初期，由于没有足够的上柜率做支撑，大量的广告投放是无法落地的，尤其是以电视广告为主的媒介广告对大部分新产品上市是不合适的，特别是没有品牌知名度的中小企业，这一点总经理也非常认同。

终端是火种，广告是火上浇油。

火种达不到一定的密度，大火是燃不起来的，因为油在流到火种的过程中已经渗透到了地下。因此，我们认为好娃娃的前期推广应以地面推广为主，到一定时候才能上媒介。为了增强地面的推广，我们建立了以下的销售形象识别系统。

（1）将VI统一到包装及终端的推广物料中，提高产品及物料的美感，启用好娃娃的形象标记。

（2）公司统一设计物料，凡是好运输的东西，公司统一生产配送，超过比例的市场埋单。不能运输的，公司设计发给光盘，由市场进行制作，保证了品牌形象的统一。

因此，当时我们定的策略就是：低空突破，合适时机加中空配合与高空点缀，后随着各地市场的摸索，认为儿童产品的推广可以更多地开展公关运作，而且会更有利于品牌的长远发展。

最后形成了太阳石特色的传播组合：高空点缀、低空突破、中空配合、公共关系。

由于企业及各级市场的资金紧，对于现金的支出必须小心，低成本开发市场永远是企业应追求的。

所谓高空点缀是指在市场推广的过程中电视、报纸杂志、电台，车身、路牌等硬广告是点缀性的，在资金的投入上是相当有限并有技巧的。

低空突破是指根据市场的实际情况开展系列化的终端推广活动及传播行动，使好娃娃的认知度提高，并最终达到好的销售额的行动。到目前为止，好娃娃的电视等硬广告还是很少，但特色的终端推广及社区推广却不断。

中空配合：公司的特色网站、行业媒体的长期宣传。

公共关系：长期和妇联及各级政府的主管部门，围绕产品的核心价值观“帮助孩子健康成长”开展系列化的儿童特长及益智活动，培养品牌信赖感，一个真正的最高级品牌一定是受消费者信赖的。

4. 要建立品牌的识别问题

好娃娃的包装启用形象商标，公司的包装导入VI，是品牌早期识别的主要方式，并坚守到今天。如哈药的蓝瓶识别也是坚持了几年，首先觉得好笑，但时间长了，就成了其品牌识别。

什么是品牌识别，在这里我想简单地讲讲。

品牌识别系统是指通过对产品、企业、人、符号等营销传播活动具体如何体现企业的核心价值界定，从而发展出区别于竞争者的品牌联想。

品牌识别有效传达给消费者后就形成了实态的品牌联想。一个强势品牌必须有鲜明、丰厚的品牌识别。科学完整地规划了品牌的识别后，品牌的核心价值观就能有效落地，并与日常的营销传播活动有效对接，使企业的营销活动有了标准和方向。

企业可以从 9 个方面去建立自己与众不同的识别系统：

产品、企业及企业家、品牌气质、包装、品牌责任、符号、成长性、创新能力、与消费者的关系等。

但是进行识别系统规划时也要防止进入 5 个误区：

（1）过分强调产品。一是产品的特点容易被竞争者模仿及超越；二是进入市场的必备要求，不足以影响消费者；三是消费者是没有时间，没有耐心也没有专业知识的；四是妨碍品牌延伸。

（2）过分迎合消费者的看法。要学习苹果公司引导消费者的做法，因为消费者是可以引导的。

（3）把品牌定位当做品牌识别。品牌定位是为消费者经常宣传的品牌识别。

（4）过分强调短线目标，沉迷于一时风光。

（5）面面俱到，舍不得放弃。

一个企业做品牌只有建立了品牌核心价值理念及品牌识别后，它的所有营销及传播活动才不会走偏，正确的品牌传播模型如下图：

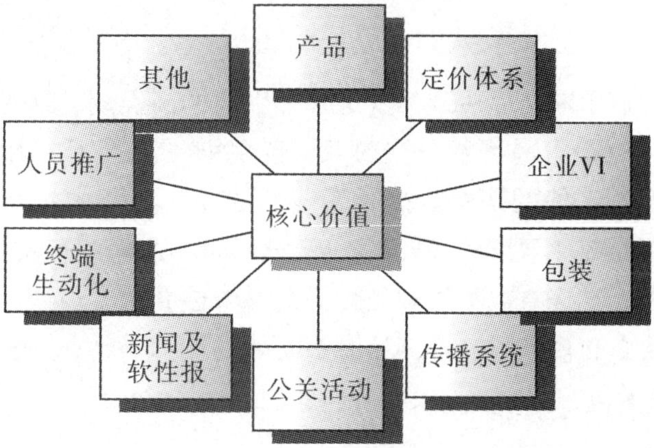

可以这样讲，在当时的中国医药市场能这样去做的不多，到今天，不论医药业还是其他行业能有这种系统传播品牌的也不多。

后来我们逐步统一，到2002年后才开始真正的大规模的品牌传播推广，2001年下半年起，我们开始康妇特栓及太阳石药业品牌在《幸运52》的品牌传播，主要目的还是提高渠道的信心。我认为进行品牌传播一定要在企业品牌系统战略下运作，否则传播的钱就会打水漂。

第四节　赚钱模式的五个思考

这个问题是企业经营的首要问题，生死存亡的问题，只有解决了这个问题，企业才能真正生存。在这里，我不想用专业理论来叙述，只想简单地说就是发现顾客需求，并用满足顾客需求的产品，通过客户网络去将顾客的钱换到企业来，并由企业制定规则来分钱。

因此，企业不能掌控分钱就不可能做成品牌。

如果想要赚得多、赚得快、赚得好就必须采用品牌及传播的方法，为此，企业为了赚钱必须制定一套好体系去保证它的良好运转。

1. 好娃娃赚谁的钱

当时我们清晰地分析到：赚孩子家长的钱，我们的直接消费者是儿童，但是我们的间接消费者是家长，尤其是以母亲为主。当时我的孩子才4岁，我的孩子及妻子成为了我最大的消费者顾问，在购药人群中最大的人群就是女性，尤其是孩子的母亲，其次是祖母、外祖母。因此好娃娃的推广既要赚孩子的钱，更要赚妈妈的钱，成了我们研究的主要方向。

2. 好娃娃拿什么产品去赚钱

一般来说，孩子断奶以后到7岁是孩子生病的高发期，这时孩子的免疫系统没有完全生成，最容易得病，当时我们认为孩子主要就是感冒、咳嗽、发烧、拉肚子、吃不下饭的问题。当时太阳石的儿童品类中正好都有这几个品种，如感冒有小儿新速效感冒颗粒（2003年后叫小儿氨酚烷胺颗粒），咳嗽有小儿咳喘灵颗粒，发烧有尼美舒利颗粒，消食有健儿消食口服液，消炎有罗红霉素等，我们认定我们的产品线是较为全面的。

3. 好娃娃靠谁去赚钱

其实这就是构建渠道的问题，而构建渠道的第一步就是要建立销售网络，将产品放到零售渠道去。这里就要解决两个大的问题，一个是建立将产品放到零售渠道去的队伍及办法，即产品“如何上柜”的问题，产品不能上柜，一切便都无法开展。另一个是如何将产品又快又好地卖给顾客，即产品“如何上量”问题，这个问题既是渠道问题，也是沟通与促销的问题。

4. 好娃娃想赚多少钱

这个问题说白了就是如何制定价格体系，如何分钱的问题，分钱的游戏规则由谁来定，能否得到保护。

1999 年以前，好娃娃的主导产品批文小儿新速效感冒颗粒，当时是以 ×.5 元的商业批发价对外批发的，当然它就是一个没有任何规划的产品，它的命运注定了卖不动，因为卖低端它不是价格最低的，又没有市场保护，终端注定不销售，卖高端它没有推广系统的空间了。

那么为什么这个产品要叫好娃娃，我们到底是卖产品还是卖品牌，答案是肯定的，好娃娃是卖品牌，卖品牌的目的就是要提高产品的溢价能力，否则做品牌就没有意义了。

5. 好娃娃怎样赚钱

如何赚钱，这是谁都关心的问题，这里涉及几个关系的沟通问题。

一是如何处理厂家与销售队伍之间的沟通及宣传，认可好娃娃品牌，让他们认可我们不是卖产品，而是卖品牌，不是卖具体产品，而是卖好娃娃三个字，我们必须为大家提供一套卖品牌的理论及保障体系问题。

二是要帮助销售队伍解决与分销商、终端商、消费者之间的沟通。要让大家知道好娃娃是在卖品牌，而不是光卖货，同时各方的利益也能得到保证。

三是要让购买者了解好娃娃是一个儿童品牌药品，是以帮助孩子健康成长为责任的，公司除了产品品质外还要在产品包装，宣传用品上形成一套品牌的系统，让孩子爱喝，大人爱买。

第五节　如何高效进行市场开发

一个品牌要发展、一个企业要壮大，在解决了以上问题后，最为现实的问题就是如何让全国更多的终端摆上好娃娃产品。

但是现实的状况是：当时的太阳石药业刚刚投资了 2000 多万元做 GMP 工

厂，企业内部建设也要花钱，因此，面对中国庞大的医药市场，如何建立太阳石特色的市场开发系统是事关全局的大事，是成败之关键点。

通过好娃娃一年来的运作，我对太阳石药业的原有团队的状况是非常了解的，同时通过第一期招商后，运作的省份及地区增加不多，因此，我们当前的首要问题是销售队伍的组建问题。

综合以上情况，我们提出了市场开发的 3 条规划：

（1）混合制的销售组织体系：代理制、底价承包、自建办事处三结合的模式，当时这几个模式我都有工作经历。

（2）先生存再发展，避开竞争，先以三四线市场为主，后进入到一二线市场，最后夺取全国的胜利。又就是说，在自己没有找到一线代理商之前，暂时不组建队伍开发，像北京、上海、江苏、浙江、广东这样的市场。

（3）继续打造样板市场，用样板来说话。

第六节　再次进行企业组织调整以适应市场发展

任何一场改革，其实都是需要组织作为保证的，没有一个好组织作为保证，改革一定不能成功。而要了解一家企业为什么会成功，更要解读它的组织结构。

2001 年太阳石药业没有改造前的公司组织机构图

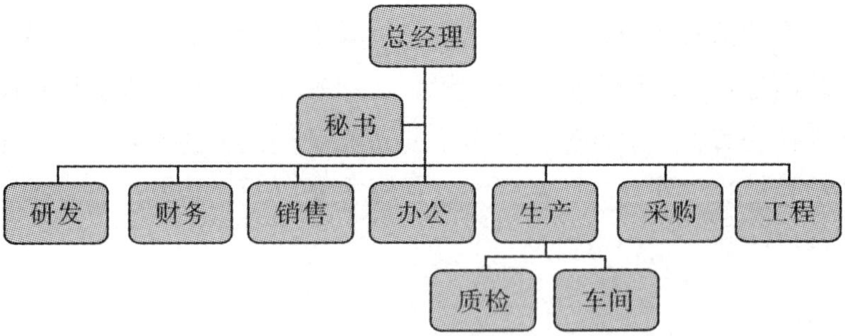

2001 年太阳石药业改造后的公司组织机构图

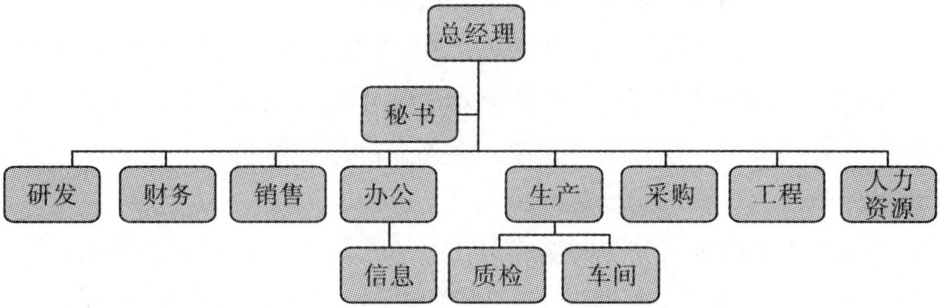

可以看到，公司增加了一个人力资源部，不是人事部，是将人力当做资源来看待，部门设总监一名，高于一般的部门。所谓人事就是成本概念，而人力资源是资源概念。到此公司核心层形成，研发部总监一名兼任研发经理；生产部总监一名，负责整个生产系统；营销系统销售总监一名，负责整个营销工作；人力资源总监负责公司的人力资源体系的导入与完善，兼公共事务；财务部经理，办公室主任同时列入核心层，但暂不设总监。另外准备增加信息部，先作为办公室下的一个小部门，最后独立出来。

2001 年太阳石药业没有改造前的公司营销组织机构图

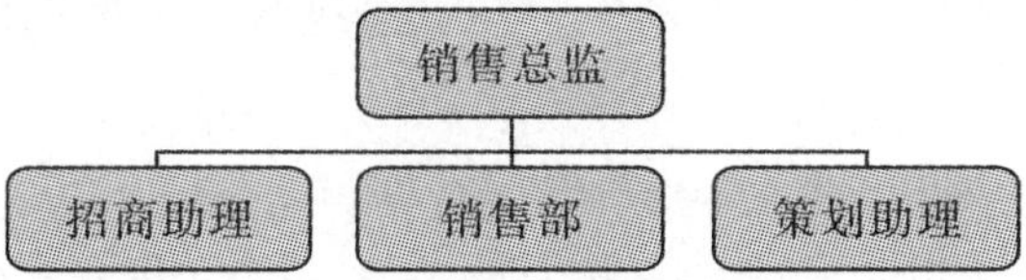

这个组织机构是在我进入的初期的过渡组织机构，这个组织随着第一期招商的结束，两名助理逐步外派市场学习与锻炼，后来一名当了省区经理，一名因重大过错而被辞退。

以上组织结构是不会有大作为的，我认为也应当要改。

2001 年太阳石药业改造后的公司营销组织机构图

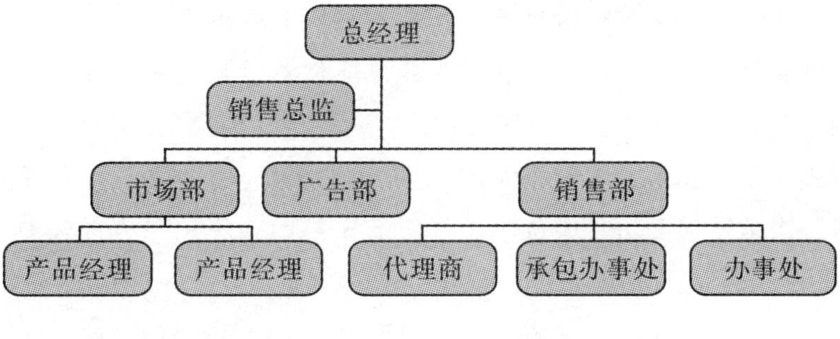

可以明显看出，公司营销工作由我和总经理共同来管理，而我的工作重心更多转向了策划、培训、政策制定、文件起草，以及销售网络的组建上来。

当时的市场部的主要工作并非战略工作，因为战略工作已经全部由我和总经理完成。市场部的主要工作就是更好地研究市场、竞争对手并制定具体的促销方案、促销用品等。设好娃娃及康妇特两名产品经理是为了更加专业化的研究产品与市场，为公司制定更好的决策。

广告部的主要前期工作是包装设计工作，后期重心转到创意、设计、媒介投放等系统运作，并且总经理支持广告部创业，后来成为了太阳石的广告公司。

销售部主要还是提供售前、售中、售后的一系列服务工作。

但是这种组织结构造成了后来很大的弊端，因为所有部门经理都是总经理亲自招聘的，因此很多的市场调查报告、很多信息都是直接给了总经理，总经理有时给我阅读，有时没给，也不知是忘记还是其他原因，而且总经理决策又快，很多事情就直接决定了，造成了很多事情我不知情，当发生过错时，责任无人承担。因此，指责与埋怨相互都有，总经理是明说，我们是心里说，让人非常不愉快。

当企业高速发展的时候，由于几个重要原因我还是主动离开了，后来太阳石一直没有营销类老总，也没有新的营销老总进入，为后期产品不能持续推广成功埋下了祸根。

这种组织机构建设可能在很多中小企业都可能存在，最主要的问题，企业在弱小的时候，销售问题永远是总经理最为关注的问题，总经理既想了解，更不希望被控制。当时 32 岁的我，对于这个问题确实没有找到好的办法，但是如果是今天我一定会拿出一个让总经理放心的组织流程来，让权利在阳光下运作，主动被监督是对双方最大的保护。

后来，我针对指责和埋怨专门写了一篇文稿。稿件如下：

任何一个人，无论是在工作中，还是在生活中，天天都将与人沟通，有的人与人沟通非常好，工作生活很开心，而有些人与人沟通很差，自己他人都痛苦。之所以会出现不同的结局，在于您能不能化解两大克星：指责与情绪化。

第一大克星——指责。

小李是一家小公司的人力资源部助理，她非常想将自己的工作干好，也想尽善尽美，当她发现身边各个部门工作没有干好时，无论是人前还是人后，总是爱指责别人如何不好，最初还有人与其争吵一番，可过了不久她发现无论他怎么指责别人，别人都不再理她，她知道自己不被人喜欢，非常痛苦。

她不明白指责只会破坏关系，她不知道人性的需求，任何人都希望得到他人的肯定，在被肯定后会对肯定人从心理自然接受，会让沟通变得简单和快乐。而一旦先指责，人马上会形成一道自然的心理防火墙，进而对立，造成双方无法沟通下去。

任何沟通都应从肯定开始，这就是管理学上的三明治道理，当任何一个人为一件事付出努力时，他们总会有一些好的创造性，即使全错，尽心了也该得到应有的肯定。但是任何人都会有缺点，很难尽善尽美。您正确的做法应该是发现别人优点进行肯定，快速的让别人打开心扉，拉近与别人的距离，然后指出还要努力完善的地方，并且给其提出建议并与其沟通。而不是只有指责，而没有帮助，在一个团队中要明白，大家是一条船上的，只有同心协力的团队才会更好地完成任务。另外要切记，您帮助别人成功就是在帮自己。帮别人将缺点包起来，并一起帮助别人改变，别人一定会非常感谢您，您一定会越来越有人缘，事业与生活一定芝麻开花节节高。

第二个克星——情绪化。

很多人一旦在沟通中遇到不同意见，当其认为自己是对的，别人是错的时候，就马上情绪化，情绪化的后果就是说话不经大脑思考，更有甚者，拍桌子、瞪眼睛，造成沟通气氛充满火药味，无法就问题提出建设性意见。

科学发现，一个人一旦不能控制情绪，人的大脑就是错乱的，整个人的思想处于失控状态，语言的逻辑性很差。而且任何一个人只要您与人沟通中不能控制情绪，您就无法完成沟通，长期的情绪化别人将会远离您，另外会加大您得心脑血管病的概率，如果您已长期情绪化建议您上医院检查。

在工作及生活中，我们发现很多情绪的控制是很难的，我建议：一是在公司的主要沟通场所写上："指责与情绪化是我们共同的敌人"的标语；二是企业每次在开会前进行提醒；三是与几个比较情绪化的人进行沟通，让其认识到个人的性格缺陷并加以改进。四是如果发生情绪失控公司一定重罚。

对于个人如何控制情绪化，我的建议是"修定"。

因此按照以下的做法，一是可以每日按时按点练书法或做某一件事，我在十几岁时曾经是一个非常调皮及脾气大的人，由于三年连续每日按时的练习近两小时的书法，让个人性格有了较大的变化，其实修定，关键在坚持，坚持到形成好习惯；二是每次与人沟通前提示自己一定要冷静，只有冷静才能致远，人的心是安静的，您的大脑才会最有智慧，您才能真正做好每一次沟通。最后希望大家都能尽力而为克服指责与情绪化两大缺点，人人成为沟通高手，为和谐家庭、和谐企业、和谐社会作出自己贡献，也一定会赢得好人生。

第七节　再造流程及绩效考核确保组织高效

主要的目的就是要打造公司高效的组织效率，当时全国最流行的《A 管理模式》，我们认为是一个非常好的流程再造的书，公司全部管理人员进行了购买与阅读。并根据公司的特点开展了部门职能，岗位说明书的修订，进一步公司开展了流程及标准的制定，工作前后几个月，当时除了工作外，就是干这个。大家可以看一下我们是如何教大家做岗位说明书的。

岗位说明书的编写

岗位说明书是关于岗位工作执行者实际在做什么，如何做，做到什么程度，在什么条件下做的文件，如再加上具有什么资格的人才能做，或要经过什么样的培训的人才能做，或做得更好就更全面了。

现就针对我们设计的模板的内容来做一些具体的说明。

第一，岗位标志。

1. 岗位名称：按照我们下发的《太阳石药业公司岗位目录》来填写。
2. 所属部门：填写岗位直管的部门名称。
3. 岗位代码：先空着，统一编码。
4. 直接主管：写垂直主管的岗位名称（最低到组长）。
5. 岗位等级：先空着，评价后统一填写。
6. 直接下属：填写直接下属的岗位名称。
7. 岗位环境：填写岗位的办公操作环境，如办公室、车间、野外、空调、毒害、出差、噪音等。

第二，岗位综述。

应描述岗位的总体性质，只列出主要功能或活动即可，越简单明白越好。

第三，岗位职责。

这是岗位说明书的核心内容，因此，可以说岗位说明书是关于工作责任和工作任务的详细罗列。要把每一种工作的主要职责都列举出来，并用一到两句话分别对每一项任务进行描述。如果岗位任务较多，可以分类。岗位职责描述的语言要简练、易懂。对各职责要力求全面。

权重是这一栏里重要的内容，它是用具体的数字比例来反映每项岗位职责的重要程度，它能很好地指导岗位从业者在完成工作过程中合理分配资源和时间，优化岗位绩效。

绩效标准是衡量每项职责完成程度的一种描述。它的逻辑应就某项任务而言，描述成“如果您……我会对您的工作完全满意。”

例如：班组任务，完成每日生产计划。班组每一工作日所生产产品不低于462个单位。在下一工作程序被拒绝的产品平均不得超过2%。每周准时完成工作的时间平均不得超过5%。

财务任务，将应付账款准确过账。在同一个工作日内收到的发货票要在当天过账。对收到的收据，都必须在收到的第二天之前递交部门经理签字认可。平均每月发生记账失误不得超过两次。每月的第三个工作日结束时，必须平衡总账。

第四，岗位规范。

以岗位说明书为依据，回答这样一些问题，如做好这些工作，职位承担者必须具备什么样的特点和经验？什么样的人可以用来从事此项工作，对于招聘来的人应对其进行哪些方面的素质测试。

第五，岗位培训。

要说明该岗位必须要的培训内容，否则员工就不能胜任该岗位工作。

总之，写一份好的岗位说明书，首先反映出管理者对所属岗位的了解和把握。岗位说明书要写清楚，工作责任的范围明确，还要用专业化的词语。

①工作的种类；②复杂程度；③技能要求程度；④可能出现的问题的标准化程度；⑤任职者对工作的各方面所负的责任大小；⑥责任的程度与类型。通常情况中低级职位的任务最为具体，而较高层次的职位则涉及更广泛的问题。

最后，我提醒大家注意，如果新来的一名员工读了您编的说明书，他对这份工作了解了多少是衡量我们编写岗位说明书的重要尺度。

为了搞得更生动，我们开展了部门比赛，活动征文等。

刚刚导入时有点怨言，尤其是在流程建设跨部门时，由于公司总经理强制执行这件事，并且公司做过多次培训，这件事总体执行得还是较为顺利，流程建设完后，公司整体效率明显提高。

当流程再造及标准做完后，2002 年起我们开始摸索内部绩效考核，前期有点走过场，主要原因还是标准及数据不全，当然任何事情只有去做才能发现问题，发现问题只要及时修正就会提高。

当时的外部销售队伍确实没有绩效系统，但是外部多劳多得的风气是形成了。而公司内部的分配机制却很僵化，干多干少差不多。

第八节　推动企业的信息化建设

太阳石药业的信息化可以说是一步到位的，由于公司 GMP 新厂的建成，公司具备了一次性进行信息化的条件。

从 2001 年底开始建设，到 2002 年建成。

第一步：购买硬件，训练员工办公自动化。为了导入的顺利，我们引入了激励机制，正负都有，提高了公司的员工的办公技能，有力地推动了公司管理水平的提高。

第二步：建立公司局域网，并且导入 ERP 系统。

ERP 又名企业资源管理系统，当时是国内最时髦也最受争议的一个话题，我们看了很多报道，基本上是 1/3 的企业导入成功，销售与企业效益上涨，1/3导入后不用了，1/3 的企业导入后企业销售下滑。

那么我们为什么要上它，目的是为企业服务的，不是要企业下滑的，当时我并不是很懂，但是有一件事让我们对上 ERP 系统有了我们的主张，当试运行 ERP 时，我们的混合制销售体系与 ERP 有冲突，我们无法开票、发货、计账，仍然要手工账，效率低下。

因此，到底是要 ERP 适应市场，还是要市场适应 ERP，我们做出了抉择，除公司销售外，其他部门先上。我们一定要让工具为公司服务，而不是公司适应标准化的工具。

由于我的电脑水平有限，我就找到当时的信息部经理，将我管理销售的思想与他聊了起来，后来发现原来都可以自己设计，我亲自将我的思路和方法告之内勤进行设计，通过运行，非常好用，并建立以一个内部共享系统。后来导入很多企业都很好用。

因此，千万记住，不要让我们的市场和企业被工具奴隶。

信息化的第二项工作就是公司网站的建立与开通，网站的建立主要是为了宣传企业，帮助妇女儿童了解正确的健康知识和理念，养成健康生活习惯。

因此、建立了三个频道：育儿频道、生殖频道、乳腺频道来宣传正确的健康知识和理念。

第九节　让销售管理系统化

可以这样说，在我到太阳石药业的近一年里，我是没有办法看到一份完整的销售分析报告的，在当时，公司没有产品结构分析，没有客户分析，没有对比分析，没有进货频率分析，没有应收款分析等。

总之，您想看的都没法看到，没有数据分析，所有的规划及计划是没有办法来做的，幸亏当时企业产品不多，因此，我们加快了手工账导入电脑的工作，当时的内勤是非常辛苦的，在此，我深深地表示感谢。

关于这个，可以从我的年度总结中看到，也可以更加清楚地了解我们的启动发展，一个品牌能否成功是从一开始就决定了的。请见 2002 年太阳石年度报告。

第十节　进行产品的分线运行实施专业化销售

一支队伍要想做好很多不关联的品种，这个基本上是不可能。一个营销老总想要做好所有品种也是不可能，公司应当分线运行，从公司总部来说，我集中抓妇女儿童两个品牌的工作，其他非妇女儿童的工作由另一事业部去运作，后来选择了山东合作伙伴作为公司非妇女儿童产品的事业部。

由于这次分线运行的战略的启动，公司的好娃娃及康妇特才进入了快速发展的轨道。

在分线运行中我们也有了非常惨痛的教训。

2001年，我们的分线工作展开，当时我们把视野盯在了山东的合作伙伴上，主要有几方面原因：

一是总经理与山东合作公司老总是沈阳药科大的同学，有着深厚的友谊；二是山东公司当时已在全国有部分网络适合做我们的品种；三是太阳石在山东的一切销售都由山东公司全部代理，对太阳石较为了解；四是当我们将我们的战略规划告知，公司本部将主要工作放到康妇特与好娃娃品牌上，其他品种准备成立新事业部来开拓市场。他们非常高兴来运作非妇女儿童的事业。于是我起草了合同书，通过多次沟通，签订了战略合作协议书。

由于当时公司的一个重要而全新独家免疫处方药万适宁（Pidotimod）的出台，双方认为要聘请一名外资背景出来的人操盘，这时经猎头公司推荐一名有MBA学历，在大外资企业干过产品经理，但没有操盘经历、没有销售经历、没有内资企业经历的经理人进入了山东公司，将外资的做法全部照搬到山东公司，山东公司这时出现强烈地震，高层辞职并带走团队，新来的处方药员工没有业绩却拿高薪，导致大批老员工离职，当然，销售回款从高峰跌入低谷，最惨时完全靠着太阳石的超发货物活下来。

当然我们的新产品万适宁（Pidotimod）也在几百万花出去后，还只有4200盒的发货，没有回款。

在2000年前后的中国，当时有很多企业总经理迷信MBA、迷信外资的东西，但很多职业外企经理人却把企业做成了负增长，从现在看来，是中国发展过程中企业主必交的学费，无论企业主、还是经理人都难逃此难。

到今天，如果您要企业用您，想要资本用您，更多的是看您干成过什么，因为面对不断变化的环境您能做成什么证明您能适应市场。

因此，这个世界没有最好的模式，只有更合适的模式；没有最好的管理者，只有合适的管理者。

2002年，面对失败我们开始了新的探索，我们将项目不得不收回重新规划并寻找新的合作伙伴，有一天我在看《中国医药报》时发现了一条好信息：湖南的斯奇康医药公司想找总代理，我与当时的谭总进行了沟通，知道他们是做免疫制剂的，是九芝堂药业的一个专一产品的推广商，其产品主要的用药科室为儿童、呼吸、皮肤科，后经多次沟通，快速地建立了合作，为了节省物流费用，客户在前期还派驻一个代表到我公司。由于客户资源好，产品发货量喜人，可是没过几个月，客户内部高管发生股权纠纷，项目不断下滑，直到2003

年进行清算。但是后来这个产品由斯奇康公司的四川客户拜欧药业总代，目前成了太阳石最大的总代及非妇女儿童药品最大的省代。

但是最让总经理放心不下的还是万适宁（Pidotimod）的推广，因为这个产品已出新的对手 Pidotimod 颗粒，如不加快推广就会丧失先机，因此多方招人，后有幸碰到了来立信的原操盘手蒋总，当时他已在北京创办了医药公司做处方药，通过沟通，太阳石与其达成了佣金合作型协议，以公司新药部的形式对外进行招商运作，由于方法得当，我们快速地整合了一批认可这个产品的人加盟。为了让大家更了解这个项目，将备忘录公示如下：

关于成立万适宁项目经理部的若干事项的备忘录

第一，成立项目经理部的目的。

我公司新产品万适宁（Pidotimod）具有极为广阔的市场前景，如果市场营销运作得当，不仅可以为企业带来丰厚的利润，而且可以极大地提升企业的知名度，扩大企业的市场影响，对公司的下一步发展具有重要意义。为确保成功实现万适宁的预期市场目标，公司决定成立“万适宁项目经理部”。

第二，项目经理部的成员（略）。

第三，项目经理部的职责。

1. 建立并巩固万适宁的市场品牌，完成预期的销售目标，为产品的市场份额进一步扩大奠定坚实的市场基础。

2. 完成项目财务预算的各项预期指标（见附表）。

3. 对有关万适宁的市场营销的重大事项作出决策。

4. 项目经理每月初定期召开一次工作会议。

第四，项目的经营管理。

1. 项目经理下设“太阳石（唐山）药业有限公司新药市场部”（以下简称“新药部”），负责人为蒋总和马总。

2. 项目的日常经营管理工作由“新药部”负责。包括：销售网络的建设（如代理商选择、指导、监督和管理）、宏观市场支持（如学术宣传活动、临床研究、专家网络的建设等）、物流管理（代理商的发货管理、医院销量监测分析等）。

3. 管理费用：按所有规格万适宁的销售收入的V%按月提取，用于“新药部”的人员费用、差旅费用。办公及招待费用由“新药部”根据工作需要决定支出，并建账管理。管理费用的结余部分作为部门劳务佣金，由新药部按实际工作需要提出分配方案。前期运作期间，管理费用不足部分由新药部作出费用计划，公司负责垫支。

4. 宏观市场支持费用：如平面广告费用、学术宣传活动费用、临床疗效研究费用、专家顾问费用、完全材料费用等。按《万适宁项目财务预算表》的预算额度支出，由“新药部”按年度制订工作计划和费用支出计划，经项目经理部讨论决定后执行，由公司报销下账。

5. 销售政策：

(1) 口服剂6粒装（零售价×0元/盒）和注射剂（100mg/支，零售价××元/支）为主力规格产品，结算价均为××元。根据代理商当地地区的市场容量情况给予代理商一定量的铺底货物，超出铺底货物数量以上部分，根据货款回笼数量发货。

(2) 大包装（30粒）口服剂零售价×××元/盒，为市场补充产品，主打性病诊所市场，结算政策为××元/盒，现款结算，不予铺底货物。市场区域权限于性病诊所。

(3) 开票价格：口服剂6粒装为××元/盒，注射剂（100mg/支）暂定为××元/支。大包装（30粒）口服剂为××元/盒或不开票。

6. “新药部”人员配置：定编为8人，项目总监1名、项目策划1名、5名医学事务助理、1名办公室文员（第一年度配置3名医学事务助理）。

7. “新药部”应按月度及时提供书面工作总结和下一月度工作计划。

8. 费用的划拨：在预算额度内，由新药部按季度作费用计划，由公司提前划拨至“新药部”或直接支出。其中市场费用部分的票据寄于公司下账，管理费用部分由“新药部”挂账，按销售收入的4%额度提取冲减。

第五，项目的投资与收益。

1. 项目经理部的前期投资总额为×××万元人民币，其中，×××万元以15万合6粒装万适宁产品的形式投资（用于代理商的铺底货物）；×××万元用于新药部的前期工作启动费用。后一项投资预期一年内收回，项目进入自我流动的良性发展阶段。

2. 本项目经过4年的运作，目标是实现约×.×亿元人民币的销售收入（按开票价计算），×.×亿元的利税，并且通过万适宁的市场营销和品牌的形成，达到提升企业影响，扩大企业知名度的目的，为企业进一步的市场操作奠定良好的市场基础。

第六，项目经理部的存续时间。

项目经理部的存续时间暂定4年，即2002年10月至2006年12月。项目经理部使命终结后，该产品的销售由企业销售部门接管。

2003年，非典爆发，万适宁（Pidotimod），通过大规模的临床赠药开发了大批医院，也让医生认可了这个品种，目前这个品种是太阳石的主要处方品种。

第十一节 太阳石论坛创刊

为了更好地宣传企业，加强沟通，这一年的9月《太阳石论坛》创刊，它成了太阳石与社会各界、代理商、办事处、员工沟通的桥梁，成了对办事处培训及经验交流的平台，让大家更加了解我们的动态，增加对我们的了解和信任。“太阳每天都是新的”是第一期的主题词，寓意太阳石越来越好，同时也折射出太阳石文化的核心为创新。

应当说战略规划及基础管理贯穿了公司的发展，总经理总是说：细节、细节、再细节；基础、基础、再基础。尤其在中层干部会议上说。

第六章　开发市场的成功与失败案例

2001年，对于太阳石药业来说，是高速发展的一年，也是很多成功事件发生的一年，这一年，很多市场的产品从卖不动逐步变得畅销，也有个别市场由于错误用人留下了深刻的教训。

第一节　天津实施精准营销快速畅销

沈阳开发的成功，以及湖南开发的成功，对于天津市场的王总来说启发非常大，王总原来一直不看好OTC，也不看好好娃娃，但是王总毕竟是从大企业的管理岗位出来的，学习能力非常强，当他拿到公司整理的三大工具，湖南的经验材料，便很好地学习起来，并且我送了一本《非处方药营销手册》给他，其中我的《踏入药店营销》被他很好地与天津市场接轨。

1. 进行市场调研，建立八项药店档案资料

①药店的详细地址、邮编、电话号码。②药店的性质：国有、集体、个体、股份合作，还是其他什么形式。③药店的主要负责人，主要目标营业员，坐堂医生的姓名、喜好、联络方法等。④药店的进货渠道、付款方式以及资信怎样。⑤药店的经营规模，店堂营业面积、经营品种。是否连锁经营，生意状况如何，以及与本企业有关联的同类品种的各种情况。⑥观察店堂内能否开展促销活动，哪一种促销活动形式最为适宜。⑦了解店堂内有何终端促销用品，何种终端促销用品效果最好，药店对终端促销用品有何建议。⑧找到对手，通过店内的陈列数量、批号及营业员的介绍，找到该店内的前三名的儿童感冒药品种，最后统计出城市中的前三名，做到在面上知道自己的对手是谁，在点上自己的对手是谁，从而知己知彼，有针对性制定对竞争对手的促销方案。

对以上8个方面的调查数据详细的分析、整理、归档，并对药店进行级别评定，可分为A、B、C三个等级，A级为当地有名的大药店和连锁药店；B级为规模相对较小，但生意较好的药店，一般为商场、超市药品专柜，人口流动大的区域的中等药店；C级为那些生活区和郊区便民小药店、小诊所、小食杂店的便民药品点等。尤其是第8点是城市OTC地面争夺最要注意的，也是最有用的，找到对手的弱点攻击它。

2. 建立机构，划分区域，制订方案

（1）建立一套与药店零售相对应的OTC团队，进行精准的分工和职能划分，有效地实施营销全方位、全过程的科学管理。

（2）根据调查的市场数据，对市场进行科学的区域划分，定员、定岗、定职责。

（3）在产品的推广上首先集中突破小儿新速效感冒颗粒，其他产品搭顺风车，在整个天津的城市面上针对前三名儿童感冒药制定一套详细的市场营销方案，包括：详细的渠道策略、详细的促销策略、详细的人员管理办法及较系统的数据库表格等。

（4）在微观层面上，针对每一家重点店制定详细的抢夺目标，分时间，定目标，详细监测重点店的抢夺进度，先抢到第三名，然后是第二名，最后争取第一名，当时整个天津面上就是沈阳津昌和哈药的护彤。

（5）在具体抢夺中，集中资源一小片一小片打下来，由于小片的样板作用，在后来的药店推广中，很多药店知道其他店好娃娃很好卖，赚钱又多，市场保护又好，都主动要求搞促销，最后打得竞争对手的业务员到太阳石天津办事处来应聘。

3. 制定提高铺货率的方针

①根据调查资料制定合理的铺货线路，以利于节约时间，提高铺货效率。②A、B、C三类药店同时铺货，但A、B类店，要争取较高比率地铺货。③铺货形式一般有：前期主要以人员拜访形式铺货等为主，主要目的是为了掌控终端并更好开展和终端的合作。④铺货数量主要参照竞品情况，尤其是以第一名作为参照，因为当时就是瞄准第一去的，对于现金拿货，可以适当加大铺货量，但亦不能太大。⑤铺货的地理位置选择，可以先从医院附近、人流量大的地方的邻近药店开始。⑥铺货时可多品种一起推广，只要客户愿意接受，但一定要控制数量。可以其他药店的销售情况，来增强药店经营者的信心。⑦铺货一定要按药店、品名、日期详细地填写铺货记录，注明药店当日值班人员，并

请其中某人签收。⑧铺货要尽量争取现款现货，第一次可以给一定的铺货奖励。如果是赊销，要严格控制数量。对于小诊所、小药店和个体药店要坚持现金原则铺货，在启动期如不能铺进，也不要急，待市场启动后，只要有利可图，不愁货铺不开。⑨对于个体药店和承包性质的药店，铺货价格应高于医院的铺货价格，以防止其降价竞争冲乱价格体系。⑩铺货的药店以及公司员工应该明白，铺货不是目的，销售才是关键，在铺货中不要急躁。同时，对待药店所有人员始终要充满友善、热情、微笑，要树立为客户赚钱的理念，还要告知卖不完都由太阳石天津办负责。

4. 加强药店的宣传布置，创造更多的销售机会

（1）铺货和拜访时，应加强产品的理货工作。产品本身就是最好的广告，因此要争取最佳的陈列位置，尤其要和第一品牌一起放。在具体操作中，本企业好娃娃产品尽量与同类产品集中摆放，扩大产品的陈列面，且使产品处于最佳视觉位置，或者使用公司统一的陈列架来陈列。知名品牌的药品品种较多时，可设立专柜销售。

（2）根据不同类型的药店制定不同的宣传布置方案，但必须遵循以下原则：广告宣传用品要争取使进店消费者第一眼看到；广告宣传用品的粘贴、摆放要规范，要产生美感；宣传布置要独特，有个性，宁缺毋滥；要与商店协商好，争取支持；注意不要违反当地环保法规。

5. 员工人际关系要到位，拜访、慰问要有规律

①拜访、慰问的对象主要是经理、柜长、营业员、店主、坐堂医生等。②拜访慰问的好处：顺利地实现铺货和回款；有利的陈列位置和宣传位置；营业员和柜长会成为企业的业余推销员，促进产品的销售；可以有效防止产品断货和脱销情况发生；便于及时掌握市场动态，尤其是竞争对手的情况，做到知己知彼，时刻掌握主动权。③拜访中始终要保持自信、友善、热情、微笑、诚信的精神面貌。④在拜访中要主动帮助药店解决一些问题，如换货等。⑤要合理制定拜访线路和拜访频率，注意维持老客户，开拓新客户，只有这样，才能保证销售业绩稳步增长。⑥拜访过程中要合理地使用公司礼品，掌握人的心理，有节制地发放礼品，既要让对方感觉礼品的珍贵以及企业对他（她）的重视，也能有效地节约销售成本。

6. 加强信息反馈工作，为办事处决策服务

①注意收集各类信息，如人员变更、店址变更、进货渠道的变更，以及经

营状况、竞争对手相关情况、自己产品销售情况及其他相关情况。②坚持有目的、有准备地收集信息，并进行分析总结。③加强信息的双向交流，并保持畅通。保证下面的信息及时传上去，上面的政策、方案及时传下来。

7. **合理使用各种促销手段**

①给药店激励到位，给店员激励到位。②义诊与展示活动，派发宣传品及赠品，尤其是在感冒的高发期，由于天津离唐山近，天津办在资料和赠品上是最为充足的，由于好娃娃的口感好，疗效好，回头客很高。③其他活动促销。后期也投了少量广告，但是主要还是地面工作扎实到位。

另外，天津市场的价格体系维护相当好，零售商很感兴趣，价格也卖得高，保证了各个环节有钱可赚。在不到一年的时间里，好娃娃就成为了天津最好的感冒药品牌，并超越护彤成为天津区域第一品牌。

第二节 开发北京的两次教训

OTC 开发北京市场，公司所有人都没有经验，面对这样的一线市场，企业只有迎难而上。

1. **第一次开发教训是没有规划与准备**

2002 年初，随着天津市场、唐山市场、河北市场的开发成功，公司想开发北京市场，这时刚进入公司的销售部经理为了急于体现业绩向总经理推荐了一名北京经理，由于招聘及市场规划都是由销售部经理直接负责，我基本没有参与，总经理也没有让我参与，我不想去评价什么，也许是想考核销售部经理，也许是想锻炼他。由于北京市场经理对销售部经理负责，直到退出时我也不知道任何状况，但是又是完全采用外资企业开发市场一套，不是不好，而是与太阳石公司资源不匹配，公司做不到资源与管理匹配，结果就是发了货，几月下来没有回款，后来我们想让天津经理去接，天津经理做完调查后放弃，这时由我再次拿方案并且引进人才开始了北京市场的探索。

通过这次事情后，又经多方考察，销售部经理确实不能胜任工作，销售部经理被劝退，通过这件事情我们反思：

（1）公司的招聘用人有问题，没有合议，没有考评的办法，管理者也没有指导。

（2）对北京市场没有充分的调查就开始了进入，同时跟踪不够，考核不到位，没有管理大城市队伍的办法，管理人员也没有辅导。

通过这次事情后，又经多方考察，销售部经理确实不能胜任工作，销售部经理被劝退。

2. 第二次开发教训是对人性本质认识不够

北京市场的情况到了谁都无法解决时，总经理再次找到我来解决北京问题，后来我通过湖北王经理将原正清的政府事务总监兼华北大区经理介绍给总经理，由于其从 1997 年起就在北京工作，并且亲自开发过北京市场，对北京的情况是非常了解的。通过沟通，总经理非常认可。总经理对湖南人的印象很好，总经理也非常崇拜毛泽东，2001 年去过韶山后，湖南籍的省区经理可以说不断加盟。到 2002 年底，湖南经理在西南川、渝；中南湖南、湖北、江西；华北的北京、山西、唐山；华东浙江，整个西北都担任了区经理，并引进了广西、安徽、福建、贵州等省经理，加上广东的经理是贵州人，整个团队都是一群好强，吃得苦，霸得蛮、敢想敢干的人，其实其他区经理也基本上是这种性格的人，正是这样一群“行胜于言，敢想敢干”的人成就了太阳石与好娃娃。

由于北京用人成本高，我们想采用“同吃同住同劳动”的办法，在各地的学校招聘，到唐山通过理论与实战培训合格后上岗，工资比北京市场低点。这一想法又遭到失败，当这群学生到了北京市场后，经不起诱惑，跳槽频率太快，兼职太多。这个让我们认识了人人都想“发财与发展”的本性，也再次让我们认识了一线大城市要准备打持久战。

后来公司在北京采用的体系就是半底价承包，王经理与公司共同投入，王经理投人员，公司投货，投其他支持，即使这样北京也让我们在区域市场上亏了很久。

3. 市场分型理论产生

当然，随着后期公司整体的营销传播在北京的试点，北京市场慢慢起来了。这时候我对市场提出了分型理论，有力地指导了后来开发。分型理论详见年度营销报告。

后来，我们随着市场的发展又开发了农村市场的开发办法。

另各地市场也要结合实际开展铺货和促销工作，公司将加强区域市场策划和现场指导。区域市场策划主要为市场规划为主，现场指导就是专门进行“协同拜访”解决问题。

记得山西万民大药房开业不久，我去协同拜访，我们的业务员将产品都放进去了，但是并没有去管它，完全自然销售，货摆在货架底层，一个月卖了4000多元，业务经理非常高兴。由于我有亨氏的快销经历，当场就告之山西林经理如何摆货，并且一分钱没花就摆上了最好的位置，一个月过后，林经理告诉我，月度销售实现了9000多元。

过了一个月万民推出端头陈列收费，一个端头一月300元，我认识到其价值，叫林经理签了一年，为什么？因为万民是新公司，还不知行情，后来果然涨到800元一个月。

又一个月后，由于竞争对手上了专职促销，抵消了专柜的优势，林经理又来电话。我给了他一个答案，您也请专职，一定可以打败对手，让他请不起专职。重点终端不赚钱也要起广告作用，后来山西市场不仅赢了，还赚了钱。

重点终端的抢夺战就像战争中的攻占堡垒和高地，是肉搏战，必须打赢。

在好娃娃的发展中重庆市场就大规模和某小儿品牌发动过一次大规模的和平大药房的抢夺战，我们以亏损10万元的代价让对手亏了30万元，并放弃了和我们的竞争，但战后我们销售量大增，其份额被我们大量占有。

第三节　广东开发凭的是互信与胆识

1. 双方互信达成合作并大胆投入

广东市场是公司一次性投入大，客户投入更大的市场，广东吴经理是贵州人，是公司的两位杰出的女性经理之一，目前也是太阳石最大的客户之一。

广东市场在前期招商过程中，以及原来的历史原因，造成了有几个小的地级办事处的存在，产品销售在广东市场没有一个统一规划，并常有一些价格及渠道的冲突，加上前期吴经理的主要工作经历是以销售处方药为主，对OTC运作也没有感受，加上公司没有一个样板市场运作起来，因此对好娃娃的推广并没有信心，只偶尔发点货，做点小终端和批发，没有投入人、财、物进行重点推广。

2001年全国各个试点的成功，证明了好娃娃可以在任何市场环境、任何市场都可以获得成功，加上公司的战略规划清晰、基础不断完善，吴经理开始有了想法，为此我和总经理亲自下到广东市场，就广东市场的开发进行了市场调查及专题沟通，并达成了几个战略规划。

（1）统一广东市场的价格体系。

（2）严格进行区域规划及市场保护，并共同签订防窜协议书，后来推广到全国运用。

（3）由于吴经理想更大范围地跟太阳石药业合作好娃娃项目，我们也进行了战略上的退让，只保留了两个地级市场，后来全部被广东吴经理兼并。

为了快速将广东市场做大，公司和吴经理达成了几个大的意向：

（1）双方共同投入广东市场，公司投货，广东市场招人，为了公平起见，对公司投货进行了约定，以及对广东市场招人数量进行了约定。

（2）广东市场由于当时的连锁化不断发展，并率先在全国开始收取上架费，因此如果要将连锁全部上完，投入可能会非常大。当时都没有底，于是双方定下一个原则，广东市场先进行上架费调查，并制定详细的连锁开发计划表，经公司批准后，由广东市场先垫付，产品上柜后进行报销。

（3）由于广东市场医院基础好，制定了以开发广州儿童医院为龙头的一批医院开发计划，想通过医院开方带动消费者认知。

（4）广东自行投入区域性粤语广告。

（5）公司另外给予广东2001年的启动政策是市场启动期为两年，当时公司其他市场的供价已经涨价。这种采用价格差异化的市场策略在我们的启动前期我们只用了这一次，到今天我才向外公告。其实差异化肯定是对的，但在合同上一定要一致，公司可以采用其他的市场支持手段，公司即可保证公平，又能让市场经理感觉到恩惠，同时可以控制进退，更加了解市场动态，让政策的效果更好。

回到唐山，我和总经理合计完毕后，觉得可行，于是我起草了合同并进行合同签订，双方开始了运作。

在上市的前三个月，公司只见发货，没有回款，发货总量达到100万时回款还不足20万元，当时广东能否成功，公司是担心的。但我们心里觉得会成功，第一，好娃娃从2000年重新上市后，主力产品小儿新速效没有发生过退货，所有地方只要能放上柜台就会有销售，而广东发出商品中小儿新速效占了80%以上。第二，广东市场是拿自己的钱为自己办事，没有几成把握的事广东经理也不会做。

为了将广东市场做大做强，吴经理还将一个处方产品的网络全部卖掉，调出100万元以上的现金投入广东市场。到产品全部上柜时，吴经理一共垫付上架费42万元，购买汽车等资产40万元，前期工资投入若干，一共投入100多万元左右。当吴经理将42万元盖章的收款收据寄回公司报销时，广东市场的月回款突破20万元大关，我试探性地问总经理："总经理，还要不要去广东核实一下"，总经理看了一下回款，说："算了，节省点差旅费和时间吧。"

可以这样说，广东市场的开发如果没有双方互信，双方没有对好娃娃事业的共识，没有企业对人的本质的认识是不可能有广东市场的快速开发成功的。

因此，人用对了就成功了一大半，选择人是市场开发的关键中的关键。

2. 广东市场的运作方法及启示

广东市场的用人是公司化运作的，当时，吴经理知道珠海联邦及一些大的外资OTC老总都是从知名的快销品公司请来的，同时也知道我在亨氏工作过。认为快销品的市场经理能做好OTC，于是决定了从快销品找广东省OTC经理。并且配车、上三险，而且工资待遇比当时国内最好的外资公司杨森的工资水平都高，当然后来也找到了这样的人开始了广东特色的好娃娃推广之路，主要有以下几点：

（1）以商务与促销分流的管理模式为主体，商务与促销合并为辅。也就是说在广州、深圳等城市及大型连锁以商务与促销分流的管理模式为主，在小城市以商务与促销合并为辅。

（2）直营与促销整合相结合。即商务经理、培训经理、广东省总专职化，并招聘一部分专职促销代表，其他代表全部整合。由于广东大部分为外来打工者，都是奔着广东能多赚钱而去的广东，广东当时的基层代表基本都兼职，据吴经理说，高峰时其兼职代表达到近500名。

（3）精细化终端管理与学术相结合。店员培训、陈列比赛、店员积分是当时终端的主要精细化工作，同时也开发了以广东儿童医院为主的医院带动市场，通过医生开方介绍好娃娃。

（4）广东媒体的点缀。前期寄希望大，投完后对销售的直接影响不大，更多的是坚定了所有做好娃娃产品客户及零售商的信心。

随着广东商务与促销分流经验的成功，总经理认定未来公司一定要大力推广这种模式，后在河北、山西等市场公司就直接这样做，各地市场也基本上都是这样做的，只是由省区自行设计运作，与外资模式还是有区别的，其灵活性更大。

像当时大的外企，一个商务经理可以管几个省的商业运作，因为其强大的广告让其产品销售基本上都是预付款。而小企业是不可能预付款的，很多地县还要直供终端，因此应当像本文中广东市场一样，灵活应对市场。

任何一个模式的导入，一定跟条件相关，多年后看《易经》，更是深有体会，离开了时空环境、条件谈问题，它一定会有片面性。

在太阳石的整个开发过程中，可以说的故事太多，我只想把最值得写的一些案例写给大家，但是有一点是可以肯定的，各地市场都能根据市场特点制定合适自己的策略与战术，在开发中不断完善。同时公司也形成了一个开发市场的流程：

第一步：全面调查、分析；

第二步：写出方案、按方案去运作；

第三步：修正方案，继续运行，不断循环提高；

第四步：在市场的运作中公司不断加强指导。

第四节　河南的好娃娃的现状及下一步计划

我通过对河南市场近一周的了解，共走访了郑州、洛阳、许昌、漯河、平顶山等地的医院、商业和药店。

1. **销售现状**

郑州代理商 1 ~8 月份销售情况：

小儿新速效为 6600 盒，最后一次进货 1500 盒，不在郑州市，在安阳。罗红霉素为 15000 盒，最后一次进货为 4000 盒，在郑州市。咳喘灵为 17000 盒，最后一次进货为 2000 盒，在郑州市。健儿消食最后一次进货在 4 月，累计进货为 2000 盒。

从市场调查看，销售主要在郑州的医院，零售市场基本没放货，但现已对医院旁边的药店影响很大，个别药店已在主动找货，并希望系列化。医院现只保留了郑州市儿童医院和郑州市妇幼医院，促销品种只有罗红霉素和咳喘灵。洛阳市场发现药批有进货，而且有批发，据说销售较好，进货价为 9.5 元/盒，现库存批号为 010814。平顶山没有发现市场有货，由于平药集团突然破产，公司发往平顶山的新速效还没铺货。安阳市场的药店有一定的销售。河南办发往商业客户的货已有近 300 盒为自然分销。

总之，公司的新速效在河南市场还处于市场启动初期，但是由于郑州的医院市场已累计销售公司各类好娃娃产品近7万多盒，郑州市场应有一定的市场基础。

2. 河南办事处的状况

郑州有代理商运作，由于担心公司办事处迟早会兼并其市场，主动放弃了公司产品。

其他地市暂由河南办在运作，但是运作很差。

3. 河南商业现状

郑州市的商业客户已有几家过GSP，其他各地正在重组，主要特点为一顶帽子大家戴，另河南医药商业改革试点单位平顶山医药集团突然破产，涉及400多家厂家，破产额达16000万元。从当年起，河南办的商业除平顶山医药集团外，各地市场都通过郑州的商业客户进行分销，个别地区还有少量直销。

4. 下一步策略及具体计划

策略：进行商业促销加大铺货和自然销售，以对医院促销带动零售，进行终端店员教育及促销带动消费者购买，适当时机加强媒体广告。

具体计划

（1）时间：2002—2003年

（2）目标市场：以郑州市为主，周边为辅。

（3）产品选定：新速效，咳喘灵，罗红霉素为主，其他为辅。

（4）价格政策：新速效不低于批发价格的70折扣，其他产品暂不低于批发价格的75折扣。

（5）分销渠道：郑州市场以重点商业华北医药、顺康药业两家为主。终端以连锁和重点终端为主，其他为辅。

（6）铺货：

A. 制定促销策略拉动终端拿货，具体为以顺康和华北两家为主。将此信息用大的展板陈列在两家公司开票大厅，要规定促销的时间，造成进货的单位紧迫感。

B. 大厅文案：好娃娃冬季有礼活动。太阳石药业在成功推出康妇特栓以来，一直关注妇女儿童的健康事业，现推出好娃娃系列药品，为感谢各医药单位的支持，特推出冬季优惠活动。

好娃娃系列产品现有：抗病毒、治感冒的小儿新速效感冒颗粒（果味型），治咳嗽的咳喘灵口服液，治厌食的健儿消食口服液，小儿消炎药罗红霉素分散片（果味型），促进智力发育与提高计忆力的小儿智力糖浆、儿童补钙宝宝钙。

凡购以上任意三个品种，并达以下数量可获以下礼品：

购5盒送纯棉袜一双，购10盒送高级浴巾一条；购20盒送洗发水一瓶；购40盒送金龙鱼油一瓶；购100盒送电饭锅一个。

活动后支持：中央二台《幸运52》的长期品牌广告，医院的促销带动，终端活动及店员教育跟进，幼儿园、小学活动及部分媒介支持。

本次活动无质量问题概不退货。

本次活动只在顺康医药和华北医药两家公司进行。

以上是配合商业促销员的促销政策，并建议印刷宣传单在大厅发放和终端发放，宣传单可一次不低于一万份。商业促销员一定要积极主动，热情大方，对产品也要熟悉。商业促销费控制在5%，前期可稍高。

宣传单发往各小批、药店、诊所，主要让终端知道在哪家商业搞活动并可得到的利益，OTC代表在终端拜访时要将郑州医院已促销一年的消息告知终端。

加强两公司的宣传，要让大家知道好娃娃和康妇特是太阳石一家企业出的。与商业协商好以后，制作几条条幅挂在其院内显要位置，内容为：

A. 康妇特，全面呵护女性健康；好娃娃，帮助孩子健康成长（企业标志）；太阳石药业，永远的温暖。

B. 抗病毒治感冒，好娃娃小儿新速效感冒颗粒。

孩子咳嗽，用好娃娃咳喘灵口服液。

孩子厌食，用好娃娃健儿消食口服液。

孩子发炎，用好娃娃罗红霉素分散片。

促智、提高记忆力，用好娃娃小儿智力糖浆。

儿童补钙，用好娃娃宝宝钙。

以上都制成三套，A为8米左右，B为4米左右，争取挂一年。

另外合理用好公司的宣传品在商业造势。

加强医院的开发，尤其是代理商已放弃的医院，并要注意掌握代理商以及两家医院的促销动向。

终端拉动：印制广告袋10万个，两面文案为：

好娃娃——帮助孩子健康成长 小儿新速效感冒颗粒 咳喘灵口服液 健儿消食口服液 罗红霉素分散片 小儿智力糖浆 宝宝钙糖片	康妇特——全面呵护女性 康妇特栓 养血当归口服液
两面底部都落（企业标志）太阳石药业，永远的温暖。	

赠育儿小册子，店内张贴及大盒陈列，赠广告袋给儿童药柜台，不管是否进货都可赠送。

加强连锁开发及重点单店开发并进行店员教育，可采用有奖问答的形式，具体执行当面培训。

2002年河南市场好娃娃的销售还不到30万元，可到2008年却突破了6000万元，6年中增长200倍以上，可见人口大省的魅力。

到2002年底，全国市场除上海管制太严不能销售地标产品外，完成了全国所有地区的布局工作，这也是在非典到来的2003年提前开始了太阳石的跨跃式发展。2002年我们预测2003年只能增长5000万元左右，到年底却超1个亿的增长，从此好娃娃进入高速畅销增长期。

由于当年我将湖南市场好娃娃的案例进行了发表，两重推广拓展OTC市场被国际营销节组委会发现，并且他们暗访了唐山市场的好娃娃推广，当时在自家门口唐山家的市场确实做得非常到位，无论上柜率、终端工作、站点广告、车身广告，焦点广告——唐山百货大楼440平方米的广告，好娃娃——帮助孩子健康成长，康妇特——全面呵护女性健康，太阳石药业、永远的温暖，给组委会留下了深刻印象。

2002年9月，我收到由外经贸部《国际商报》社、《销售与市场》杂志社、《中国经营报》、哈尔滨市人民政府、哈尔滨国际冰雪节经贸洽谈会、俄罗斯轻工业出口联合会、俄罗斯工商联、9·19诚信日组委会、中国国际经济科技法律人才协会、国际营销节联合会等联合举办的首届国际营销节暨中国营销创新大奖赛组委会的通知，邀请我将好娃娃案例写成文稿参赛，当时我认为值得一写，也是对太阳石三年工作的一个回顾与总结，也没想到会得到所有专家的肯定，个人被评选为“中国十大杰出营销人”，这不光是对我的肯定，更是对好娃娃的整个推广团队的肯定。参赛主题为：市场在变化、创新永相随

第五节　国际营销节获奖案例

参赛引言：之所以参加“首届国际营销节”活动，主要还是觉得“好娃娃系列产品”的策划及推广确实有特色，最大的特色在于企业管理团队能一切从实际出发，根据市场的变化灵活地进行调整，并且根据企业的综合情况制定了合理的“低成本”市场推广策略，保证企业稳步快速发展，不好高骛远。好娃娃系列产品三次策划推广纪实只是一个概念，其实企业何止三次策划，每一次策划都是营销管理的一个过程，分析、计划、执行、控制是营销管理的核心。中小企业唯有务实地根据市场、产品、队伍、企业的多方面资源情况等综合因素将营销管理的核心运用到每一次策划推广中，才可能有真正长久的稳步发展。市场在变化，创新永相随。

1．**太阳石药业的背景资料**

（1）基本情况。

太阳石药业是由中国首家以妇幼事业为主的唐山市妇幼药厂与西班牙齐发投资有限公司于1996年5月成立的一家中外合资企业，一直由中方进行全权管理，1999年以前基本上以妇科生殖系统产品康妇特栓为主进行市场推广，在妇科栓剂这一领域中经过几年的努力，已经与西安杨森的达克宁栓齐头并进，成为这个妇科“栓剂”剂型用药的领导品牌，在妇科药市场有较高的知名度，尤其是在中国许多大中城市处于绝对领先地位。而在1997—1999年这段时间其新产品的推出基本上没有妇科药，推广的总销售额也太小，而太阳石药业在成立的那一天，就用细分市场理论设定了企业的专业化道路的特色，即以发展妇女儿童的健康事业为主进行市场定位。为了这一目标的不断向前推进，公司总经理认定必须有一系列化的妇女儿童产品进入市场，并推广成功，以满足消费

者的需求。于是太阳石药业总经理就在这方面加强了产品的研发和产品的嫁接，到1999年的6月份太阳石药业已形成了妇科的生殖、补血、调经系列产品的生产和储备，同时在生殖、乳腺、更年期方面继续进行研究，并确定了妇科以康妇特为主的品牌思路。这时在儿科领域也同时嫁接了近十个产品，产品涉及感冒、消炎、健胃消食、益智、退热、驱虫、抗病毒等儿童常见病的多个方面。

（2）2000年以前企业的其他情况。

组织机构：总经理领导下的部门负责制，但没有人力资源部、没有正规的销售及市场部，原市场部的功能仅限于对发货和回款的管理。国内很多企业都喜欢将“销售部叫市场部”，不知道市场部与销售部的真正区别。

生产方面没有实施GMP（药品生产质量管理规范）达标，生产方面的硬件条件不太好，生产的场地和设备有限。

市场网络：太阳石药业基本上是以个人代理制和底价承包制为主进行市场拓展，公司对代理商及底价承包商的管理还不太规范化。但是90%的代理商和底价承包商基本上只做了太阳石药业的产品，没有在外接其他药企产品，大部分市场经理是随着企业发展而发展起来的，对企业、总经理及产品有较深的感情。整个公司对销售网络基本没有培训、指导和监督，2000年的销售过了3000万元。

2. 好娃娃品牌的命名

当时我及后来的相关营销管理人员都还没到太阳石药业，整个公司的营销管理都靠公司总经理亲自把握，同时总经理也是太阳石药业的创办人，是太阳石药业妇女儿童药专业生产和销售的倡导者，并认定了未来的医药企业的销售及竞争一定要以品牌为带动，同时经过市场调查发现儿童药市场并没有综合性的强势品牌，更没有全国级的系列化的儿童品牌，可以说存在了一个很大的市场空间，如何开拓市场必须要有一套好的品牌发展战略，而要实施品牌战略的第一步便是确定一个响当当的，比较有亲和力的品牌名。作为公司的总经理对食品工业中的娃哈哈品牌一直是推崇至佳，对于起这个品牌名是思考了很久，有一天一人待在办公室里，翻看一本杂志，当翻到一本年画，在年画中一群活泼可爱的娃娃形象突现在自己面前时，突起灵感，就给自己一系列儿童产品取名“好娃娃”吧，名字取好后，便开始了定名的调查研究，发觉此名字非常具有亲和力，很容易被市场接受，而且有利于将来的品牌规划和传播，于是赶快到国家工商行政管理局进行商标登报，在注册时发现没有人把此商标登记，于是马上找到了北京昌荣广告公司进行好娃娃文字设计，并进行了包装及部分宣传品的设计。

3. **第一次策划推广回放**

（1）品牌定位。

定位为儿童健康专家，以区别于其他儿童药生产厂家，突出企业产品的系列化及专注儿童的健康成长这一伟大事业。

（2）产品策略。

产品开发及推广涉及儿童健康成长的方方面面，但在企业还没有进行 GMP 认证之前，暂时只推企业目前有生产能力的片剂及颗粒剂，同时此两个剂型中的小儿新速效感冒颗粒及小儿罗红霉素分散片又是儿童常见病中第一高发病感冒及消炎的常用药，有足够的市场容量，便于市场的启动。

（3）包装策略。

体现品牌的系列化，同时采用好娃娃的形象标志以利传播，当时还没注册，只用了一个很普通的小卡通代替。

（4）产品定价。

由于儿童药价格差别大，高端市场上有 25 元左右的产品，低端市场上有 5 元以下的品种，价格在 12 ~ 20 元的产品存在较大的空档，因此好娃娃系列产品以 12 ~ 20 元为主，是当时公司报批的零售价。对于代理价有规定，但是没有规定商业供货价。

（5）渠道策略。

由于公司的产品都是老的品种为主，将来都可能进入 OTC 产品目录，因此好娃娃系列产品以零售市场为主，医院跟进的整体策略。

（6）促销策略。

学术推广与市场推广相结合，终端推广与媒介传播相结合。但是第一次及第二次推广中并没有很好地落实。

（7）营销目标。

没有定明确的目标。

（8）目标市场。

希望导入公司所有已推广康妇特栓的市场。

（9）进入渠道的价格。

采用对商业客户一种较低的价格，以便减少进入市场的难度。

（10）目标消费人群。

以城市人群及发达的农村地区为主进行推广。

（11）宣传及广告。

除了一本小册子及一张POP外没有什么其他宣传品，广告片没有制作。

（12）代理商及承包人政策。

仍然以底价承包为主，公司不给予任何投入，以一个较低的价格进行承包。

（13）上市及结果。

2000年6月份太阳石药业第一次营销会议在大连万达酒店举行，公司对几年来的市场工作进行了回顾，同时对好娃娃系列产品进行了宣传，并宣布了对各地代理商的政策规定及对各地商业客户的政策规定，但是大多以处方推广成功的办事处无法理解公司的意图，也没有OTC市场的经验。上市半年后除部分市场有少量回款外，各地虽有一定发货，但是都没有回款，大多市场经理主要是不想推、不知如何推，对好娃娃的品牌规划及产品不认同，认为都是老产品，价位比同类产品高得太多，因此大多市场并没有把总部的意见当回事，有部分市场有退货现象发生，整个上市情况不太理想。当年小儿新速效发货近××万元，罗红霉素分散片销售不到×万元，除湖南及云南有总额不到×0万元的回款。

4. 第二次策划推广回放

2000年的上半年营销工作会议后，总经理已经意识到企业的发展速度已经没有前两年快，加上随着企业规模不断扩大，企业必须加强市场的管理和各方面的调整，但是自己一人已明显感到力不从心，于是开始招募高级营销管理人员，我于2000年8月份在长沙和总经理见面，因我从1994年以来基本上从事妇女儿童的事业，主要是“美国亨氏”食品及正清制药的“玉清”品牌。当总经理介绍完企业的情况后，我对康妇特及好娃娃两个品牌是喜爱有加，加上我在1999年主持过一次全国妇科产品的调研，知道康妇特的地位及市场情况。于是，当年九月我北上到了北方工业重镇唐山，一进入公司便对企业的情况开始进行细致的了解，但是由于企业的一些特殊情况本人并没有真正全面了解透企业，便开始营销体系的规划及人员招聘工作，10月份策划经理及另外一名商务经理到位，好娃娃的第二次策划推广开始。

企业相关问题诊断：

（1）产品问题。

公司已有好娃娃系列产品八个，已经具备生产能力的有小儿新速效感冒颗粒、罗红霉素分散片、健儿消食口服液、小儿咳喘灵口服液、小儿智力糖浆。另外还有小儿退热栓、小儿治虫栓、小儿退热口服液等。已上市的产品有小儿新速效感冒颗粒、罗红霉素分散片。健儿消食口服液及咳喘灵口服液正在进行试产，11 月底第一批货生产出来。小儿智力糖浆因中药保护品种批文还没拿下及其他原因暂不上市。产品推广还没有系列化，整个市场实际上还只有小儿新速效有一点销售和回款，罗红霉素分散片因哈药的小儿严迪的强大阻碍也没有多少销售，健儿消食类竞争产品太多，前期推广压力也会太大，小儿咳喘灵口服液知名品牌相对较少，可以推广。

（2）定价问题。

几个产品的市场零售价处于中档偏高，经调研，消费者接受度高，消费者主要关心的是产品的疗效，口感及副作用。因是老产品，此价格一方面会给中间商价高的感觉，同时也可给各级通路成员有利可图，能调动大家的经销积极性，因此价格策略坚持第一次的策略。

（3）促销问题。

虽说第一次确定了市场推广和学术推广相结合促销策略，但是整个公司在学术推广上因没人进行工作，实际上并没有开展，市场推广上由于公司前期底价放得太低，实际上也没有对市场有支持，也不可能有支持，除湖南和云南有一些主动推广市场的行动外，其他市场没有动静。因此，企业并不是促销策略定错，而是如何开展，以及开展的资金来源问题如何解决。

（4）渠道问题。

各代理商及底价承包人基本上只做市场，并没有推销进医院。企业定的以市场为主，医院跟进的策略思想并没有问题，关键问题还在于企业暂时根本不能执行，因此仍然要执行这一策略，关键要调整市场。

（5）营销目标。

企业对自己的产品没有一个市场目标，因此必须根据上一年度的情况及市场情况确定公司的整体计划及具体市场计划，并进行分解。

（6）市场目标。

原定位在城市及较发达的农村地区，经市场调研基本正确，但是云南及湖南的推广又让公司的决策者认识到，广大的农村、乡镇也有一定分销，且分量在不断上升，因此目标市场应扩大到乡镇一级，这主要是因为中国计划生育的结果，小儿药的价格因素在购药时影响越来越小。

（7）进入市场政策。

不能以太低的价格包给各地代理商及承包人，这样企业永远别想进行市场的统一规划及未来的品牌经营。建议调高一点代理价格，但是不一步到位，分段执行。

（8）宣传及广告。

统一制作一部分宣传品及广告带，以统一好娃娃的形象，同时也可统一设计一套 VI 系统，各地按统一 VI 形象执行。

（9）进入商业价格。

因市场基本尚未开发，因此应考虑对医药商业的最低供货价不能定得太低，一是考虑做起来后难提价，同时还要考虑进入医院市场后的费用的现实。因此对原来的商业最低价不能低于批价的××%。

（10）推广的办法。

因公司要进行大规模的 GMP 生产体系的投资，无法对市场进行大量投入，因此仍以代理制及底价承包为主，探索预算制。

企业的其他问题：

（1）生产方面。

GMP 的改造已近尾声，但是认证大概要在第二年，企业的产能要发挥优势还有待时日，要充分考虑生产与市场的关系，因此市场不能全部开发。

（2）企业的销售体系。

企业的销售体系以底价代理为主，大多销售代理商基本上是随着康妇特栓的发展而成长起来的，但是企业对他们极少管理和培训，市场的拓展全凭代理商及底价承包人，90%的代理商及底价承包人基本上没有接外面的品种，对企业和总经理是认可的。

（3）物流及资金流情况。

企业的物流及资金流信息全被代理商掌握，企业的应收款较大。

（4）代理商对产品认识程度。

由于康妇特栓是以医院推广获得成功，大家对医院推广有信心，对以零售为主的好娃娃系列产品没有把握，而整个公司对好娃娃系列产品的市场推广也没有一套成熟的办法，并且公司也没有一个样板市场做起来，公司又没有对市场有任何支持与帮助，没有任何培训，同时公司没有让代理商真正认识到好娃娃系列产品的真正市场价值，也没有真正理解公司好娃娃这个品牌的真正含义，在大家的眼中认识到产品是老产品，价格比同类产品高。另外由于当时公司的销售管理的粗犷，公司主导品种康妇特栓已窜货较严重，但是由于物流与资金流信息都被代理商及底价承包人掌握，企业虽说制定了对窜货的办法，但是实际上根本不能兑现。因此大多想做的人也担心市场还没做起来市场已被窜乱。

企业开发市场已四年，虽说是赚了一点钱，但是资金都用于搞生产硬件的建设上，公司的资金状况也是相当紧张的，因此大的市场投入也不太现实。

经过对以上的分析，公司营销管理层提出以下的第二次推广的思路。

第一，企业对好娃娃的市场推广，不求在一年内铺向中国全部市场，而是根据市场和企业的综合因素逐步推广，在推广中不断完善。第二次推广的最大目的在于要在局部市场获得成功，通过局部市场的成功进而影响全局，并且避免大的失误。

第二，企业在家门口建立队伍，打造样板市场，让大家认识到企业对此产品是非常重视的，企业正在朝着自己定的战略目标在努力奋斗。

第三，国内市场培育几个大市场，但这几个市场一定要具备以下条件。

（1）认可好娃娃这个品牌本身就具有很大的亲和力、易记忆、易传播这一现实。

（2）认识到儿童产品受国家医疗体制改革的影响小，敢于大胆投入。

（3）认识到公司是国内第一家儿童产品系列化生产厂家这一巨大商机，并且首先上市的产品都是儿童常见病和多发病的产品，可以说都是长线产品，市场潜力大，前期推广较易成功，推广成功后的受益时间长，同时系列化的专业生产和推广在国内还是首家，商家和老百姓都好接受，并且大多厂家还没有这么做，是一次非常好的市场成长机会。

（4）产品的疗效非常好，价格偏高不是主要因素，据调研儿童产品的价格因素对推销影响不大，关键在疗效。

（5）好娃娃系列产品以 OTC 市场为主，避开了国家对处方市场的监管、降价的风险及招标的影响，同时又可以进入医院和零售两个市场。

（6）随着 WTO 的加入，OTC 的推广越来越受商家和厂家的重视，进入的成本将会上升，同时竞争将加大，以后的难度将更大，因此要抓紧抓好时机一举成功。

（7）康妇特栓的市场化程度高，对零售推广有经验和有市场基础。

第四，对OTC推广及国家对OTC的政策进行培训，让大家对OTC药品的推广有一个认识。

第五，所有市场必须进行市场调研，在方案制定及认可后才能开展市场拓展工作。

第六，对全国市场进行招商，一方面对现有代理商及底价承包人形成一种压力，另外对全国医药市场也是一个宣传，并在公司的空白市场寻找个别好的代理商，起到一箭三雕的作用。

第七，在2001年必须对代理商及底价承包人实行改革，改革的主要目标就是规范化的销售管理。

实行的步骤：

（1）准备工作。

①对儿童的系列产品进行市场调研，对公司产品进行SWOT分析，制定公司销售管理制度，根据公司好娃娃系列产品制定了一套OTC的推广思路及推广细则，OTC的推广思路已被《销售与市场》、《中国非处方营销手册》及许多刊物转载；

②开始好娃娃系列产品的招商文案及招商细则、招商合同等的写作及定稿；

③开始广告片拍摄，主要为好娃娃5秒、15秒、30秒广告，5秒为好娃娃的品牌片，15秒为4个产品的广告，30秒为4个产品及小儿新速效的产品广告，为什么拍两个30秒的广告片，主要考虑各地市场在产品推广的过程中的差别，有的会以推新速效为主，有的会推系列产品。

④各种宣称品的制作，主要有广告袋，宣传画，条幅等。

⑤年底的第二次营销会议的准备工作。

由于当时各方面的原因及各项上市的准备工作并没有做得非常好，只能是边推边补充。

（2）推广开始及结果。

①2000年12月19日间隔3天左右连续三次在《中国医药报》刊登大版面的招商广告，进行好娃娃的理念宣传及产品招商，此次招商历时三个月，谈成

了几个省级代理及十几个地区代理，对公司的空白市场进行了很好的补充。

②2000 年公司年度会议在唐山召开，公司对销售中存在的问题与各代理商进行了沟通，对好娃娃的品牌理念——儿童健康专家进行了讲解，对公司制定的制度及好娃娃系列产品推广的系统工程及国家医改的形势进行了培训和沟通。

③与各地办事处进行交谈，了解情况，以便确定第二次推广的市场。

④经分析确定了几大重点市场。湖南在推广康妇特栓时就实行了处方和 OTC 的分流管理，当公司提出好娃娃系列产品以 OTC 推广为主，处方市场为辅的市场整体推广战略时，它便马上响应，通过 2000 年年底会议，看到了公司的即将竣工的 GMP 新厂，看到了公司规范化管理趋势及其支援的方向，信心倍增，于是回到湖南便开始了大力度的市场推广，在此以前株洲市场已经开发成功。

云南是公司产品市场占有最高的省份，产品以市场推广为主，通路及消费者认可企业及产品程度高，符合公司的要求。河北是家门口，公司采用预算制进行探索，并且要力求成功。另开发其他几个次重点及招商的地区，确立了好娃娃系列产品销售 500 万元的目标，结果到 2001 年底的确达到了 1000 多万元的销售，三个重点市场销售都突破了 200 万元大关。

2001 年对于太阳石企业来说，由于策略运筹帷幄，整个公司出现了大的跳跃发展，整体市场销售增长了四成多，回款近五成。产品结构发生大的变化，康妇特栓销售额下降，好娃娃系列产品从占不到 ×% 上升到 ××%，公司所有主导系列产品的销售都出现增长。整个市场的业务人员开始重新认识到好娃娃系列产品的市场前景，各地市场要求规范化管理，尤其是经营得好的市场，窜货势头得到遏制，为公司解决底价赊销及不规范销售管理开辟了好的改革环境。并出现了湖南、云南、贵州、河北、辽宁等多种样板市场的全面成功，尤其是湖南的经验对后来市场的推广起到了好的榜样，此案例已被《行销视界》、《医药市场》、《中国营销传播网》、《医药经济报》作为医药行业精典的低成本区域市场启动案例刊载。

5. 第三次策划推广回放

从 2002 年 2 月份第二次好娃娃系列产品推广开始，整个公司营销管理集体一边落实第二次推广的策略和计划，一边开始了第三次规划及调整。

企业诊断、规划及落实：

营销组织机构：

太阳石药业从1996年成立到2000年底，销售管理就具有一个市场部，主要职能就是发货和回款管理，不存在市场策划和销售管理，而随着企业规模不断扩大及新品不断上市，必须建立相关部门对市场进行专业策划和管理，2001年5月广告部建立，2001年7月市场部建立，9月份部门经理及产品经理到位，2001年11月新的销售部建立，企业的营销部门到此全部建设完毕，并根据行业及企业实际确定了部门的分工及权责。

产品：

（1）产品的包装。

为了适应医药行业的包装管理规定，将包装盒上好娃娃的品牌名与药品名的比例从2∶1调为1∶1，但是用颜色进行区分，以突出好娃娃品牌，设计上突出好娃娃产品的视觉的系列化及形象标志，在颜色上与小儿新速效黄颜色保持一致，因这已被市场认可，并且经验证市场陈列的广告效果好。

（2）产品规格。

由于市场竞争者的存在，及考虑到市场的差异性，对好娃娃系列产品实行多规格准备。

（3）产品申报及改良。

因公司的好娃娃系列产品大多还是冀卫药准字，不利于产品的市场推广和大医院的开发，因此要加快冀卫药准字升国药准字的工作。另外由于医药行业处方药不许在大众媒体上播放广告最后时间的到来，企业要加快产品OTC目录的申报，尤其是好娃娃产品组中的明星产品小儿新速效的申报。现咳喘灵口服液及健儿消食口服液已上榜，小儿新速效正在申报中。罗红霉素分散片也改为水果味，整个公司的产品完全为儿童及家长考虑。为了丰富产品线，公司将进一步对产品进行升级，开发新产品，以增加市场差异性和竞争力。

（4）产品的渠道方向。

小儿新速效感冒颗粒（西药、抗病毒、治感冒），罗红霉素分散片（西药、小儿型广谱抗生素），咳喘灵口服液（中药、治咳嗽），健儿消食口服液（中药、治儿童厌食，消化不良），宝宝钙，以上五个产品以OTC市场推广为主，医院跟进的策略。国家中药保护品种小儿智力糖浆（治小儿多动症、益智及提高记忆力），以医院推广为主，进而带动市场。具体来说，医院为主是指进入大的儿童医院及二甲以上儿科较大的综合医院。市场为主就是除以上目标市场以外的所有地方，在城市主要为药店，诊所，地段医院及社区医院等，在农村主要为乡镇医院、药店、诊所等。

（5）促销策略。

市场推广与学术推广相结合的整体策略要坚持。所谓市场推广主要是学习消费品的推广方法，结合企业和产品的实际所进行的推广。学术推广主要是对儿童专家及儿科医生进行的系列化推广活动。具体细分为，市场推广包含广告、人员促销、事件促销、店员教育、公共宣传及市场理货等，并根据产品具体情况制定了所有推广的相关细则，并发到每个市场或培训部门。学术推广一方面在专业杂志上登广告，对儿科医生及相关专家进行宣传，另一方面是公司的市场部与妇幼协会等协会合作，建立全国儿科 VIP 网，各级办事处经理抓每省的儿科 VIP 网的设立，各地办事处各级业务代表抓各级医院的专家网的建立。

（6）好娃娃理念。

太阳石药业一直定位在妇女儿童用药市场发展，好娃娃品牌理念一直定位在“儿童健康专家”，但在传播方面确遇到了障碍，一是广告片及广告文案国家不批准这一说法，这一理念在传播上受阻；二是此理念一出会在同行中影响不好，有打击同类厂家之嫌；三是此理念是自己提出的，而不是市场验证的；四是此理念过于简单，没有体现企业全心全意为儿童服务，为家长着想的理念，也和企业理念“太阳石药业，永远的温暖”不相吻合，因此理念必须调整，经大家集体思考，最后确定了“帮助孩子健康成长”的品牌理念，这一品牌理念的提出起到了以下作用，一是广告文案能顺利批下来了；二是消费者需要一个这样的生产厂家，也体现了太阳石药业全心全意为儿童的思想；三是不落俗套，并且会被竞争者认同；四是使企业理念与两个主导品牌理念完美和谐，并且有非常好的亲和力，便于传播和推广；五是有利于品牌的发展和延伸。现在市场上已传播一个同样的声音：“康妇特系列药品，全面呵护女性健康；好娃娃系列药品，帮助孩子健康成长”，“太阳石药业，永远的温暖”。无论是公司广告片、平面文案、宣传品、广告礼品、网站等都传播同一个声音，企业的社会形象不断提升。

（7）品牌形象。

好娃娃的品牌形象是取自小孩闹新春放鞭炮的形象，5 个小孩活泼可爱，通过市场测试，无论大人小孩都喜爱，但是一直没有进行形象商标注册，由于儿童药品推广中的一些规定，如不进行注册，此形象不能和产品相联系，但是如果品牌宣传中采用形象宣传将事半功倍，现已获得商标注册证，包装也进行了修改，更具市场冲击力。

（8）市场分型。

将好娃娃系列产品所面对的市场进行分型，在推广的前三年，主要分城市型和城乡接和型。

所谓城市型主要指北京、上海、深圳、大连、青岛等城市市场，市场较规范，市场管理也较严，前期启动时间长，投入大，促销形式相对较少，回报慢，但潜力大，推广的综合策略为：广分销、理货、店员教育、公共宣传及学术推广相结合的长期策略，广告为点缀性。

城乡接和型主要指城市型以外的市场，一般市场较乱，前期启动时间相对短，投入相对较低，促销形式多样化，回报较快，整个省或地区人口基数大，推广的策略除要在地级城市及省会城市开展好城市型的策略外，还要加大商业促销带动终端主动分销，在城市要见缝插针开展终端宣传，加大市场的推动力，促进销售，另外推广会及包装费的多样性、连续性及广泛性是打开农村市场及城乡结合部市场的关键。

（9）传播策略。

高空点缀，低空突破。由于企业的资金紧，对于现金的支出必须小心，低成本开发市场永远是中小企业应追求的。所谓高空点缀是指在市场推广的过程中电视、报纸杂志、电台，车身、路牌等硬广告是点缀性的，在资金的投入上是相当有限并有技巧的。低空突破是指根据市场的实际情况开展一列化的推广活动及传播行动，使好娃娃的认知度提高，并最终达到好的销售额的行动。此策略执行较早的有湖南和云南。

（10）销售体系。

2001 年实行全年的培训及宣传，让所有底价代理区认识到底价承包赊销的风险，自己管理物流和资金流，如有市场货物风险企业将不承担风险，而医药市场的商业体系确是风险越来越大，鉴于此，从 2001 年起我开始此项工作，到年底企业终于可以根据物流和资金流的情况来分析市场，制定新的市场策略。同时由于企业掌握了物流、资金流，对窜货的及时发现和处理提供了权威。大的底价承包商的市场开拓积极性加大。

（11）差异性。

根据企业的实际情况继续实行代理制，底价承包制、预算制，充分利用公司及社会财富来开发市场，但有一点必须是企业把握物流和资金流。部分省开展分产品线推广试点，同时对现款现货及赊销实行价格差异。

（12）各地市场沟通。

由于公司一年才开两次营销会议，先进经验交流太慢，企业与市场沟通太慢，必须加快整理和传播，鉴于此，《太阳石论坛》于2001年7月创刊，由于企业办刊人员少，刊物不定期，因此营销系统一发现问题便开始整理和及时传播。

（13）涨价的运用。

由于企业的策划和管理能力不够，开发前期对底价承包区及代理商实行的是一脚踹的较低底价，企业利润较低，同时没有对市场的投入，市场投不投入都掌握在地方市场经理手中，因此必须对底价承包商及代理商涨价，同时企业给予市场一定支持，另涨价是分阶段性的上涨，给各地市场形成压力，这招一用，几个市场的开发力度加大，铺货加大，经理们想在涨价前赚取最大利润，虽说大部分经理有意见，但是几个大市场通过沟通非常认可，另市场的增长已势不可挡，经理们为了获得最大利润，不得不按公司对商业的最低价销售，为此，公司在全国商业的价格体系基本统一，防止了做大后因价格差异而导致的市场窜货风险，保护了市场流通环境。

（14）生产。

2001年的9月企业通过国家的GMP验收，且九大剂型一次通过，企业产能一下放大，当这一消息传遍各地市场，各地市场信心大增，加上感冒高发期的到来，各地铺货加快。为了加强产品质量，服务好市场，生产部门一方面开展“假如我是患者活动”，并请营销系统讲解产品质量与市场的关系，让公司的产品是100%的合格品，决不拖市场后腿。

（15）后续工作。

市场部继续完善各级产品培训教材，含医院推广手册、药店推广手册、商业推广会手册，并配合广告部制定对市场的支持物品的设计，加大竞争者的调研，制定相应的对策。并且根据小儿感冒有80%伴随咳嗽的特点，推出好娃娃套餐概念，提出感冒“中西结合，标本兼治”，更利于市场推广。同时继续加强产品差异化的挖掘及“儿童要用儿童药”的理论研究及推广。

销售系统一方面加强市场管理和推广支持，另一方面要继续加大先进经验的推广，如河北的商业推广会打开城郊及农村市场的经验，此方案已在2002

年 1 月 18 日“首届中国药品营销案例大赛”中获奖。企业要继续不断加强对市场的培训，要开展对北京、上海等城市型市场的前期调研和推广，其他空白市场也要加强调研和规划。

（16）营销目标。

2002 年几大重点市场要争取在局部地区形成产品推广的系列化，小儿新速效感冒颗粒要达到市场第一。几大次重点市场要向市场的领导品牌靠近。整个全国市场基本全面进入产品的销售。整个公司好娃娃的销售突破 4000 万元，力争 5000 万元，好娃娃品牌在行业内确立一定影响。

2002 年 1 月 4 日到 10 日，企业全体销售经理到达唐山，企业进行了为期一周的沟通、培训及经验交流，尤其是湖南经验的介绍，极大提高各地经理士气，大家认识到了推广好娃娃系列产品及品牌的重要性，比处方推广的快速性、稳定性及获利更大、更长久，只要品牌推广成功，大家一定成功。到 12 月 30 日我在做公司全年营销工作总结时发现，企业的产品结构进一步优化，公司同期的销售回款增加了 × ×%，好娃娃系列产品的销售总和达 × × × × 多万元，为好娃娃三年过亿元奠定了基础。目前在云南，湖南已是儿童用药第一品牌，有多个市场已进入前三强。

好娃娃系列产品除产品的嫁接及品名的取名我没参与外，几乎参与和决策了这个品牌推广的全过程，如果真想把好娃娃做成食品工业中的娃哈哈的话，企业那还只是初级阶段性成功，企业家及其他的管理团队，企业团队还要面对许多方面的问题，企业任何一人要学习、学习、再学习，才能跟上市场。同时企业也要对市场培训、培训、再培训，不断提高企业的向心力及团队作战能力，培训及稳步增长的利益是稳定一线最好的良策，只有稳定才有发展。

现公司的管理团队又在规划产品的第四次推广及未来五年的战略，由于涉及企业机密，这里不再重点提出，但是务实、不断创新、推广成本的最小化将是我们的核心，2003 年在全国形成一个亿以上的销售已成定局，五年后在中国药界将升起一个永远的好娃娃。

由于公司当时弱小，我与组委会签订了 5 年不许公开本案的协议，但是此案例还是被收入到《美国创新营销案例库》。4 年后的 2006 年好娃娃成为儿童药品的第一个中国驰名商标，也是儿童药品第一品牌，这时离我们的规划正好 5 年，这不是巧合，而是全体好娃娃团队奋斗的结果，这个荣誉是太阳石的骄傲，唐山的骄傲、河北的骄傲，更是中国医药界的骄傲。

第七章　关键年度的年度营销报告

没有任何一个记录会比年度营销报告更真实，它真实地记录着我们启动期的风风雨雨，见证了太阳石药业团队的智慧，同时本案的公布，对中小企业的营销管理人员也是一个较好年度营销报告的范本，即2002年营销总结及2003年营销计划。本文中（　）中没填写数字，主要是为了保密，请读者谅解。

太阳石（唐山）药业有限公司
2002年营销总结及2003年营销计划

2002年对太阳石药业来说，又是一个取得辉煌成就的一年，通过大家一年来的努力奋斗，辛勤工作，2002年公司主导产品康妇特栓共完成销售（　）万盒，小儿新共完成销售（　）万盒，好娃娃系列产品突破（　）万盒大关，按开票统计，公司所有产品销售额已过1亿元，回款过（　）万元，比2000年翻了2番多，另公司2002年实现利税（　）万元，其中利润（　）万元，利润没有同期翻番，主要是2002年投入加大了，在此，我代表公司及全体内部职工谢谢在座的各位经理及全体营销人员。

第一节　2002年的营销现状

1. 产品的销售、开票、回款及应收账现状

（1）与2001年的销售情况对比。

公司主导产品康妇特栓共完成（　）万盒，比2001年的（ ）万盒减少了2.15%；好娃娃系列产品共完成（　）万盒，比2001年的（　）万盒增长了155%。康妇特栓虽说有一点下降，但扣除2001年年底转型影响所发生的突击发货和大量窜货，康妇特实际与2001年齐平，其他产品衰退较快。

（2）开票、回款及应收账与2001年对比。

2002年开票达（　　）万元，比2001年的（　　）万元增长了34%；回款达（　）万元，比2001年的（　）万元增加了43%，回款由于全额回款增加，实际增长应在34%左右；应收账款突破（　　）万元大关，比2001年的（　）元增加了12.1%，应收账的绝对数太大，突破了应收账控制在25%的行业通行目标。

2．公司产品的销售结构现状及公司剂型结构

（1）公司销售结构状况。

公司两大主导产品的销售结构发生变化，康妇特栓从2001年的66.3%降到51.5%，好娃娃系列产品从2001年的17.7%上升到39.1%，两大主导产品从2001年占整个销售的84%上升到90.5%。主业更加突出，同时整个结构更加合理，企业抗风险能力进一步加强。

但各地市场的结构大多不太合理，应加大两大品牌的同时推广。

（2）公司剂型结构。

栓剂从2001年的66.3%降为2002年的51.9%，颗粒剂从2001年的19.63上升为36.1%，口服液从2001年的4.99%上升为5.6%。公司的剂型结构也在向好的结构性发展。

3．市场规模及主要产品销售现状

从发货情况看，按公司规定的最低商业销售价格测算，在1500万元左右的市场有山东和云南，在800万～1200万元左右的市场有上海、河北、广东、湖南和东三省，700万元左右的市场有北京、江苏，400万元左右的市场有天津、江西、浙江、贵州，300万元左右有新疆。其他市场的规模都在200万元以下。陕、甘、宁、青及山西处于起步阶段。

康妇特栓的销售主要集中在华北地区及华东地区的中心城市，其他各地的市场占有率还较低。

小儿新速效处在第一梯队的是云南、湖南、河北、东北、山东、贵州六区域，其次为广东、江西、天津和新疆，现重庆、广西、湖北势头较好，河南、四川及浙江、安徽、北京、山西及西北都在加快推广，上海已在做前期准备工作。最大问题在江苏及福建两省。

罗红霉素销售主要集中在东北，其次为湖南、河北、江西、广东。

咳喘灵口服液的销售主要集中在湖南、东北、广东、河北、河南、云南、江西。

健儿消食口服液的销售主要集中在东北、湖南、河北、广东、江西、河北等。

4. **退货现状**

当年的退货总的来说是比较多的一年，从退货情况来分析：

（1）口服液剂型当年退货的绝对数太大，退货比也是较大的，目前还没有盈利，处于亏损状态。退货的主要原因是因为没有有效期及破损导致的，因此我们要研究如何防止和减少破损的发生。

（2）罗红霉素退货也是因为没有有效期。赛扑达退货的主要原因是各地市场没有计划销售及保持合理库存所制，当然产品有效期 18 个月较短也是一个因素，但是不是主要因素。康宁，维尔新、基克的退货主要是市场没有有效需求量及各地市场没有及时关注库存量变化，导致临近有效期才退货。法思特是国家政策导致。

（3）其他产品的退货都是因为发货没计划，没进销存管理造成的。

（4）同时发现一个有趣的事情，所有现款购货地区的退货除国家政策规定影响、包装污损外，没有退货发生，从这一点可以看出退货不光是管理问题，还有心态和责任心的问题。

5. **公司产品渠道分销现状**

（1）由于公司的管理加强及各地经理的积极配合，当年许多市场的分销渠道逐步在向大客户集中，许多市场的客户量在减少，最显著改善的有湖北一部、江西一部等。

（2）有部分市场动作慢，个别市场客户显著增加。

（3）在渠道的分销上我们的部分地区无法面对广大的城郊及农村市场进行分销产品，尤其是好娃娃系列产品，找不到窍门。

6. **主要产品的竞争地位及现状**

据相关机构调查得知，康妇特占有栓剂近 8% 的市场份额，但是仍比西安杨达克宁栓落后 7%，在栓剂市场地位目前排第二，究其根源主要在：学术地位不强，网络发展不均衡，开发的深度和广度不够。

好娃娃也还只在部分地区有一定的市场占有率，很多地方还是空白，整体的市场份额还太小，但市场还没有完全的强势品牌。

第二节　2002 年营销工作取得的成绩

（1）公司经过全体员工的努力奋斗，销售和回款比 2000 年几乎翻了两番，康妇特栓虽说去年底的调整影响了市场的增长，但是仍保持稳定，在北京、天津、上海及苏南仍然保持市场第一，在全国仅次于达克宁栓。经过对比分析找到了不能发展的原因，经过调整还将继续发展。好娃娃系列产品经过两年的高速发展，已在药界逐渐形成一定品牌影响，在云南、湖南、贵州等局部地区已是领导品牌，公司的产品结构、剂型结构进一步合理，企业的抗风险能力不断增强。

（2）通过年初的会议，大家经过沟通，公司四大销售体系的进一步得到落实和加强，大多数办事处能按公司的要求交纳必要的报表，公司大多数办事处已基本上实现了货发商业客户，全额回款。同时公司物流和资金流的管理也由于在 2002 年新疆会后，根据企业实际编写了管理软件，企业已可以根据数据分析来管理各地市场，并将更好地为企业决策服务，为各地市场服务。各地市场在管理上也以上海等先进市场为榜样，大多办事处导入了计算机管理，为公司在 2003 年全国导入计算机的远程管理奠定了基础。

（3）公司在年初会议后对市场进行了大量培训，已开展培训的地区有广东、广西、四川、贵州、重庆、安徽、南京、华东地区、山西、河北、河南。加强队伍对企业理念的理解、产品及公司政策规定的了解，对提高销售队伍的销售技巧起了很大的促进作用，也增加了队伍的向心力、归属感。

（4）网络的建设和新市场的开发不断加强。上半年，重组了广西和四川，对湖北省实行分产品线管理，组建了好娃娃的产品推广线。另外，公司对空白市场山西及北京组建了办事处，现已开始了前期工作。同时公司对江苏市场进行了重新规划。下半年又组建了浙江、陕、甘、宁等市场，好娃娃系列产品在进一步扩大市场。

（5）由于各地经理的大力支持和配合，公司当年各地市场的清欠工作进展较好，除个别市场外，上半年基本上清欠完毕，较好地完成了对接。

（6）对市场进行了不断规划和调整，对不规范的代理商进行了裁减和改造，裁掉的代理有太原、大同、遵义、岳阳，进行改造的有朔州、哈尔滨、滁州。对江西、湖北、浙江、北京、贵州、云南严格实行分产品线管理，河北市场进行了处方与OTC分流管理的探索，企业继续保持多体系管理并获得了成功，这一点在于各地市场经理对公司的深厚感情和高度的责任感。

（7）公司及各地市场加大了对市场的投入，品牌形象进一步提升。

①由于中央电视台的《幸运52》的品牌广告的支持及在《中华妇产科杂志》、《中国实用妇产科杂志》、《首都医药》、《国外医学妇产科分册》等继续刊登广告，企业品牌和产品品牌的形象得到了进一步提高。

②各种宣传品及广告礼品设计并制作，朝规范化方向迈进。

③公司继续加强了学术支持，部分办事处也开始重视。

④各地办事处也积极加强了投入。

（8）加强了后勤服务及管理。由于公司去年的转型，凭合同发货，货发商业客户，全额回款，公司发货工作和结算工作量不断加大，但是公司销售部在没有增加内勤的情况下进行科学分工，发货，发资料及结算工作是越来越好，同时由于货发商业客户，公司的基础数据库的建立也在逐步完善，公司能够凭这些数据更好地分析市场、服务市场，公司的基础管理已上了一个新台阶。

（9）各地市场也出现了一些好的经验。医院工作做得好，做得扎扎实实的有上海、南京、北京、天津等，现医院市场的栓剂份额领先于同类妇科栓剂，并有力带动了零售。云南、湖南、东北、江西、贵州、新疆及河北都能根据市场实际开展好娃娃的推广，并敢于投入，已成为公司好娃娃推广的排头兵，并形成了各自的成功经验，公司本次推出以下五个办事处的经验。

①上海：在变革的医药环境中保持康妇特栓的稳定销售。

②安徽：直面竞争　勇于开拓。

③湖南：以点带面　覆盖周边。

④东北：好娃娃系列产品城市运作心得。

⑤云南：加快好娃娃品牌系列化推广，再创辉煌。

（10）由于公司管理的加强及各地经理的自制和配合，窜货势头较去年大为改善，批量的低价窜货及刮批号的恶性窜货已大为减少，整体来说，窜货行为得到了根本控制，市场秩序向好的方向在迈进。

第三节　2002年营销工作的问题及对策

1. 产品问题及对策

目前通过对公司产品从发货、开票、退货等情况进行综合分析，公司各产品的情况如下：

（1）康妇特栓。

①现状：1～12月份销售（　）万盒，退货为3000多盒，部分还可销售，绝对报损数极低，为公司主要回款品种。2002年销售形势一个季度比一个季度高。

②问题：销售主要集中沿海各省市场，并在主要城市，其他市场的销售绝对数较少，销售也有集中在省城及重点地市的特点，市场开发的空间还很大。目前医院绝对数还不够多，开发的空间也很大。各地市场多数不再开发医院和空白市场。影响增长的主要内因，各地市场不愿花钱投入新市场开发和新医院开发，网络不太完善、开发的深度与广度不够、学术地位不强等是我们整体落后西安杨森达克宁栓的三大关键问题。

③判断及对策：康妇特栓通过新市场开发、医院开发还有增长。公司投入医院开发费支持市场的再增长，主要为重点地市医院和重点的县级医院，发达地区重点乡镇医院。主要地区：江苏、山西及内蒙古、东北、江西、湖北、广西、广东、四川、重庆、河南、安徽、西北。

④建议行动计划：对以上地区公司各地市场要加强对现有县级以上医院现状进行调查，并积极开发，另公司将加强对市场的学术支持，将市场做细、做透，唯有如此，康妇特栓才能保持在妇科生殖领域栓剂领先的地位，并不断提升销量和市场占有率。

（2）好娃娃系列产品。

①现状：1～12月份共发货约（　）万盒，为公司主要回款品种，目前高速增长。

②问题：销售的前十名占有市场份额的75.1%，其中前五名占有市场份额的68.1%，市场集中度高，市场发展极不均衡，产品结构不合理，同时，北京、上海、江苏、浙江、安徽、山西、河南、湖北、四川、黑龙江、福建、陕、甘、宁、青还几乎是空白。

（3）判断及对策。

①还可以高速增长，应加快新市场的导入速度。

②同时用“市场分型”的思想总结一套推广思路将好娃娃系列产品所面对的市场进行分型，在推广的前三年，主要分城市型和城乡接和型。

“城市型”主要指北京、上海、深圳、大连、青岛及省会和重点地级市等城市市场，市场较规范，市场管理较严，前期启动时间长，投入大，促销形式因受到限制相对较少，回报慢，但潜力大。推广的综合策略为：广分销、理货、店员教育、医院开发与学术推广相结合的长期策略，广告在有较高占有率的情况下进行点缀，前期启动可以接合处方市场的翻版，先提高试用率。另城市市场还要对老百姓的消费行为进行分析。

“城乡结合型”主要指城市型以外的市场，一般市场较乱，前期启动时间相对短，投入相对较低，促销形式多样化，回报较快，整个省或地区人口基数大，推广的策略除要在地级城市及省会城市开展好城市型的策略外，还要对以小医院、诊所、药店为主的商业客户，加大商业利益促销带动终端主动分销，在城市要见缝插针开展终端宣传，加大市场的推动力，促进销售，同时推广会、包装费的长期性、多样性和广泛性是关键所在。

③另各地市场也要结合实际开展铺货和促销工作，公司将加强区域市场策划和帮助。

④加大结构调整，推进好娃娃品牌系列化推广。

（4）两大品牌产品市场发展不均衡。

对策：一手抓康特栓，一手抓好娃娃，两手都要硬，推进两个系列产品齐头并进，改善产品结构，增强市场抗风险能力，并实现太阳石是妇幼专业药厂的理念。

2. 价格问题及对策

问题主要表现在以下方面：

（1）主导品种康妇特栓还是存在较大的区域价格差异，尤其是最低的价格比最高价格高出近 3 元，对市场的流通已造成一定的负面影响。

（2）好娃娃新速效也存在同样问题，最低价与最高价高出 1.5 元/盒左右，将对市场构成一定威胁，另大市场暗中返利到 9 元左右，对新起市场也将是一种威胁。

（3）其他产品尽管也存在价格不统一的问题，但是由于市场规模小对市场还没有形成威胁，另外我们的销售体制对价格管理的规范化是建立在底价办事处的自觉上，合同管理难以到位。

价格对策：

（1）康妇特栓要严格控制在19.17元/盒的最低商业销售价，同时对商业的返利不能高于0.2元/盒。对浙江市场可考虑投入新包装规格，价格也同样控制在主力包装的价格，在没改变浙江现状以前，对以OTC销售流通量大的商业要控制发货量及流向。

（2）好娃娃新速效为了全国市场的均衡发展及新市场的培育，对商业客户的供货价必须是9.7元/盒，大商业客户可返利，但其出货价必须不低于9.7元/盒，低于此价出货到其他市场算恶性窜货。广东市场要保持高价销售应以六包装为主，主力包装要尽快和其他市场一样按最高价9.7元/盒。

（3）其他产品也必须遵守公司的规定，不许随意定销售价。

3. 渠道问题及对策

渠道问题：

处方市场的渠道相对顺畅，OTC市场的渠道存在着差别，这既有地区差别的问题，也有公司的经理对市场不熟悉及对OTC市场营销认知差的问题。目前OTC渠道的是否顺畅将直接影响公司的长远发展和渠道向下延伸的问题，无论是好娃娃系列产品的推广，还是康妇特栓的向县乡市场的延伸，对我公司的渠道策略都将是一个大挑战，目前主要表现为：

只抓住了主要城市及城市市场的重点医院和终端；病急乱投医，对渠道缺乏精心设计和选择；对当地客户情况缺乏整体了解，如资信、网络特点、配货能力等；找不到合适的商业客户，对商业客户影响力不大，被商业客户牵着鼻子走，没有充分发挥商业客户的作用；对如何开发OTC市场和农村市场认识不够，研究不够，办法不多，效果不好；出现了渠道窄，覆盖率低，上不了量。

渠道对策：

（1）找到以现金流为主，以县乡市场及城市小医院、药店、诊所及厂矿医院为主的商业客户进行合作，特殊市场可采用直销的方式将市场打开，然后找商业客户现金交易。

（2）同时注意培养大客户，协助其分销小客户，同时协助小客户促销，并注意促销的长期性、多样性的并用，注意与GSP达标企业及重点连锁的合作。

（3）渠道一定要向非重点地市及县乡市场延伸，这样才能从根本上保证企业的长远发展、产品上量及市场占有率的提升。

(4) 再谈与重点商业建立战略伙伴关系。

①性质是利益、情感、管理、文化的共同体，是总代理、总经销的深化，是制造双赢局面，把如何分蛋糕到如何把蛋糕做大的过程转变。

②对我公司而言其意义在：降低经营成本和风险，充分利用好商业资源，扩大市场覆盖面。

③对商家的意义：扩大经营规模，获得稳定供货保证，获得批量让利，获得厂家支持。

④选择战略伙伴关系的要素：大公司、网络健全，覆盖面广、推销能力强；资信好、守信誉、遵守市场游戏规则，乐意为厂家打开市场。

⑤其表现形式：总代理、总经销、特约经销；共同策划、开发、管理市场；网络式运作，产权联盟。

⑥增进战略伙伴关系的有效手段有：资源、利益、信息共享，文化交流，高层互访，管理促进，网络互连等。

⑦目前公司各地市场要加快整顿、规范商业客户，向战略伙伴关系迈进。

4. 促销问题及对策

促销的问题：

(1) 对促销组合研究不力，策划不力；缺乏对广告、礼品、权力、公共关系、软硬终端的深入研究。

(2) 大部分经理和办事处人员对现代营销的知识认知太少，对医院产品经验较多，对 OTC 市场的经验太少，对消费品的先进经验更少。

(3) 公司对市场的培训少，有效的培训太少，使员工的整体素质提高太慢。学术促销开展少，已严重影响了康妇特的学术地位及市场推广。

(4) 对行业及渠道成员宣传太少，以致企业和产品的品牌影响太低。

促销的对策：

(1) 造势：对消费者、医生及渠道中的成员造势，尤其是后者更重要，如果一个产品连业界都不重视又何谈在消费者心中重视，这里所说的渠道成员主要指商业客户、医院、诊所、药店等渠道单位中所有接触产品者、销售产品者等。

(2) 合理运用促销工具：

①广告：媒体广告（电视、广播、报刊、杂志、因特网、包装广告等），

流动物广告，售点广告，焦点广告、POP 系列、宣传册、DM 单、软广告、特色礼品等。

②营业推广：竞赛及竞技兑奖、样品赠送及试用、赠卷及优惠政策、回扣、示范表演、展销会等。

③公共关系：与个人、组织和政府部门建立良好关系、研讨会、文艺表演及演讲、捐赠及答谢宴会等。如公司与全国红十字协会的“心系好儿童”活动等。

④人员推销：销售会议、拜访及沟通、问题解答、电话推销、销售刺激等。

⑤事件行销：抓住生活中的热点及焦点开展活动，如云南的赞助无肛女童进行肛门再造手术的活动来提升产品和企业形象。

（3）另 OTC 市场、城市非大医院市场及农村市场的促销策略。

①铺货及推广会是打开药店、诊所、乡镇医院、厂矿企业医院的有效形式。

②包装费是激励进货的长久利益驱动。

③推广会、包装费的多样性、连续性和广泛性是成功的关键所在。

④配备专人抓 OTC 和农村市场，如湖南、湖北、广西、河南的商业促销员。

⑤另外公司总部和各级地区都要考虑促销成本的最小化。

（4）明年公司在全国的传播策略。

通过中央电视台的品牌广告、学术杂志，另考虑对药店、店经理及店员宣传为主的《中国药店》、对整个行业有影响的《医生》杂志来提升产品学术地位。

（5）各地方的传播策略。

根据各地实际情况进行传播策略，在铺货率不高的情况下尽量减少媒体广告，加强商业和终端的售点广告及促销推广。

5. 培训的问题及对策

存在的问题：

（1）公司总部对培训计划、预算、评估没有系统，成本意识不强。

（2）要利用培训会多与市场一线人员交流，了解市场信息及市场的培训需求。

（3）同时也希望各地市场多与公司交流，并提出宝贵意见，加大培训力度。

（4）产品培训多，务实的销售培训少；企业理念及发展历史、公司的政策、管理制度等培训更少。

培训的对策：

（1）对所有进入公司的新老员工都要进行培训。

（2）多与一线沟通，编写培训教材及纲要，由市场提出申请进行培训。

（3）公司进行统一的培训，聘请务实的培训高手。

（4）注重培训内容的多元化和务实性。

6. 基础工作从上到下都没有抓好，问题在以下几个方面

（1）首先从公司内部来说，我们各项基础管理与先进的企业的管理还存在较大的差距，没科学化、程序化、规范化，后勤服务工作还时有误差。

对策：第一步科学分岗、定职责；第二步制定工作流程；第三步培训及沟通，并参与督促检查，保证给市场提供一流的服务。

（2）多数办事处无计划无总结，这里主要讲的是月和季度计划与总结，计划没有进行分解到地区、到人、到医院、到终端。

对策：下一步没交计划的公司将严格按协议进行考核，形成制度，实行考核与返利挂钩。

（3）合同管理不到位，许多办事处发货仍不签合同，或合同签订不规范，或不按时交合同，让公司管理较被动，一旦发生经济纠纷公司的应收款将非常危险。

对策：鉴于此，公司下半年将严格合同管理，没合同将不执行发货。

（4）物流管理不到位，这主要表现在各地市场对商业的管理上的放任自流或根本不管，造成窜货后无法查处。

对策：公司通过逐步推广远程电子化管理，加大这方面的管理力度。

（5）商业档案、医院档案、药店诊所档案没有建立，专家档案建立的就更少，更谈不上基础数据库的建立，利用数据管理分析市场。

对策：公司将制定办法管理和考核各地市场。

（6）个别办事处还存在对发货，开票，回款及商业的进销存等最基础的销售管理工作没做好的问题。

对策：公司销售部将在以后的工作中监督到位和建立电子商务体系，这是两个关键。

（7）只重结果不重过程，过去整个公司的管理模式是只重结果不重过程，在公司产品的上市初期危害还不大，但随着产品逐步推广开来，一大堆市场问题就冒出来了，尤其是窜货、没有有效开发市场、基础管理薄弱等问题。

对策：公司的销售管理将从只重结果轻过程向只有良好的过程才会有好的结果的管理理念过度，公司将会干预各地市场的政策执行情况和基础管理工作。

7. 康妇特栓2002年有小幅下降，原因主要有以下几个方面

（1）妇科竞争对手加大了对市场的投入和促销力度。

（2）去年窜货的库存影响了部分市场的销售。

（3）部分办事处对医院市场及新市场不再投入。

（4）市场调整导致的下滑，如四川、重庆、湖北和山东。

（5）新市场在增长。

对策：整个全国市场公司将通过以下手段来防止下滑。

①通过对新市场的开发来弥补一部分下滑，新市场主要指山西、安徽，苏北、苏南、四川、重庆、广西、广东、江西、福建的进一步开发。

②老市场应以加大对医院的维护及有潜力的医院的开发及社区医疗机构的开拓来防止下滑，要看到医院做得好的地方零售才好，同时市场要在深化省会及重点城市的前提下向地县市场延伸，保证市场推广的深度和广度，以提高产品的市场占有率。

③加大对窜货的处理及市场的管理，保证大家的利益及渠道经销商的利益。

④部分经理应认识到康妇特栓还没有到衰退期，康妇特栓仍在成长期，新地区还在导入期和成长期的前期，我们应加强延长其生命周期的工作并继续扩大市场。

⑤加大物流管理工作力度及基础工作。

8. 传播的语言和形象不统一

主要为企业及产品理念传播上不统一，应统一语言及统一设计。

（1）公司的理念传播："太阳石药业，永远的温暖"。

（2）康妇特的理念传播："康妇特，全面呵护女性健康"。

（3）好娃娃的传播理念：“好娃娃，帮助孩子健康成长”。

（4）对外的企业传播名应统一为：“太阳石药业”，包括产品包装盒。

（5）市场部和广告公司应尽快做一套统一的设计稿，各地如要做礼品及宣传品，必须按公司的样式做。

9. 好娃娃市场尽管增长较快，还是存在一些问题

（1）市场的空白点太多，尤其是在华东地区，华中地区及山西、吉林、黑龙江、陕西等地基本还没有导入，而进入的对手在增多，进入的成本将加大，而好娃娃要成为一个全国品牌，必须在全国市场有一定的市场占有量。

对策：这些地区要加快规划及行动，开发市场。

（2）个别市场虽说市场量上的较快，但是没有一支专业的终端队伍，这会影响市场的深耕细作，并且会被竞品抢夺市场，从而影响产品长期上量，对市场占有率的扩大及品牌不利。

对策：没有 OTC 队伍的地区要加紧建设队伍，并加强培训和管理。

（3）部分办事处对好娃娃的推广存在畏难情绪，对好娃娃的推广没办法。

对策：好娃娃城市市场的推广中最重要的三项工作就是“铺货、硬终端的生动化及软终端的维护”，只要能高密度铺货，做好终端的生动化陈列和宣传，加上店员教育工作及客情维护，并坚持长期性，就能有一个较好的销售量。农村市场关键在铺货，如能开展一些有特色的推广活动及一定的传播手段支持，则肯定能成功，各地市场要充分利用商业资源开展铺货，城市市场要考虑开发部分医院带动市场，尤其是省会及重点城市。

（4）只注重推广小儿新速效感冒颗粒，忽视好娃娃系列产品的铺货和推广，许多地方造成了老百姓认为好娃娃就是小儿新速效感冒颗粒，由于重视不够，其他产品的销量还没有明显增加。

对策：公司应加快套餐概念的实施及系列化产品的上市推广，同时将推出其他产品，真正实现“好娃娃，帮助孩子健康成长”的理念，让好娃娃真正成为广大老百姓一个常用的儿童用药品牌。

（5）广告存在盲点，谈到促销大家就想到广告，而一谈广告就是上电视、报媒、车体等硬广告。

其实广告的目的就是让消费者及经营者了解产品及企业的信息，我们要做的工作就是如何用最低成本，同时又不违反国家和地方的规定的情况下把我们的产品及企业信息传播出去，有力调动渠道经销商分销，调动消费者购买，这一点湖南、东北等市场做得较好。建议大家忘掉广告概念，记住传播。

（6）不能调动商业的兴趣和积极性来分销好娃娃系列。

对策：一定要将公司的理念、长远发展、好娃娃的品牌规划及长远的市场目标告知商业客户，要将其他短时间市场成功的消息告诉同行，在谈判前要带着一套详细的市场方案与商业交流，要告知商业客户您是在帮他赚钱的，而且是一个长期的计划。只要做到了这一点，商业客户肯定会感兴趣并积极经营的，谁都不会拒绝一个给钱他赚的聪明人的。

（7）在湖南及云南等地市场的小儿新速效的最低零售价已到10元/盒，整个通路的利润已是严重降低，部分商业和零售终端的积极性在降低，这将是好娃娃做大和维持一个长远的较大的销售量的利益障碍。

对策：

①继续加大分销及宣传的力度，让好娃娃品牌深入人心，只要消费者的点名购买力提高，终端就不得不经营。

②保证大商业客户的分销价格稳定及利益。

③与商业客户和终端分销人员保持长期的情感和利益的共同体，保证推荐率，防止竞争者的渗透。

10. **销售人员**

决定销售能否长期稳定发展的关键在于销售人员，虽说我们的队伍通过实践证明是一支能吃苦耐劳，能打硬仗的，但是随着企业的高速发展，人的问题也日益突出，虽说以下问题不代表我们队伍的全部，但是我们能否对照自己、冷静思考，无则加勉，有则改之，则是企业之幸，市场之幸，大家之幸。

存在的问题表现在以下几个方面：

（1）观念问题：满足观念，安逸思想，危机感不强，个人利益第一，创新意识不强，对公司产品和品牌规划缺乏认同。

（2）素质问题：学识不够、学习不够，管理水平不高，分析市场的能力不够，缺乏OTC营销及现代营销知识，技能较差，培训不力。

（3）纪律问题：政令不通，冲击市场，损害公司和他人利益，收取现金，截流费用。

（4）领导问题：深入不够，辅导不够，交流不够、抵触情绪。

（5）企业理念问题：导入不够，深化不够，个别市场没有形成精神；个别人对公司及公司领导缺乏信心，个别人阳奉阴违，严重违背公司政策，太阳石论坛没有成为大家真正的交流和学习的工具，大家写稿的积极性太低，一些好的经验及理念得不到传播。

对策：

（1）强化培训，聘请行业知名理论与实践相结合的高手培训经理和重要主管，或选送到培训中心培训，或公司开办远程培训班及进行考核，这个工作可和论坛相结合。

（2）运用法律手段对违法乱纪的个别人员予以坚决打击。

（3）公司领导加强和市场的沟通及对市场的辅导，深入一线帮助各地市场解决一些实际问题。

（4）加强考核和市场监管。

（5）个别办事处经理一提公司要了解其人员情况及网络等市场情况，就担心公司将怎么样，其实公司只想了解情况，以便更好地帮助市场良好发展，市场是大家的，同时更是企业的。

（6）推荐大家一些学习途径：了解行业及其行业运作可定《医药报》、《医药经济报》、《中国药店》、《医药市场》、中国营销传播网医药行业版面等，同时可购一本世界“营销之父”科特勒先生的《营销管理》，学学营销的基本知识，订一些营销杂志，如《销售与市场》上下本，《商届》、《广告》等。同时各位经理不仅自己要学，更要带动您的销售团队学，建立学习型的销售组织是稳定队伍，提高销售的唯一途径，如国内的太极集团共订阅了1200多份《销售与市场》，让销售人员人手一份。

11. 开票和应收款存在问题

（1）部分办事处开票积极，回款不积极，压票多。

（2）少数办事处，开了票不往公司账上回款，不及时通知公司。使公司工作被动，账目难以处理。

对策：

（1）公司将加强分析和控制，防止以上情况发生。

（2）公司已在外压了一定的票没回款，各地应当保持开票和回款的比率接近一的系数，新市场可增加一定的量。

（3）开多少票必须回多少款，同时必须回到公司账上，没有公司授权收公司货款按协议条款办理，望大家遵守纪律，将货款及时汇往公司。

12. 其他问题

（1）关注招标和商业环境。由于公司目前医院销售的产品以康妇特栓为主，康妇特栓将面对招标，公司的意见是：

①能够避免招标就要尽全力避开招标。

②如要招标，商业的价格应控制在批发价的 75 折以上，浙江要避开招标，尤其是跨地区及网上招标。

③如何面对赛康特的低价招标。主要要作对比，突出我们的长处，如有 GMP，最先国标，产品商标已注册，包装符合药品法规定，进入市场久，疗效好。赛康特的主要软肋，没 GMP，进入市场晚。

④好娃娃如果遇到同名、同规格的招标发生，如华药的利宝牌小儿新速效，可考虑六包装进军医院市场。

⑤另外要特别注意目前的商业环境，注意加强与大公司的合作，注意 GSP 的改造动向，对一些欠款大户要注意压欠款，对一些小公司要注意淘汰。

（2）会议成本及纪律，每次开会的会议的直接成本都高，加上为大会所作的准备工作及时间，间接成本也非常高，但是尽管这么高，每次开会还是有个别经理不重视，连一个好的总结都不做或做得粗糙应付了事，鉴于此，公司对大家提出会议成本概念，希望大家给予重视并珍惜每次开会的机会，好好的总结自己，对比别人，发现差距，并利用开会机会好好交流，争取更好的销售业绩。

同时公司提出会议纪律：第一，每次半年度会议和年底会议，不管在何时何地召开，各地经理不得以任何理由不参加，特殊原因必须征得总经理同意。第二，必须遵守每次会议制定的纪律。第三，会议资料严格保密并保存。

（3）避免发生冲突和危机。

①处方市场：学习《药品法》，遵守法律营销。

②零售市场：注意在做广告和终端宣传时不要违反《新药品法》的规定，防止被罚，并要建立保护机制。

③大家除了工作中要谨慎从事外，还要注意与城管、药监、工商的关键人物的维系工作，预防不利事件发生，如果发生不利事件，要快速处理，争取最少损失。

（4）我与各地经理及业务人员在交流时，许多人认为公司除了康妇特栓以外，没有什么好的新品种，对此问题，我想提以下观点：

①老树开新花的观点。目前医药行业销售大，很出名的品种很多都是老品种，为什么？医药行业是市场化程度最低的一个行业，营销创新还有很大的余地，本行业中汇仁的成功，哈药的成功，海王的成功无不是这样。我们企业好娃娃在近半个中国的快速成功也证明了这一点。

②市场营销网络是关键，为什么我们的康妇特栓在上海、北京、天津，南京、萍乡等局部市场高于达克宁栓的市场占有率，而在全国市场却低于其7%，关键在我们的网络建设不如它，当然学术落后的现实我们也要看到。所以落后地区就是开发的新市场，开发有地位的医院，随着网络的拓展，我们的市场销售量一定还会增长，地位还会提高，必将在以后的发展中发挥作用。

③网络操手的素质是网络的关键。企业要高速发展，人员素质是关键，不管大家以前如何成功，连续成功才是真正的时代英雄，大家心态都必须归零，向先进公司学习，向先进同行学习，向书报学习，向社会学习，继续系统学营销和管理等。

13. 医药宏观环境所产生的风险与机遇

（1）生产厂家GMP达标前后还会有一段恶性的价格竞争的阶段。

（2）新药审批将更严，西药厂家将更难，中药的发展更有利。

（3）商业的GSP达标要密切注视，并注意与大公司的合作。

（4）新药品法的出台及对广告和促销的严管将是风险与机遇并存。

（5）连锁跨地区发展、分销对外资的开放，对底价的管理模式提出挑战。

（6）低价药房的价格战对厂家的分销及价格提出挑战。

（7）在商业和部分终端采用快速消费品的促销手段有利于OTC药品的推广。

（8）竞争者加快对市场的推广力度对我们构成危险。

第四节　2003年总的营销目标及分解

1. 总目标

（1）总商业销售目标：×亿元左右

（2）总开票销售收入：控制在×亿元左右

（3）总销售回款目标：×亿元左右（实际近2亿）

（4）利润目标：××××万元

2．销售数量及分解

公司产品销售目标：康妇特栓（　）万盒，小儿新速效（　）万盒，罗红霉素（　）万盒，咳喘灵（　）万盒，健儿消食（　）万盒。2003 年实际大大超过以上目标，企业提前进入超速发展阶段。

各市场销售计划详细分解详见附表（略）

3．各市场回款分解（单位：万元）

办事处	全额回款	办事处	底价回款	办事处	全额回款
华东 1		山东		河北 1	
广东 1		云南 1		河北 2	
湖南		云南 2		四川	
湖北 1		北京 1		重庆	
湖北 2		东北		广西	
江西 1		贵州 1		安徽	
江西 2		其他		山西	
天津				北京 3	
广东 2				福建	
南京				贵州 2	
大连				西北	
河南					
合计					

2003 年 6 月 30 日以前，2001 年四季度及 2002 年建立的办事处应完成任务的 40%，其他各地市场要争取时间过半，任务过半。

4．2003 年医院开发计划及分解

主导品种开发医院总目标：200 家二甲以上医院，其中：河北 50 家，四川 55 家，重庆 25 家，广西 30 家，安徽 20 家，山西 20 家，其他市场 60 家。分季度抓落实，各市场报详细计划。

第五节　2003年总的战略方针及营销策略

1．**战略方针**

保持康妇特栓稳中有升，抓好小儿新速效快速发展的同时积极加快好娃娃系列化推广速度，积极探索万适宁的市场推广，放开其他产品的市场管制，促进企业继续快速发展，确保回款过（　）亿元，争取突破（　）亿元。

2．**营销策略**

（1）产品策略：坚定不移走妇幼特色之路，重点培育康妇特、好娃娃两大品牌系列产品。

（2）价格策略：规范价格行为，严格价格管制，充分利用价格杠杆，培养大客户，促进回款。

（3）渠道管理策略：

客户策略：培养和扶持战略伙伴关系，充分利用商业资源，巩固中心，覆盖周边，深化市场开发的深度和广度。

用户策略：巩固大医院，覆盖城乡小医院、药店、诊所，建立一支咨询医生网络队伍，营业员网络队伍，为用户服务，形成良好的合作关系，保护和发展市场。

物流策略：加强货物流向管理、库存管理、批号管理，防止窜货、断货和货物过期，确保物流畅通。

（4）促销策略：坚持人员促销，加大品牌促销，强化学术促销，加强营业推广，巩固公共关系，完善顾客服务，向整合传播迈进。

（5）考核目标策略：基础工作、市场开发、销售回款三重考核。

（6）营销管理策略：从强调目标管理向目标与过程管理相结合转变，实现营销目标的计划、执行、控制、评估的全过程的系统管理。

（7）队伍建设策略：加强营销队伍的建设，建立学习型销售组织，加强培训力度，提高营销人员的整体素质。

（8）品牌经营策略：加大康妇特和好娃娃两产品品牌及太阳石品牌的推广，进而树立企业形象和品牌形象，扩大企业销售。

另外还提醒大家，在战略与策略完好后，一定配套写好行动计划及费用预算，对各地市场的具体要求及建议。

第六节　未来工作重点及远景展望

通过对2002年的回顾及对2003年的展望，可以预计，无论是老同志，还是新同志，只要我们紧密团结在太阳石药业周围，大家齐心协力，共同奋斗，坚定不移地走太阳石的特色之路，我们必将迎来更加辉煌的明天。太阳石药业作为一家刚刚进入中型规模的制药企业，目前的资源是非常有限的，同时竞争将不断加剧，要保持企业的长治久安及持续发展，企业唯有实行差异化的定位策略，集中资源，才能在业界做大做强，“不求最大，但求最好”应是我们工作中的行动指南，因此，我们在座的这支队伍在以后的工作就必须以此作为我们一切的出发点，在妇幼这块市场立足长远，广交、深交妇幼界的一切朋友，建立广泛性的情感和利益的共同体，这种共同体建立得越牢固，我们的事业基础也就越稳定，只有稳定才能让我们的事业干得越大越红火。

2002年是太阳石第二步战略目标（即第二个五年计划的第一年），在这一年里，可以这么评价，在公司管理团队的正确领导下，我们全体营销人员面对复杂的医药变革环境，快速反应、大胆创新，又一次发扬了敢打敢拼的精神，胜利地完成了我们第一年的任务。

那么，我们的第二步战略目标是什么？我想通过这次年度会议把公司的美好愿景告诉大家，这也是我们大家盼望的。

概括性地说：企业通过自己扎扎实实的产品经营，在业界将康妇特、好娃娃及万适宁三大品牌做出影响，争取评上一两个中国驰名商标，产品的商业销售争取过五亿元，水到渠成地实现企业上市。到那时，企业将由产品经营进入产品经营与资本经营的第三步战略目标的时代，也将给在座的各位同志更大的事业舞台。

谈到这，有人也许会发出疑问，能实现吗？在此，我简单的代表企业管理团队回答大家，这个目标一定会实现，具体为：2002—2004年三年中我们扎扎实实建设网络，保证企业每年最低4000万~5000万元的增长，同时企业准备战略品种并做前期规划，任何一个好的企业都有跳跃发展的时期，我想只要大家相信企业，相信总经理领导的团队，2005年，2006年这两年我们必将迎来每年一个亿以上的增长。到那时，太阳石药业建厂正好十周年，让我们共同努力奋斗，为太阳石十周年献上一份厚礼。

最后，感谢大家对公司营销管理层工作的支持，我及整个营销管理层还年青，还有许多不足，还需要磨炼及向在座各位学习，尤其要向为太阳石药业立下汗马功劳的老同志们学习，向公司的先进员工学习，向先进行业学习，向其他行业学习，向书本和行家学习，同时管理层和新同志应向老同志学习，学习他们爱厂如家、艰苦奋斗、身先士卒的精神境界，这是企业实现第二步战略目标的关键，在此也代表公司的营销管理层表个态，我们一定会全心全意为大家服务，不足之处请大家当面批评指正，我想整个管理层会有这个觉悟。

最后，再次代表公司管理层及全体员工衷心感谢大家，并相信各位在明年的这个时候会给公司带来一份更大的收获。

同时，在这新春佳节即将到来之际，向大家拜个早年，愿羊年发大财，全家幸福快乐，万事如意。

第七节　销售人员如何写好计划及总结

销售人员每周、每月、每季、每半年、每年度都要写作工作总结及工作计划，如何写好，我就此问题提出以下提纲，愿对销售人员有所启发与帮助。

1. **总的营销现状（可以是周、月、季、半年、年）**

（1）产品的销售、开票、回款及应收款。

<table>
<tr><th>产品</th><th>A</th><th>B</th><th>C</th><th>D</th><th>E</th><th>F</th><th>G</th><th>H</th><th>I</th><th>J</th></tr>
<tr><td>销售</td><td></td><td></td><td></td><td></td><td></td><td></td><td></td><td></td><td></td><td></td></tr>
<tr><td>比率</td><td></td><td></td><td></td><td></td><td></td><td></td><td></td><td></td><td></td><td></td></tr>
<tr><td>开票</td><td></td><td></td><td></td><td></td><td></td><td></td><td></td><td></td><td></td><td></td></tr>
<tr><td>回款</td><td></td><td></td><td></td><td></td><td></td><td></td><td></td><td></td><td></td><td></td></tr>
<tr><td>应收</td><td></td><td></td><td></td><td></td><td></td><td></td><td></td><td></td><td></td><td></td></tr>
<tr><td colspan="11">比率为：根据统计数据计算各产品在自己区域的销售构成的百分比，建议业务人员将此表做到每一家合作客户，以便于保持合理库存及应收款，及时回款，同时及时找出重点品种并上量。</td></tr>
</table>

（2）本区域所有客户累计的销售、开票、回款、应收对比。

项目	发货额	开票额	回款额	应收额
上月				
本月				
对比				
累计				
通过对区域内客户的以上数据统计与分析，以便于对重点客户的管理及将劣质客户的淘汰。				

（3）各客户的累计销售、开票、回款、应收及所占比重。

项目	客户 A	客户 B	客户 C	客户 D	客户 E	客户 F
销售						
比率						
开票						
比率						
回款						
比率						
应收						
比率						
分析出客户的管理水平，及时控制以上四个指标的协调性。						

（4）各客户应收产品的结构分析（以便于合理控制风险及提供信用）。

项目	客户 1	客户 2	客户 3	客户 4	客户 5	客户 6
产品 A						
比率						
产品 B						
比率						
产品 C						
比率						
产品 D						
比率						

（5）各产品在各个商业的进销存分析。

客 户	A	B	C	D	E	F	G	H	I	J
进										
销										
存										

客户多，可以往下编写以上表格。这样可以有效防止产品断货、客户大量屯货及滞销，高速的产品流转及资金流转是销售的关键。进销存报表是一切销售管理的基础。

2．本市场存在问题及对策，销售发展趋势预测

（1）产品问题及对策。

（2）价格问题及对策。

（3）渠道问题及对策。

（4）促销问题及对策。

（5）其他问题及对策。

（6）销售发展趋势预测。

3．下月总的营销目标及分解

（1）分客户产品销售预测。

户名	A	B	C	D	E	F	G	H	I	J
1										
2										
N										
累计										

（2）分客户进行回款及应收款控制预测。

客户	1	2	3	4	5	6	7	8
回款								
应收								

4. 具体行动计划及控制

可以分客户及市场定。

做什么？谁去做？何时做？何地做？怎么做？费用多少？需要公司怎样帮助您？

5. 您的培训需求是什么

写出来，以便于您的上级及公司能及时针对您的缺点开展培训，不断提高自己的生存技能是您在工作中的最大追求。

养成良好的工作习惯是您成功的关键，愿所有业务人员能够每月、每季开展好以上的计划及总结工作。在快速消费品行业应最少做到周，速冻产品应做到日。

第八章　危机之年快速畅销解密

危机既是危、更是机，它对人生是一场磨炼，遇之以难，以观其坚；遇之以事，以观其能；遇之以战，以观其勇；任之以职，以观其责，在太阳石团队里可以得到很好的演绎。

遇之以难，以观其坚：当"非典"到来的时候，在总经理坚定的带领下，我们整个团队不但没有对我们的事业有任何退却，相反更加增加了对好娃娃及太阳石做强、做大的决心。

遇之以事，以观其能：当"非典"信息刚刚到来的时候，我们就进行多方面准备，并且根据市场变化积极应对，并不断战胜困难。

遇之以战，以观其勇：最为重要的是活跃在一线的团队们，冒着可能被感染的危险进医院向医生宣传我们的产品、进社区、到终端搞活动、派发赠品，结果勇敢的人们一个也没有被感染。

任之以职，以观其责：所有的太阳石团队在"非典"施虐的日子，更多了一份责任感，兢兢业业地做好自己的本职工作，无论是高管、还是中层以及基层的销售人员和生产人员都在加班加点地工作。

第一节　快速反应并果断出击

2002 年 12 月的某一天，一个广东客户打电话给我，问有没有板蓝根，不谈价钱，有多少货要多少货。虽说当时在药业已工作了多年，但确实从来没有使用过这个产品，对于这个产品也不太了解，这是我第一次听别人和我谈起板蓝根，以前从来没有听说过，也没有用过。于是我上网查了一下板蓝根的相关文献资料，其主要功能就是清热解毒、凉血利咽、消肿，是一个有着上千年的配方，主要剂型就是板蓝根颗粒，还有板蓝根含片等新剂型。那一年，广州白云山重点推广了这个品种，如今已成为了板蓝根颗粒的第一品牌。板蓝根品类第一品牌。非常可惜的是当时另外一个大企业春都集团一个非常好的产品“板蓝根含片”却短暂红火了一下，又突然消失了。

调查完板蓝根，我马上打电话给广东的其他朋友，不得了，所有的抗病毒的产品、清热解毒的产品、增强免疫力的产品在药店都被卖断货。由于当时的新闻封锁，大多数人不知道内情。

于是我马上找到总经理，当然总经理也通过各种渠道了解了广东、香港地区及国外的一些情况，听说得了这种病非常容易传染、很难治，国外已经有死人的消息传来。我们当时的感觉就是有可能爆发一场大规模的流感，当然我们没有想到2003年春节后，随着人流的大规模流动，这个“魔鬼”会走遍神州大地。

2003年12月底，我们就开始了对好娃娃的主力品种小儿新速效感冒颗粒（2003年以后更名为小儿氨酚烷胺颗粒）的重新规划与研究，根据产品的本身的特点再次给产品进行“理论包装”，要知道要重新“理论包装”就一定要了解产品的本身的特点，同时也要对这个理论有着清醒的认识，这也是我到太阳石药业后要将《医药保健品营销九要诀》作为公司营销的理论工具的一个原因，它不光是解决产品的问题，更是要解决系统的问题。

【通用名称】小儿新速效感冒颗粒（2003年以后更名为小儿氨酚烷胺颗粒）

【成分】本品为复方制剂，每包含对乙酰氨基酚0.1g，盐酸金刚烷胺0.04g，人工牛黄4mg，咖啡因6mg，马来酸氯苯那敏0.8mg。辅料为：略

【药理毒理】乙酰氨基酚能抑制前列腺素合成，有解热镇痛的作用；金刚烷胺可抗“亚—甲型”流感病毒，抑制病毒繁殖；咖啡因为中枢兴奋药，能增强对乙酰氨基酚的解热镇痛效果，并能减轻其他药物所致的嗜睡、头晕等中枢抑制作用；马来酸氯苯那敏为抗过敏药，能减轻流涕、鼻塞、打喷嚏等症状；人工牛黄具有解热、镇惊作用。上述诸药配伍制成复方，可增强解热、镇痛效果，解除或改善感冒所引起的各种症状。

【适应症】适用于缓解儿童普通感冒及流行性感冒引起的发热、头痛、四肢酸痛、打喷嚏、流鼻涕、鼻塞、咽痛等症状，也可用于儿童流行性感冒的预防和治疗。

于是我们根据各方判断提出了一个“抗病毒、防流感，快用好娃娃牌小儿新速效感冒颗粒”整体创意。

同时又针对当时销得最多的一个儿童感冒药品小儿速效感冒颗粒（2003 年以后更名为小儿氨酚黄那敏颗粒）做了一个大的对比，让大家知道为什么要选这个产品的原因。同时很好地利用了“新速效”这三个字，提出“病毒变异了、感冒药更新换代了”的销售主张。

同时公司将其统一制作成一个小册子，为了让大家能喜欢阅读并保留这本小册子，我们在小册子中添加了很多小故事和小笑话，希望大家在快乐中接受好娃娃，接受我们的理念，增强了小册子的可读性、收藏性。后来这个思想我用到了很多公司都深受欢迎，在后面的工具开发一章中将会写到如何开发一个顾客爱看的 DM 单。

同时我们密切关注药材市场和原料价格走势，在关键时机出手购买了小儿新速效感冒颗粒几个关键原料 12 个月的货，后来不仅原料价格狂涨了 100%，还出现原料厂家断货现象。如果当时没有这个果断的出击，我们将面临产品断货的风险。更为重要的是我们会丧失掉企业及好娃娃最为重要的战略时机。

当时 2002 年我们规划了小儿新速效感冒颗粒全年的产品销售是 760 万盒，可是到非典结束时的 2003 年 6 月底，我们发出小儿新速效 730 万盒，半个年度就近完成了 2003 年全年的任务。同时公司另外一个提高免疫力的产品也出现了飞跃式发展，为此，半年度会议后我们加大了以下几个方面的工作。

第二节　鼓励兼并、加大开发

2003 年 7 月，太阳石的半年度会议在唐山本部再次召开，公司的几个重要决定推动了太阳石的持续高速发展。

1. 提前续签三年合同

在太阳石药业的开发初期，因为我们无法预测好娃娃的发展速度，在刚开始时，公司与各地代理商、办事处、底价承包人之间的合同都只签订到 2003 年的 12 月 31 日，对于这样的合同大家还是很担心，很多人私下里跟我说公司到时做大了会不会换人。这个问题应当说是非常大的事情，我也没有办法回答大家。

于是我向总经理进行了汇报和建议，为了解决大家的后顾之忧，保证对市场更大的投入，必须给做得好的市场提前签订三年合同，让大家安下心来在太阳石干。并且补充了一个更好的条件，每位底价承包的经理都再发一份工资。

当时有一部分省区经理发了工资，一部分没发工资，让他们拥有双重身份，既是员工，又是投资者，让他们对公司的货款承担法律责任，而不光是经济责任。

说白了，就是您不干了，如果您挪用了公司货款不还，您是要承担刑事责任的，要坐牢的。当时大家可能还没有意识到，但这一条很好地保护了公司。2006 年年底，太阳石药业再次进行战略调整，对三年来做得差的市场进行淘汰，当大家没有及时拿到提成和费用时，有人挪用了货款，但是这一点我在当时起草合同时就已预见，并在合同中有一条规定，协议结束时，必须将货款全部交回到公司，结算完市场费用时，才能结算提成和费用。目的就是市场必须要有个好交接，否则公司将吃大亏，其实只要按合同办，大家都好办。

2007 年的春天，太阳石的办公室刘主任来到长沙找到我，说我原来招进去的一个区经理拿了公司 30 多万元货款未返还，希望我出面做做工作，不要走司法程序。

后来我了解确有其事，并且太阳石还有 20 多万元费用没有给他，于是我找到这位经理，并与这位经理进行了沟通，首先他一直认为是太阳石违规在先，而且认定是经济纠纷，希望太阳石起诉他，而且态度很傲，后来我仔细跟他点评了合同，他更加激动："老孟，您和老韩一起算计我们。"

我告诉他："兄弟，如果您是办企业的，您难道不会这样做？如果所有的人走了都拿货款走人，这个公司还办不办？您是学财务的，公司账又怎么平？您离开了就必须干干净净的交清货款。另外，太阳石这样一个大公司，又和您签了合同，难道它就不讲信用了。想好了，如果不去唐山对账，您将被刑事起诉，并且您的财产全部会冻结。"

道理讲明白了，这位经理几天后就去了唐山，问题也解决得很愉快，总经理给了我一个评价：孟庆亮是个好人。

在此，我认定一个企业和个人一定要把守合同，把重信誉当做一件战略的事来做。

当然，我也要提醒总经理们，有时为了激励大家，也不要口头随便许诺，造成别人的预期，但最后忘记兑现或不兑现，造成大家都不开心。

2. 对销售系统实行股权激励机制

如果提前三年签订合同对市场是一个重大利好，那么公司实行的股权激励制度就是一个更加激励人的政策。对内是中层以上可以购买，对外是优秀的省区经理和代理商可以购买，并且实行自愿原则。由于很多市场经理欠着公司的货款，说白了就是：

拿太阳石的钱，购太阳石的股，还分太阳石的红。

这一点是我说出来的，大家愿意买，公司等于又快速进行了回款。

但是股权毕竟不是货款，更多的是给大家的一个互相信任，大家的关系更加紧密，大家真正成为了一个大家庭，一个事业伙伴。

一个企业如果能够像家庭，就有了归属感，一个企业如果像军队，它就会非常有执行力，如果一个企业像学校，大家就会成长得更快。

太阳石在发展的过程中可以说是做到了。

3. 鼓励优秀市场兼并落后市场

从 2000 年下半年市场启动到 2003 年的 6 月份的近三年发展中，我们也发现了很多问题，一些代理商对好娃娃没有感觉，没有认真推，也不投入，站着位置不努力；有一部分就投机取巧，不做终端推广，大量市场放货，冲击市场；还有一部分就是没有资本金投入，主动让出；鉴于此，公司一直在不断的砍市场、调整市场，随着 2003 年上半年销售狂飙，很多大的办事处认可了公司、认可了产品，加上上面两个手段的推出，大家认定好娃娃就是自己下半辈子的希望。

于是出现了广东市场兼并福建、海南；湖南兼并湖北、浙江；辽宁兼并除大连外的整个东北；西北也出现了从新疆、甘肃、青海、陕西的大一统格局；蒙中兼并蒙西、宁夏；从而出现了以强带弱，滚动发展的好势头。

兼并带来了资本的输出、兼并带来了经验的推广、兼并带来了管理的植入，兼并其实是一场最高效的市场整合，其带动了产品畅销。

4. 改组办事处解放销售力

对大部分想做总经理的自建办事处进行改革，从发佣金到进行底价承包，公司只发经理一人工资，当然也提出了其详细招人计划，不能因为底价承包而减人，当提出改组后，除了河北本部没有改以外，其他市场全部改为底价承包制。

可以这样说，这些经理等自己当家做主已经等了近一年，为什么？第一，赚钱更多；第二，能快速地面对市场，适应市场；第三，有自己当家做主的感觉很好，工作非常愉快。这个改革解放了销售力，为办事处地区的产品畅销带来了机会。

第三节　不断推进产品系列化

好娃娃的系列化问题，一直是公司强调的，这个是公司的战略问题，公司是想打造一个好娃娃系列化品牌，而不是一个单独的儿童感冒药品牌，但是到2002年为止，大多数办事处还是没有主动进行系列化推广，当时做得好的就只有河北本部、辽宁、江西、新疆、湖南做得好一点，其他市场都不够，鉴于此公司决定通过活动来提高系列化。2003年的1月份一开始就发出了开展办事处陈列比赛的通知。全文如下：

2003年度办事处第一期陈列竞赛通知

一、活动目的

1. 鼓励参赛药店进齐好娃娃系列药品，增加当地好娃娃药品销量。

2. 加强消费者购买和使用好娃娃产品好感，树立企业儿科药品专业形象。

3. 提高办事处OTC代表工作积极性，强化与当地药店的客情关系。

二、参加城市

14个省的一个城市，昆明，长沙，沈阳、大连、天津、广州、重庆、合肥、南昌、贵阳、武汉、成都、郑州，兰州、柳州。

说明：因条件限制，本次限小儿新速效感冒颗粒占有率60%以上城市，以后择机增加。

三、活动时间

2003年2月20日到2003年4月20日

四、入选药店

办事处在2月20日前推荐50家参赛药店按以下标准划分，填写附表1并传真到公司市场部。

2月20日前没填视为放弃。

A类店10个，当地小儿新速效感冒颗粒前10名的店。

B类店40个，当地小儿新速效感冒颗粒前50名的店。

五、评分标准

1. 鼓励以正面作为展示面，若以其他面作为展示面则扣分，正面为系数1，上面为系数0.8，侧面为0.6（图片略）。

2. 关于陈列位置的评分标准。

A. 开发式货架1.6米以上为6~8分；1.45米~1.6米为10分；1.45米以下货架层6~8分。标准的制定是有依据的，1.45米~1.6米的货架层占到销售的40%左右，是货架黄金位。

B. 药品俯视柜台，第一层10分，第二层8分，第三层5分，最底层0分。

本次比赛为基本分50分与加分相结合，加分不封顶。

A类店的评分标准

【基本分标准】

3个好娃娃品种15分	陈列面15分	陈列位置10分	包装整洁5分	持续性5分
好娃娃1、2、3	每个品种至少2个陈列面	按以上标准定	产品排列整齐、无破损	持续2月，抽查为准

【加分标准】

增加品种	增加陈列面	增加POP	创意10分
1个5分	1个3分	任1个2分	有特别图形，堆头，集中陈列，多处陈列

B类店的评分标准

【基本分标准】

2个好娃娃品种10分	陈列面10分	陈列位置10分	包装整洁5分	持续性5分
好娃娃1、2、3	每个品种至少2个陈列面	按以上标准定	产品排列整齐、无破损	持续2月，抽查为准

【加分标准】

增加品种	增加陈列面	增加 POP	创意 10 分
1 个 5 分	1 个 3 分	任 1 个 2 分	有特别图型，堆头，集中陈列，多处陈列

六、评分细则

1. 由销售总监及市场部在 2003 年 2 ~4 月份的市场访问时直接进行评分，评分过程中以随机抽查、不定期抽查为准，并且现场拍摄照片作为依据。2003 年 5 月份公布结果，在 7 月份的会议时进行奖励。

2. 评分标准及活动都在网站上公开。

3. 检查陈列之前先随机抽查上柜率（随机抽查 50 家报备的参赛药店之外的 20 家店，是否有 12 家有货）。

4. 药店评奖根据基本分 + 附加总分而定。每个城市随机抽选 A、B 级参赛店共 20 家，总分之和为该办事处最后分数。最终按办事处得分高低排序评奖。若出现总分相同以基本分为主比较，销售总监与市场部与当地办事处协商后按具体情况最后决定。

5. 扣分标准：

基本标准中每少一个品种扣 5 分，陈列面每少一个扣 2 分。

七、奖励办法

一等奖 1 名	奖金 10000 元
二等奖 2 名	奖金 8000 元
三等奖 3 名	奖金 5000 元
四等奖 4 名	奖金 2000 元
鼓励奖未获奖者	奖金 1000 元
附加奖	超过半数店（随机抽查已进货药店 20 家，不一定在 50 家之内）6 个品种全部进货的另奖励 5000 元。

请多参考公司其他陈列。

公司将提供：大模型盒、挂旗、POP、非卖品药品包装盒，数量有限，办事处请向销售部申请。

太阳石市场部

2003 年 1 月 9 日

由于方案制定得非常简单、清晰，各地市场也是非常重视，系列化逐步被各地市场重视，通过这次活动后，公司又在2003年的年中会上作为一个主题来讲，更加坚定了大家推进系列化的决心并丰富了大家系列化的经验。目前过亿品种两个，一个感冒6亿多元，一个止咳1亿多元，其他千万元级产品若干个。

第四节　吹响进军农村市场的号角

先行半年，富贵三年，先行三年，富贵十年。

由于好娃娃城市市场的占有率不断提高，公司意识到，儿童产品的广大市场在农村，因此加大农村市场的开发是目前要做的事情，必须加快研究并进行推广，为此我对市场进行了再次调查研究，并写出了开发农村市场的报告。

随着人们生活水平的提高及小城市建设步伐的加快，未来的县乡村三级市场的药品消费必然不断提高，占领农村市场必然会给企业带来丰厚的回报，提升产品和企业的品牌，同时也只有在农村及城市两个市场上都丰收的企业才会更有竞争力，才会活得更久、更好。

1. 认识农村市场

所谓农村市场广义地讲就是指广大的县级以下的广大市场，含县城在内，开发农村市场应作为企业的一种市场战略，农村市场应是企业整个市场的一大组成部分，并且农村市场的潜力巨大，竞争压力相对城市市场较小。因为大多数企业在开发市场时，往往先开发城市市场，后开发农村市场，或根本不开发农村市场，这使农村的竞争激烈程度远远不如城市市场。

2. 开发农村市场的四大操作步骤

（1）员工队伍的建设及培训。

开发市场时的员工配备是：省级市场主管人员由总部培训后委派到某一省区，地市级区域市场人员则采取当地招聘或总部委派相结合，县级农村市场就地招聘。

开发农村市场，一般遵循以下意见：

农村市场一般以县城为营销中心，再分片设立分支营销机构，根据具体县市的规模及分支机构的多少，确定县级营销中心的负责人及相应的工作人员若干名。每个营销片区的分支机构要保证有 2 名以上的员工。招聘业务主办要求是常住当地的，但不能集中在某一片区招聘。根据企业宣传工作的具体要求，招聘若干名专、兼职宣传员。为保证员工队伍的稳定性，招聘员工不能片面强调学历，但亦不能太低，一般以高中为宜，诚实、吃苦耐劳应首选。招聘后应签订相应的劳动合同，同时应有相应的制约措施。当地员工招聘工作完成后，应当对员工进行培训。员工来自不同的地方，差异较大，要按照企业的要求对新聘员工进行岗前培训，同时在上岗以后，进行定期的阶段培训，确保员工队伍有文化思想、组织纪律、有统一的企业员工形象。

（2）仔细的市场调查。

①市场调查的内容：镇（乡）村的数量及相应的人口数；主要经济来源；多发病、常见病；医院、卫生院、村卫生室的分布情况及数量；医药公司、药材公司及批发部的分布情况及数量；集市、庙会的日期及习俗；主要行政部门及人员、当地各镇（乡）、村有影响的人士；交通状况；其他与市场相关的情况。

②市场调查的方法：采用政府部门（统计局）提供的数据；执行经理、业务主管直接实地调查。

③市场调查的要求：翔实、准确。

④市场调查的分类：市场启动前的调查、市场启动后宣传情况调查、销售情况调查、员工状况调查。

（3）工作评计划安排。

①制定工作计划的原则：根据前期市场调查的情况制定市场工作计划。首先，开发人口多、经济发展好的乡镇、迅速抓出成效、总结经验、逐步推广；其次把镇级市场真正启动后，再向镇以下的行政村、自然村推进。

②工作计划的内容：当月计划开发哪几个乡镇；要开发的乡镇人员的分配情况；采取的相应宣传方式及频率；销售渠道及经费如何开支等。要求尽量数字化，不能量化的也要制定相应的考核标准。

（4）组织实施。

农村市场切忌城市化操作：任何时候都要讲投入产出比，严格控制费用，活动前有周密细致的计划安排。组织实施主要有以下几种形式。

①固定终端（医院、药店、诊所）促销：

医院、药店、诊所是产品重要的销售场所，应有专门的人员负责进行定期的高频次拜访和促销。工作的内容是宣传、维护客情关系和产品促销。宣传包括向医生，病人讲解与本产品有关的知识，让医生全面认识本产品的有关的优点、作用及注意事项，使医生能正确用药。同时，配合医院、诊所、药店进行橱窗、专栏、板报宣传、普及医疗保健知识。维护客情关系的方式主要有客户家人、亲戚的生日祝福，赠送小礼品，休息日的拉家常，召开学术讲座等。产品促销则以售前、售中、售后服务为主，切不可左右医生用药，以免造成医生和病人的反感。

②活动促销：

密切关注村镇的庙会、集会、大型影剧会、重大节日集会，根据需要也可组织类似的大型集会进行活动促销。提前半月准备，明确分工，促销品、赠品、宣传品、活动所需器材、邀请的专家和到场人士最好开列清单，并事先联系好场地，办好相关手续。产品宣传和活动操作细节要求简单明了、最好总结成易记、易懂、易于传播的话语顺口溜。人数 5 人左右为宜，活动要有场面，热闹。

③下乡促销：

根据产品适用点、结合地方易发多发病的实际情况，由 2 名工作人员带队，邀请 1 ~2 名专家下到自然村开展义诊和普及医疗保健知识的“赤脚医生下乡”活动。这项活动有很强的公益性、应取得当地政府和有关干部的支持与配合，并提前一周通知和作好宣传工作，使更多的人参与进来。同时要简化中间环节，薄利销售产品，不能欺骗农村消费者。下乡的目的要明确，以敬老、儿童健康、普及医疗保健为主题，时机选在农闲、病发期妇检、休检等时期。除此之外、可结合国家正推行的初级保健工程开展活动，也可采取在农村设立小药箱等举措。

④开发县及重点乡镇医院：

不管任何医药产品，权威人士还是医生，因此在市场开发中一定要开发医院，一般来说县城的医院和重点乡镇医院一定要开发，要通过医生的推荐来形成部分试用，及给部分乡村医生和药店、诊所人员形成影响，这样有利于企业产品的长期生存。

⑤合理的媒介投放：

除公司在全国、省、地市的媒介安排外，我们要发现该市场的特别的媒介，一般来说县级市场的电视、广播、车贴及在城市市场不能用的硬终端等，车贴、广播及硬终端的合理组合在农村市场上是非常好的传播媒介。

⑥监督检查及总结：

监督检查是保证工作落实到位的基本方法、这项工作必由专人负责。每进行一个阶段的工作后，根据工作情况、监督检查的结果进行及时的工作总结和经验交流。

3．农村市场的四项网络建设及注意事项

（1）关系网络。

无论地区大小、贫富、都不可能忽视取得当地有关部门对企业合法宣传工作的支持。要在开展工作前对有关部门进行拜访，办理好各种手续，取得工作上的支持。尤其是在镇及行政村，有影响的人士的作用是很大的，他们的支持对整个市场工作的开展会起到很好的效果。往往是某人说了算，亦没有什么制度、法规等。

（2）7 种宣传网络。

入户宣传网：首先要画好居民住户分布图、按图有计划地作好宣传工作。

学生宣传网：搞好与各乡村小学教师的关系，由老师出面 ，让学生将企业的宣传海报拿回家以及分发到各村各户，同时提供相应的报酬。

口碑宣传网：主要在每个乡镇、行政村、自然村选择有影响的及威望较高的当地人士（医生、店员），由他们出面做口碑宣传。

媒体网：可利用乡镇广播室、有线电视、当地电视台，以“通知”的形式进行宣传。

邮政宣传网：由于乡村邮政所业务员相对较少，而他们对当地情况又很了解，可以以合理的方式与之达成协议，协助企业作好宣传工作。

户外海报、墙报、房标宣传网：在村出口、入口处、张贴户外海报、刷墙标、房标。

终端宣传网：建立农村医院及药店网，因为基本不受环卫、城管、工商等方面的限制，可在这些销售终端做宣传，但要尽量做到公益宣传相结合。

（3）三种销售网络。

批发网：充分利用县医药公司、药材公司及其下设于各镇的批发部的网络优势，把产品充分渗透到各药店、卫生院、村卫生室。

直销网：由企业员工直接将产品送到镇卫生室、药店、村卫生室甚至患者手中，新形势下由医药公司配送为主。

宣销网：当市场正式启动后，可组织宣销义诊服务队，在各镇、村做轮回的宣传义诊服务，同时附带销售产品，但是最好有乡里医生参加。

4. 管理网络

农村市场面积大且分散，没有完善的管理网络，工作落实就会受到严重影响。首先要实行层级管理，同时要建立农村市场工作的监督检查系统，以保证工作正常进行。

5. 注意事项

网络优化与资源利用，综合权衡产品适用面与营销成本，对销售网络进行优化和巩固，发挥最大作用。可考虑承接1～2个与本公司产品没有冲突、在农村适用面广、用量大的品种、以降低营销成本、但以不影响主业为准。另外，我们在精耕细作农村市场的同时，一定要考虑用适合的产品、低成本开发市场，如果企业的产品较少，市场潜力较小是不宜大规模建设队伍来开发市场的，我们可以采用另外一种模式进行低成本的市场推广，比如对以覆盖周边的商业客户进行长期促销或开推广会，包装费及推广会的多样性、长期性和广泛性是打开农村市场的关键所在。

目前的医药行业的第三终端热就是从2002年左右开始的，做得最为成功的企业就是从那时开始的。因此，能总是比别人先行一步就能发展更好，但是市场在变化，以上有些方法对某些企业和产品就不合适，因此找到与企业、产品、环境的结合点就必须继续调查研究，制定出合适的模式、政策来适应市场。

中篇：营销模式解密

分享畅销突破及持续畅销的智慧！

第九章　一组数字的解密

这是一组数字，一组好娃娃某一产品的发展数字，我们用好娃娃 A 来代替吧，它见证了一个产品的畅销传奇，也见证了一个商业创新的故事，本文中为了大家容易理解这组数字，故只提了这一个产品，其实很多产品都是这样运作的。由于涉及机密，很多数字用了符号代替。

第一节　数字解密破解畅销的关键点

1. 最畅销产品的数字密码图

项　目	1999 年	2000 年	2001 年	2002 年	2003 年	2004 年
销售盒数	2	30	200	510	1300	2500
现款底价	2. 5	A. 17	A. 87	B. 26	B. 86	C. 26
底价承包	2. 5	A. 87	B. 26	B. 86	C. 26	C. 86
商业批价	×	D. 5	E. 5	F. 2	F. 5	F. 7
提　　成	3%					
办事处承包前费用	15% +20%					
办事处承包后底价		A. 87	B. 26	B. 86	C. 26	D. 26

2. 对数字密码图进行解密说明

销售盒数：

好娃娃 A 是从 1999 年开始做批发，从 2000 年下半年起，开始了专业化的推广和分销试点工作，销售量节节攀升，从 1999 年不到 2 万盒，到 2004 年单产品突破 2500 万盒，为 2006 年拿下中国第一个儿童药品中国驰名商标起到了非常重要的作用。

现款底价：

1999 年，好娃娃 A 没有改造前，产品的底价就是 2.5 元一盒，到 2004 年底底价涨到 ×.26，产品涨价 ×倍以上。

底价承包：

1999 年，好娃娃小儿 A 当时的底价承包价比 2.5 元多了一点点，已记不清楚，因此文中暂按 2.5 元一盒计算。到 2004 年底价已经涨到 ×.26，比 2.5 元一盒是涨价了 ×.9 倍以上。

商业批价：

1999 年好娃娃 A 没有规定商业批发价，由代理商各自定价，这也是目前大多数中小企业对产品的价格管理的模式之一，灵活性太大，想零售价及代理差价得到保护的大客户是不可能做的，因此也决定了产品的命运做不大。而 2000 年好娃娃规划以后，我们规定了全国统一的商业批发价，保证了全国市场的价格统一，同时也保证了所有推广利益分配体系，但是这种分配体系随着产品的市场占有率的不断提高，产品的零售价体系面临挑战，由于没有维护零售价格，而连锁以及整个行业费用提升导致的过度高毛利，终端不断地对品牌产品的销售失去动力，对其进行特价销售，或用高毛利产品进行终端拦截，好娃娃品牌遇到了困难，我在 2003 年的时候就提出过重点终端的维价概念，进而带动全面价格体系稳定，保证所有客户都有相对稳定利润。而总经理当时坚持某些外资的“让利于两端”的思想，即厂家及消费者应是最大的赢家。我们没有沟通到位，目前好娃娃的整体新品推广应当说没有再突破，最为主要的是这种思想已经不能适应目前的医药大环境。

提成 3%：

这是后来管理河北市场的主要模式，公司发工资，所有费用由公司投入。这个对打造河北市场起到了关键作用，最终河北成为了全国最大最好的市场。为什么河北在全国采用 3% 的提成模式又能成功呢？

当时公司有以下几个意图：

第一，基础市场的需要，只要河北能做个 3000 万元以上，就有一个养家的市场，无论其他市场怎样变化，公司不怕没饭吃。因此不管投多少，公司重点投一个市场是投得起的。

第二，家门口情况公司了解，业务人员基本是公司老员工，投入什么公司都可以控制。

第三，一定不能落后于其他市场，免得被人看不起。

第四，公司投入一个市场，也可以了解市场的真实情况，便于跟市场沟通。

办事处费用：

15% +20%，总体按35%对办事处进行拨给，35%是按商业批发价进行拨给，但是人员费用控制在15%，即省区经理招聘人员工作所发生的费用，及整个团队的提成，另外20%是对市场进行投入的，因此必须对公司申报才能拨给，这就是办事处体系不能成功的地方之一，各地办事处需要促销费用都必须向公司写申请报告，经公司批准后拨给，公司对市场又不清楚，又担心费用被办事处吃掉，造成很多办事处经常费用报告上来后20天，有时30天，有时干脆不批，因此办事处经理非常没有积极性，感觉不是在为自己干事，而是为总经理干事，当一个人将工作认为是为别人干时，其效率是最低的，这也是前期办事处发展慢的主要原因所在。

办事处改革后费用：

除河北外，全部办事处回到底价承包制阶段，目前一直干的省区经理，到今天都没有变化其底价承包的办法。当然大家几乎都将好娃娃干成了区域第一品牌。

这里就有一个深层次问题，为什么改为底价承包以后各地市场能快速发展，并且能将好娃娃几乎都做成当地的第一品牌。

第一，中国人是全球最喜欢做老板的国家之一，这是因为我们的文化中有“宁为鸡头，不为凤尾”的思想。同时这种老板思想也确实调动了所有办事处经理的潜能。

第二，对于一群还没有发财或发大财的人来说，拿着别人的钱为自己创业，肯定会格外珍惜机会，拼尽全力干事。

第三，办事处由于可以灵活支配费用，他们也将资金的效率放大到最大，同时可以根据市场的特点很好的制定促销的办法，那一种最有收效就用那一种，公司只进行总结推荐，也可以打个比方，就是把所有可以杀敌人的工具都制作出来，并标明方法及适应条件，根据自己的状况灵活掌管。

3. 差价解密破解畅销十年奥秘

项　目	1999 年	2000 年	2001 年	2002 年	2003 年	2004 年
销售盒数	2	30	220	500	1300	2500
商业批价	N	D. 5	E. 5	F. 2	F. 5	F. 7
现款底价		A. 17	A. 87	B. 26	B. 86	C. 56
差　价 1		X. 33	X. 63	X. 94	X. 64	X. 14
商业批价	N	D. 5	E. 5	F. 2	F. 5	F. 7
底价承包		A. 87	B. 26	B. 86	C. 26	C. 86
差　价 2		H. 63	X. 24	X. 34	X. 24	H. 44

进行差价稳定是长期稳定销售队伍的关键，也是营销最为重要的一个理念。

在当时的市场环境下能够保护销售团队的价差是好娃娃畅销最大的奥秘。试想一下，在您接某个产品的时候，第一年假设您卖 10 万盒，您赚 30 万元毛利，10 年后您干 800 万盒的时候您还有 3 元一盒的毛利，试问您一下，无论您的客户遇到多大的强敌，他是不是不让您管，他也会带领他的团队去打败他的对手，这就是好娃娃 10 年畅销最大的秘密。

在我的圈子中，我发现很多的老板，等到客户稍微做大点就马上涨价，但是又没有办法让客户的销售团队的差价不变，而是压缩客户销售团队的空间，因此，销售团队必然与您离心离德。

其次就是稳定时间短，很多企业老板对销售政策能稳定一年都很难，因此，这样的老板是不会有真正的铁杆客户的，同时也不可能做大市场，本来这个市场可以干到 5 个亿赚 1 个亿的，但是在 5000 万元的时候就终结了。

4. 差价保护的趋势

但在今天的市场，以医药行业为主的很多行业，如果不将差价保护扩大到零售商的话，您的老产品销售注定下滑，新产品的推广也很难推广成功，当然某些品种活着是没有问题的，但是想要活得好，并将其做成畅销的品牌就非常难。

可以发现很多企业在新产品投入了大量广告后，终端还是不愿卖，就是产品的利润太少。

因此，价差的保护一定要在考虑销售队伍的同时，还要考虑行业终端的利润，尤其那些想成就畅销品牌的企业。

您不光是要用广告抓消费者的心，更要用稳定的差价抓终端客户的心，销售队伍的心。

这个销售队伍是指一切为您公司卖货的中间客户群。

5. 产品是最好的广告

可以这样说，太阳石的铺货来源于一个“朴素”的广告观点，在我进入亨氏的第一天，就学到了一个重要的理念。

产品是最好的广告，铺货和陈列就是广告的组成部分。

如果没有足够的“铺货率”想成就一个畅销品牌谈何容易。

我算过一个数字，在中国的医药市场上一共有110多万个终端售点在出售产品，假如每个终端存量10盒，就需要1100万盒，即使您只占领70万个终端，达成63%的上柜率，您也得700万盒，这还只是一个产品，如果是两个就是1400万盒，5个就是3500万盒，即使产品的生产成本只有平均2元一盒，就需7000多万，对于一个小企业这样大的资金，还有商业客户，还有生产库存、在途等等，压力是相当大的。

但反过来，如果您的产品真有两个有63%的上柜率，估计这两个产品都是第一品牌了，而且您的广告费也会相当少，这就是“火上浇油”理论，因为到处都是火种，只要一点油下去，就会燃起熊熊大火，火势就会让很多客户及老百姓都看见了。

另外，铺货有几点是可以参考的，假设上面的产品的生产成本是2元一盒，用3000万元就可以铺出1500万盒，也就是说可以将三个产品铺到50万个终端，每个终端10盒。

为什么有企业上市产品或新产品时，可以有1个亿元的广告费投入，而不愿意去投入货物呢？在很多的高毛利的行业，成本与销价之间往往高达1：5以上，为什么就不能把货款计提成广告费呢？

当时，我们通过试点，知道好娃娃产品铺货下去，在没有广告的情况下，终端有回头客，另外我们相信我们产品的疗效好，因此我们制订了一个计划，在好娃娃推广的前三年，将产品铺货作为公司广告投入的一部分。

广告投出去全部是费用和现金，是永远收不回的。

除非未来做成强势品牌才有价值，而强势品牌的建设没有5~10年的功夫谈何容易，很多人想学蒙牛，但蒙牛只有一个，而中小企业千千万万。

蒙牛的成功是天时、地利、人和的完美结合，而这三样东西是不可复制的。

货物投放出去是应收账款，只要销售有循环，我们是可以收回来的。即使坏掉一部分，就当广告费。抱着这样的想法，企业开始了对市场的高速铺货，到2003年年底，好娃娃在外应收款高达数千万元，但是实际资金占用却只有1000多万元。而当年好娃娃的回款突破1亿元，累计回款近2亿元，即使货款全部坏账，也就是占到现金流6%多一点，这便是好娃娃前期成长的又一个低成本的奥秘。

还有一个问题是，中小企业在创立的初期或新产品的推出过程中，很多策划，管理都会不到位，整个企业一定是一架牛车，绝对不会是一台宝马，它不可能快速高效运作起来，我看到很多企业，您的货物只铺出去100万元的价值时，而广告已投放400万元或更多，这个恐怕是很多企业经历过的。

另外，很多别有用心的人、广告公司、媒介希望通过广告获取利益，过分夸大广告的效应，尤其是媒体的效应，他们是不会管企业死活的，因此在上柜率低的时候打了广告，消费者是卖不到货的，消费者没有购买及认可，企业及整个产品利益链就会死掉。

因此，很多人跟我谈起好娃娃就是2004年后的感觉，好娃娃是靠广告打起来的，但是如果没有前期3年多的扎实队伍建设，终端工作，企业组织建设，流程再造，是不会有好娃娃走向畅销的成功的。

因此外行看热闹，内行看门道。不知道内因，只看到表象是人们常见的现象。其实一个产品能否做好，一个品牌能否发展起来，关键看其前三年做了些什么，尤其是一个小企业来做中国这样一个大市场。

6. 破解涨价的奥秘

还有一个规律，市场是卖涨不卖跌的，因此在我们每年销售上涨的过程中进行底价上涨及商业价格上涨是非常有好处的，中间销售队伍及批发商都会大量囤货，您的货拿多了，竞争对手就自然会少拿，这就是自然的渠道拦截，当然也会推动批发向终端压货。自然的渠道拦截的最大好处是客户自愿的，而不像很多企业一样强制性压货，当终端促销配套没有时，3~6个月就会爆发很多问题，如企业3~6个月销售急剧降低，更为恶劣的是可能大量退换货产生，在我咨询过的企业中很多这样干的，很多老板急功近利，经理人就迎合您玩个渠道促销法，短期内销售很大，如果企业及时将提成及奖励给出，6～9个月后，企业就会有大量麻烦事。

当然企业在涨价的过程中也应配套一些其他的配套手段，让涨价涨得合理。如给客户更大规模的铺货，适当的广告支持，如何提高终端与消费者的促销等。

第二节　数字背后的理论混合制营销

任何一家生产经营型的企业，都想自己的产品快速占领市场，快速成长为有影响力的品牌，但都面临缺资金、缺网络、缺品牌的三重困境。如何突破这样的困境，唯有创新思路，用一套品牌体系去整合资源。从以上的案例中讲到的就是混合制营销的具体运用。

1. 各种营销体制对比

第一种营销体系：办事处薪金制：公司投钱又投货。

优点：管好了有更好的执行力及更高的赢利能力。

缺点：管理难度大、前期费用大、周期长，一般企业有些急不可耐，经常3个月不到就换人，这样有可能丢失市场机会，队伍兼职及跳槽现象严重，大多数企业难以做到，创业期及大批中小企业几乎不能用这一单一的体系。

财务风险：企业和总经理的，员工没有风险，员工浪费的是机会及时间成本。

第二种营销体系：招商代理制：公司不投钱也不投货。

优点：先款后货，降低进入成本及风险。

缺点：（1）招商的成本愈来愈高，招商成交的时间愈来愈长，生产及销售计划很难做，生产多了，压死流动资金，如果是有效期的产品，还可能报损；可生产少了，又可能造成代理商缺货、代理商的丢失及招商机会丢失。

（2）代理制的市场环境还不是很好，主要来源于：

一是厂家的不诚信，在招商公告及招商过程中夸大其词，而一旦货款到手就不按约办事，严重侵害代理商利益；

二是代理商不按游戏规则办事，各自为政，主要表现在产品的定价上，造成大量低价跨区销售的产生，严重破坏大家的利益，最后产品无利可图，代理商不做之日，产品也随之垮掉，所以经常遇到今年销售很好的品种，第二年转眼就一败涂地。

风险：双方的，关键取决于企业的理念及管理水平。

第三种营销体系：底价承包佣金制：公司投货、客户投起动费用。

优点：风险共担、利益共享。

缺点：执行力如何发挥还要有一套好系统。

风险：风险控制取决于厂家，最好先做几个样板市场然后再拓展。

2. **混合制营销的特点**

任何中小企业要想营销有突破，如果不进行大的营销创新，再好的品牌规划也较难有所突破。

市场推广关键在人，只要人对了，不管什么样营销模式都可以。

所谓混合制营销就是指自建办事处、代理制与底价承包制两种或三种相结合的体制，即可用于单一产品上，也可用于整个企业的产品体系上。这种体系的最大好处就是可以有效地整合一切社会营销人员及资源来开发市场，缩短产品进入市场的时间。

具体地说，只要认可企业、品牌及产品，认可公司的价值体系的社会营销人才全部拿来所用。有钱有网络的给您一个较低的底价，先款后货去开发市场；有网络但资金不是非常充分的，企业给底价承包制，企业给全铺货或适度铺货，客户投入前期市场推广资金，但是政策比现款代理的底价次之；如果人品好，有渠道资源，但没有资金，企业就建办事处，即发底薪又铺货销售，利益在三者中最差，但一定不低于行业水平，以调动大家的积极性。大家可以对照以上数字图表。

这一体系的核心在于企业做好四方面的工作，即做好“品质、品牌、管理、服务”。

好品质：即企业必须生产出非常好品质的产品，满足客户及消费者对好产品的要求，必须质量达标；

好品牌：即企业必须要有一个好的长远品牌规划，有一个统一的 VI 体系及广告系统，即统一的传播系统，以保证所有传播的统一性；

好管理：即企业要设计一套好的市场管理体系，确保市场价格体系稳定，能保证各级客户的利益不受侵犯；

好服务：即企业要做好发货、回款、开票、结算等基础服务，并且提供一定培训，服务上一定要有制度，并保证服务又快又准就行。

同时，建立诚信的企业形象在网络建设当中也至关重要。

3．混合制营销的核心

混合制营销的核心在于企业有一套非常严格的市场保护体系，任何一种商业模式的成功一定要对所有经营者的利益进行很好的保护，具体表现在以下方面：

（1）生产部门。有条件的可安装喷码机，将主导产品每盒上都打上一个序号，以便确认每一盒产品发往哪一个市场。如果是刚起步的企业不能安装喷码机，可以一箱一个号，但每一个最小包装上必须打这个号，因为低价窜货及产品调拨都是整件及整箱运作的。

有条件的企业可以上多米诺的激光烧码机，将防窜码烧印在批号下，任何想破坏的人都不可能得手。

（2）销售发货。对所有发货的防窜序号进行登记，以便将来发现低价窜货及跨区调拨时有据可查。同时对突然上量的大量发货进行控制，分批发货，及时下市场进行检查，尽量减少低价窜货的发生。

（3）制定一个全国统一的商业供货价，并规范商业返点空间，凡低于商业供货价的跨区销售行为为窜货，高于商业供货价的跨区销售为调拨，对于窜货进行罚款，对于调拨进行差价划拨。特大连锁体系可以另行制定政策，但是不能冲击商业体系。目前在不打广告的情况下，连锁首推价与商业批价在1∶3左右，成为品牌的过程中每年可以按比例递减。

（4）严厉打击窜货，要么罚款、要么走人，没有中间地带，无论是市县代理还是省代理都一视同仁，只有这样，产品的价格体系才能真正维持好秩序，整个经销利益链条才能得以保证。

（5）对第一批加盟的代理商可少交市场保证金，已降低进入的门槛，对后加盟的代理商必须交纳多点市场保证金，防止市场投机行为的产生，有力地保护认真代理商的利益，促进了大家认真地工作，大胆地投入。另外代理商是否有团队及分销网络是防窜的一个重要参数。

（6）有条件的企业可以及时进行股份制改造，让代理商成为企业股东，成为真正的利益共同体。像太阳石就做了这件事，大家至少不会主动恶意窜货。

4．品牌策略的运用

如果您的企业要想长远发展，您必须要有很好的品牌资源才能最终占领市场，赢得消费者，并保证产品及企业有比较好的利润水平，不能高于行业利润水平的品牌是没有较大竞争力的。关于品牌问题后有专章讲述。

建议任何企业都要先规划品牌及体系，再进行营销体系建设，这样客户会更有信心。

5．混合制品牌营销的运行

无论是一家大企业还是一家小的企业，您的营销系统中一定要有销售与市场两个部门，他们的功能应是明确的，在混合制营销体系中，市场部的功能主要在于品牌规划及传播管理、产品规划及上市、各种市场调研、市场培训、市场沟通等，销售部主要面对代理商及经销商进行市场开发、计划、发货、开票、回款、结算及其他的市场服务性工作。在实际的运行中尽量要让管理体系扁平化，在市场推广过程中要加强区域市场的策划，不要全国一个方案，但可以出台一个全国都通用的营销指导意见书，将各种营销方案做出来供各地参考，但在全国市场中也必须保证以下几个方面的统一：

即统一的品牌传播形象、统一的商业供货价、较为统一的零售价、统一的产品品质、统一的市场游戏规则。

采用混合制品牌营销目前最缺乏的就是混合型的高级管理人才，这个人才必须具备以下条件：

（1）非常了解代理制、底价承包制及办事处制的优劣点，最好是在三种体系中都工作过的人；

（2）必须有过营销的基层、中层、高层的经历，在中高层有过销售与市场两个部门的工作经验；

（3）了解行业的法规、了解商标法、有品牌管理经验；

（4）有策划、计划、培训能力，有一定的销售网络及相关行业的人脉关系。

因此各级企业在考虑混合制品牌营销体系时高级人才的选定是关键，如果不行可以考虑与专业人士的合作，可以项目全程合作，也可代为培训人才及体系规划合作，目前我与石家庄市华新药业就是这样合作的，项目得到了高速发展。

目前的中国市场还是一个多元化的市场，并将在长期的时间内不会改变，混合制的营销体系实际上很多企业都在运行，也证明是适合市场的一种营销模式，但是由于方方面面原因运行成功的不是很多，至于既做混合制、又做品牌营销的就相对较少，成功的案例就更少，虽说有很多方面的原因，但是一个主要的原因还是在于体制问题，在完全民营化的企业中关键在于总经理及大股东的心态及认识问题。

总之不管怎样变化，作为企业应根据方方面面的变化而及时进行各项创新，快速适应市场，适者生存是所有企业必须遵循的最高法则。

6. 一个赢利模式，一定要考虑以下八点

赢利模式：是指为了实现客户价值最大化，把能使企业运行的内外各要素整合起来，形成一个完整的、高效率的、具有独特核心竞争力的运行系统，并通过提供产品和服务使系统持续达成赢利目标的整体解决方案。

其核心原则：

（1）客户价值最大化，一定要让客户持续稳定赚到钱，客户才有动力。

（2）持续赢利。企业应将赢利当做一件长期战略来抓，可以这样讲，太阳石的发展一直坚持的是又好又快。之所以能35亿元卖出，与其非常高的赢利能力也有关。

（3）资源整合。整合是做企业的必修课，所有的资源都在，关键看思路，自建资源是一个非常笨的办法。

（4）创新。主要包含产品创新、管理创新，模式创新等。

（5）融资有效性。如太阳石药业通过铺货融资代理商对市场的投资等，效率是非常高的。

（6）组织管理高效性。如没有组织再造、流程再造、信息化就没有太阳石、好娃娃的今天。

（7）风险控制。其实我们从一开始就控制非常好，而且控制在一定比率中。

（8）合理避税。如高新技术企业等。

应当说太阳石在这八个方面都实行得非常成功。

第三节　特色化的市场管理体系

1. 谁的地盘谁做主，谁负责

太阳石最大的市场管理特色就是分好地并分好钱，公司制定一套体系去管理。到 2003 年 7 月，太阳石的全国销售网络基本形成了市场管理的核心团队，很多人问我，我也没有统计过，公司也不知道有多少终端推广员，我仔细数来就管着东三省 2 人，内蒙古 2 人，北京 1 人，天津 1 人，河北 1 人，山东 1 人，山西 1 人，西北五省 1 人，河南 1 人，安徽 1 人、江苏 1 人，湖北、湖南、浙江 1 人，江西 1 人，广东、福建、海南各 1 人，广西 1 人，贵州 1 人，重庆 1 人，四川 1 人，云南 1 人，上海 2 人，南京 1 人，公司的核心品牌好娃娃、康妇特就是由 24 人组建的市场团队来运作的。另外由于历史原因有三个编外代理销售康妇特栓，也就是说不参加公司的营销会议。

公司只管理这 24 个人，而整个市场人员的招聘和管理公司不参与，不管理，不发工资，某种意义上说就是建立 24 家分公司，开始以一级组织来建设。员工的工资标准根据当地市场随行就市，推广费用由 24 名经理说了算数，节约了由自己负责。

24 个人对市场管理负责，窜货公司也只处理整个市场，而不是窜货的某一个人。区经理对公司的目标负责。

这个模式对所有分部都是一个挑战，要求综合素质非常高，一定是一个懂渠道、懂推广、懂用人、懂财务的全能型人才，对于原来做过一线又做过管理的人会胜任快点，但只要给平台，州部也能出宰相、猛士也能成将军。加上公司给以培训和模板，当起老板来个个都能，除个别人没干好外，几乎都将好娃娃干成区域第一名。

之所以成功，就是大家一起干事业而不是打工的心态，是为企业干更是为自己干，是一个老板带着一群小老板干，国内很多大企业之所以成功与这个也有很大关系。

2. **如何分钱**

这个模式的好处是公司的财务预算稳定，市场经理的财务预算也是很明了，将差价一算，只要知道卖多少盒就知能有多少钱赚，对大家都简单得不得了。因此市场经理在制订计划目标时也很容易设计。我在管理销售的多年时间里，知道销售人员最喜欢的就是要政策明了，干多少能赚多少钱对他们的潜力调动最大。

公司的收回的钱主要花在生产、研发、工厂扩建、全国级的媒介、重点公关活动、管理费用上，剩下的都是利润。

各地市场收回的钱主要花在销售人员费用与提成，媒介与促销上，节省的都是利润。

因此，公司会将费用很好控制，市场各位经理更会找到最合适的人员，促销办法将费用降到最低。

3. 公司总部的混合制管理体系

从以下结构图可以看出

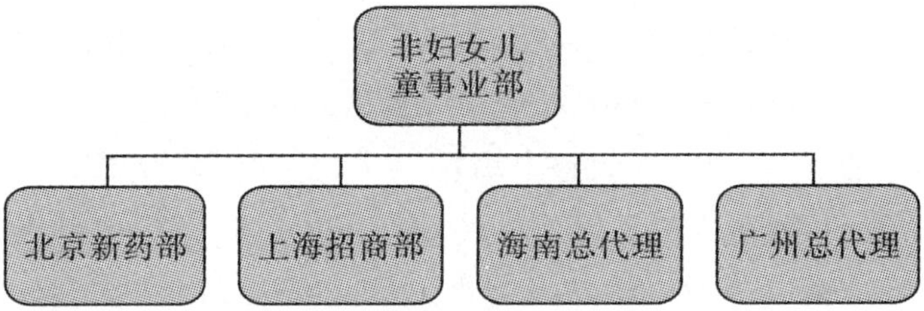

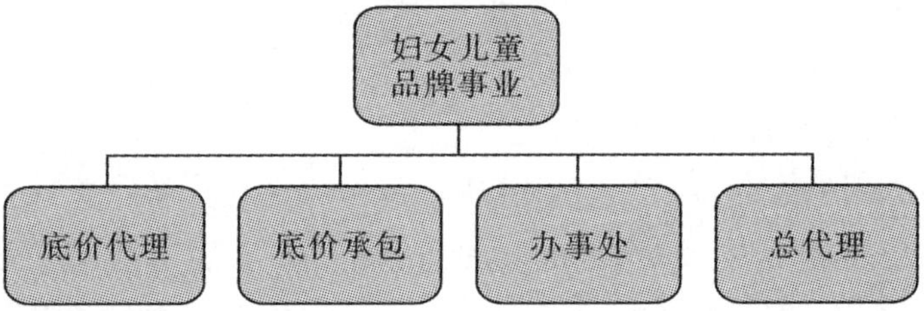

这种体系最难的是开营销会议，如2001年我第一次组织时的情形还历历在目。比如：我开一个全国经理会与全国各地经理签合同：只有一个合同文本是统一的，里面只包括三个统一：商业定价全国统一、品牌传播统一、市场保护统一，其他全部放开。每个市场的协议都不同，有的是A+B，有的是A+C+H等，但是确能很好地处理共性与个性的关系。只有把握了共性，管理就会很简单，如果我告诉您我离开太阳石药业后不要人管营销队伍也能高速成长您更不会相信，小公司大事业应是更多中小企业的一个追求，即一个小总部确有一个大市场，就像李嘉诚旗下的TOM公司近十亿元的营业额，总部只有九人。

4. 区域混合制体系

市场经理也根据公司模式制定了相应的混合制，中心城市工资制、小城市代理制，或者还有底价承包制，这样也很快整个了各种营销资源。

第十章　畅销产品的营销解读

只有了解了好娃娃的营销解读，您才能知道好娃娃为什么先于大企业畅销，这个对小企业是启发，对大企业是教训。

第一节　好娃娃先于大企业畅销的产品解读

1. 如何理解产品

产品，就是从消费者那里换钱的一样东西，它可以是有形的东西，也可以是无形的东西，在制造行业里它一定是包含了以下几层含义：

（1）能够提供一个给消费者的外观感觉。

（2）能够提供给消费者实在的利益。

（3）能够为消费者提供一定消费感受。

从某种意义上说，第二点是产品本身就应有的功能，它是各个企业难以加以区分的地方，第一点由于企业不同，设计不同它会形成一定的差异和消费者对此的感觉，但是目前很多的企业在这个层面还是非常低级，还不知道“人靠衣装马靠鞍”的道理。第三点需要企业进行差异化的品牌营销来进行沟通完成。最难的就是第三点，如果能够形成此等感受等于是在消费者心里占了一个位置。

2. 好娃娃核心产品的对比

好娃娃到底是什么？这个问题才是我们营销要解决的问题。

首先我想跟大家先分享好娃娃的当家品种好娃娃小儿新速效感冒颗粒的营销经验，2003 年下半年起更名为小儿氨酚烷胺颗粒。

当时中国的儿童感冒药最大的品种是什么，这个问题不了解就不会了解好娃娃为什么会成功。当时在中国市场上销售好的品种就是当时以最为畅销的第一儿童感冒药品牌护彤牌小儿速效感冒颗粒，像当时的海王等企业基本上都是推这个品种。整个全国有200多个批文，非常多的企业在生产，占领了儿童整个感冒药95%以上的市场终端及绝对大的市场销售份额，到今天为止，依然是儿童感冒药品类的老大，为什么呢？因为全国有200个左右大大小小药厂及代理商在推广这个品种，它就是小儿速效感冒颗粒（2003年后改为了小儿氨酚黄那敏颗粒），只要是给孩子买过感冒药的对其都不会陌生。

那到底这两个产品有什么区别呢？

我们先看看他们的成分、产品性能及药理有何不同。

小儿速效感冒颗粒（小儿氨酚黄那敏颗粒）：

【主要成分】：本品为复方制剂，每袋含对乙酰氨基酚0.125克，马来酸氯苯那敏0.5毫克，人工牛黄5毫克。辅料为：蔗糖。

【药理作用】本品中对乙酰氨基酚主要通过抑制前列腺素的合成（抑制前列腺素合成酶）及阻断痛觉神经末梢的冲动而产生镇痛作用，后者可能与抑制前列腺素或其他能使痛觉受体敏感的物质（如5－羟色胺、缓激肽等）的合成有关。解热作用是通过下视丘体温调节中枢产生周围血管扩张，通过增加皮肤的血流、出汗及热散失而起作用。马来酸氯苯那敏为抗组胺药，有竞争性阻断组胺（H1）受体作用，减轻过敏症状，能缓解感冒所引起的鼻塞、流涕、打喷嚏等症状。人工牛黄具有解热、镇惊作用。

【适 应 症】：适用于缓解儿童普通感冒及流行性感冒引起的发热、头痛、四肢酸痛、打喷嚏、流鼻涕、鼻塞、咽痛等症状。

【作用类别】本品为感冒用药类非处方药药品。

【适应范围】：1岁以上儿童

小儿新速效感冒颗粒（小儿氨酚烷胺颗粒）：

【成分】本品为复方制剂，每包含对乙酰氨基酚0.1克，盐酸金刚烷胺0.04克，人工牛黄4毫克，咖啡因6毫克，马来酸氯苯那敏0.8毫克。辅料为：略

【药理作用】对乙酰氨基酚能抑制前列腺素合成，有解热镇痛的作用；金刚烷胺可抗“亚－甲型”流感病毒，抑制病毒繁殖；咖啡因为中枢兴奋药，能增强对乙酰氨基酚的解热镇痛效果，并能减轻其他药物所致的嗜睡、头晕等中枢抑制作用；马来酸氯苯那敏为抗过敏药，能减轻流涕、鼻塞、打喷嚏等症状；人工牛黄具有解热、镇惊作用。上述诸药配伍制成复方，可增强解热、镇

痛效果，解除或改善感冒所引起的各种症状。

【适应症】适用于缓解儿童普通感冒及流行性感冒引起的发热、头痛、四肢酸痛、打喷嚏、流鼻涕、鼻塞、咽痛等症状，也可用于儿童流行性感冒的预防和治疗。

【作用类别】本品为感冒用药类处方药药品（2004 年以前）。

【适应范围】：3 岁以上儿童（2004 年以前）

所有的东西最怕拿到一起来对比，一对比就知道许多为什么了。

3. 为什么大药厂有这个批文大家都不进行推广呢

当时有这个批文的厂家一共有 16 家，其中大企业有华北制药、神威制药、神奇制药、仁和制药、先声医药等，可是就是没有一个厂家来进行大的推广，当时在全国最先操作这个品种的只有沈阳津昌制药，其他都是小药厂，也没人研究推广这个产品。

几个方面的原因：

第一，就是对这样一个小品种大企业没有放在眼里，就不可能去研究这个品种。

第二，产品含有咖啡因成分，担心消费者对这个成分会敏感。

第三，当时这个品种不是国家标准，担心升不了国标就会将这个产品批文取消，风险太大。

第四，当时又不是 OTC 批文，而国家提出 2003 年年底，产品不是 OTC 批文就不能进行大众媒体宣传，担心未来不能进行广告运作，做不了宣传，这个产品就不可能做大。

第五，3 岁以下儿童不能服用，限制了这个药品的推广。

就是这样 5 个理由，让好娃娃一个品牌开始了一个产品的推广，避开了和大企业的同台竞争，到 2004 年仁和制药开始进行推广时，好娃娃的销售额已经达到 2 个多亿，成为了儿童感冒药中的第二畅销品牌，比护彤稍为小了一点，但在很多的区域市场上好娃娃已是第一畅销品牌。

4. 太阳石药业为什么要推广这个品种呢

事物总是一分为二，不同的思维方式决定了事情的走向。在积极者眼里，看到的都是好的东西，坏的东西看到了也会想办法去化解。这就是辩证法，好中有坏，坏中有好，随着环境和条件的变化，都是可以转换的。

第一，感冒药市场是常见病、高发病市场，是儿童药品第一的市场，当时我们只有这个感冒药，我们必须进行推广。

第二，为什么国家给这个产品叫做小儿新速效感冒颗粒，就是因为它的产品成分及药理作用与原来的小儿速效感冒颗粒不同，它增加了抗病毒成分，可以治感冒、防流感，是一个防治接合型的产品，应当有更大的市场空间。

第三，咖啡因，当时确实是构成了推广的障碍，很多的终端药店提出，小孩吃了会不会成瘾，当时我们也是很为难，为了这个问题苦思冥想，我们发现了一条线索，咖啡因，我们常吃、常喝的产品中那一个含有咖啡因呢，就这样，关联出了可乐，后来我们发现 6 毫克的咖啡因就不过是一口可乐的含量，就这样，一个好的创意就解决了这个推广的障碍。

您的孩子喝可乐吗？不要害怕，就是一口可乐的含量。

而且咖啡因为中枢兴奋药，能增强对乙酰氨基酚的解热镇痛效果，并能减轻其他药物所致的嗜睡、头晕等中枢抑制作用。

后来我们进行了消费者调研，几乎没有孩子不喝可乐的，一个障碍从此被踢开。

第四，当时这个品种的确不是国家标准，担心升不了国标就会将这个产品批文取消，但是我们坚信，当时大规模的地标升国标在开展，加上我们的销售量摆在那里，又没有不良反应投诉，一定能换成，因此，我们进行了标准的第一个修订、论证及申报，也成了第一个该产品的国家标准。

第五，当时确实不是 OTC 批文，而国家提出 2003 年年底，产品不是 OTC 批文就不能进行大众媒体宣传。我们也想去申报，但是我们放慢了步法，如果这个 OTC 批文提前被批准，可能我们会提前引起这个产品的竞争，对我们非常不利，因此只到 2004 年确实严格执行 OTC 广告政策时，我们才第一个将 OTC 批文拿下，后来随着我们的申报成功，后续不断有厂家跟进，这个产品的竞争开始加剧，所有厂家都开始生产这个产品，加上规格代理，品规达几十个，但这时我们已基本上成为了儿童感冒药的第一畅销品牌。

因此，能够控制竞争的节奏是好娃娃感冒药成功的一个关键点之一。

第六，3 岁以下儿童不能服用，限制了儿童药品的推广。我们在推广的时候也遇到了这个问题，但是我们加快了再研发的步伐，在新的标准申报时，我们的临床研究的结果是 1～3 岁儿童是可以服用的，可以说，这个产品能做大，与好娃娃主动论证这个课题是分不开的。

第七，小儿新速效感冒颗粒这个名字本身就是一个传播的卖点，好娃娃的前四年的推广可以说是赚了这个“新”字很大的便宜，它对消费者进行了一个很好的心理暗示，让大家觉得更有科技含量，这个是其他后来跟进的厂家没法得到的，这个天时是不可复制的。

综上所述，我们对这个产品提出了新的销售主张：抗病毒、防流感、治感冒；新时代、新选择；好娃娃牌小儿新速效感冒颗粒。

随着好娃娃全国市场的推进，后来又进行了大量的系列化产品的引进，到2005年引进了另一个儿童市场的大类产品，小儿化痰止咳颗粒，前期由于多方原因，推广不利，到2006年年底重新进行“主副品牌策略”应对才得以成功。

在推广的过程中，好娃娃错过了另外一个大类产品的推广，就是退烧药尼美舒利颗粒的推广，这个产品在1999年就开发出来了，当时定位为处方市场，为什么呢？因为这个产品虽说退烧快、不反复，但是副作用太大，必须医生开方，当时公司本着对孩子负责的态度，没有在OTC队伍中来开发，但是就是这样一个决定，确成就了另外一个大的儿童制药品牌海南康芝，其凭着2009年1.84亿的瑞芝清尼美舒利颗粒单品销售成了创业板上的奇迹。

但成也萧何，败也萧何，2011年海南康芝由于瑞芝清尼美舒利事件跌到低谷。

第八，进行专利保护是好娃娃对产品的市场保护的一个主要课题，这里包含了发明专利、制备方法专利，实用新型专利等，在后期打击仿冒对手时起到了很好的作用。

第九，狠抓产品品质，好娃娃的制剂水平我认为是目前国内药厂最好的，无论从颗粒的均匀度、快速溶解、口感、疗效都是最好之一，否则也不会成为全亚洲最大的颗粒剂生产基地。

“喝奶就要哇哈哈，吃药就要好娃娃”是云南、湖南的民间总结，证明了好娃娃的产品是最好的。

第二节　好娃娃长期畅销的价格解读

价格，在我看来主要分为两个部分。

一是消费者购买产品所需的成本，它应当是一种能让消费者乐意购买的成本，消费完以后没有上当的成本，乐意重复消费的成本。

二是这个产品的定价应当让所有推广与管理这个产品的环节都有利可图。

当时在产品定价的时候，公司可能考虑了这两个因素，并且对小儿药品进行了一个调查，在儿童药品中，家长更多的是看重产品的疗效、口感、安全、品牌问题，对产品的价格敏感度低，而且价格太便宜的药品，许多家长都不敢去选择，除非条件太差的家庭。因此当时的整个定价都是比较高的。我们在推广的过程中说价格高的地区较少，因此我们一直坚持中高价位。

一个产品要推广成功，如果大家都无利可图，这个产品的命运肯定是走向衰落、甚至死亡。在一组数字的解密中已经讲得很清晰，这里不多讲述了。

产品营销一定是一场分钱的游戏，只有游戏各方都比较满意才能成功。

好娃娃10年间不断持续畅销的关键在于分钱游戏的成功，尤其是10年内对队伍的政策稳定，调动了大家的积极性及所有潜能。

为什么好娃娃的后期及太阳石的其他产品没有成功，很大原因就是分钱没分好，以为品牌有名声了，企业所有的新产品就都应当更多赚钱，于是给推广队伍的价格过高，打击了大家的积极性。这个在很多做到的企业中非常常见，没有后利思维是很难将新产品让大家推广的。

可以肯定地讲，如果销售队伍大多数不满意，产品销售想成功是非常难的。

面对新的医药市场环境，随着连锁的崛起，会更多地改变着企业的价格体系，但是有一点，要想产品成功就要最大可能地减少价格冲突，让各方都基本满意。

第三节　好娃娃的渠道思考

渠道，在消费者看来就是如何便利的能够买到产品，如何便利就是厂家如何将产品放到终端的过程。

在中国做产品、做品牌更大程度是做好渠道，因为中国的渠道太大了，同时也太复杂了。

如何快速地建立渠道是企业成功的关键点之一。

看看好娃娃的前期阶段是怎样快速建立渠道的。

建立渠道的第一步就是建立销售网络，对于一个中小企业来说，想拿出像外资或大型国企一样的费用来建，很多中小企业都是做不到的，因此在一组数字的解密中，以及整个开发好娃娃的三年实践告诉我们，整合一支团队采用混合型的办法来开发市场是中小企业用得较多的办法，可以这样说，这个办法将长期存在下去。

第二步，在好娃娃走俏长株潭，以及广东市场的开发、天津市场的开发里都大量谈到了好娃娃的分销，应当会对大家有所启发。

目前的环境已经发生变化，如何防止渠道冲突应是企业更多研究的课题，不能照搬别人的东西，只能根据产品及具体情况而定。

无论全国市场开发还是区域市场的终端开发，点、线、面的策略应当是一个符合中小企业的渠道开发策略，因此提醒大家，渠道在变化，创新要跟进。

第四节　好娃娃促销解读

促销，有人说就是让消费者产生购买的办法。我认为不全面，促销应当是让客户“乐意销售”及消费者“乐意购买”的双重行为。

企业应当解决两个层次的促销问题。解决消费者问题是本，解决客户问题是关键，两者缺一不可，相辅相成，尤其是在新产品的上市过程中尤为重要。

促销最为关键的点在于让别人信您。

如果一个客户对一个企业不相信，他就不会经营或努力经营您的产品，如果一个消费者不信任一个品牌，就不可能去购买，即使被忽悠购买了，以后一定不会重复购买。

那么一个企业在设计促销体系的时候就应当解决的促销问题如下。

必须让销售推广队伍信您，如何让他信您，在好娃娃的推广过程中应当是演绎得非常清楚，就是从以下几个方面来解决。

（1）事业留人：让大家当老板，为自己干。

（2）感情留人：经常的沟通、关心。

（3）利益留人：让大家能够通过平台过上体面的生活及进行股权激励。

（4）一个明确的战略规划、愿景目标及高效的组织保障。

（5）告诉他如何搞定客户、如何搞定终端、如何搞定消费者的办法。

（6）市场能够得到保护，让他看到办法和行动，在好娃娃做大的过程中，只要谁侵害了别人的利益，就得接受罚款，不接受就得走人。贵州办的王经理由于对部属管理不当，部属窜货到云南，当部属没钱赔时，想通过协商免赔，我们告诉他，贵州您是总代，您不负责谁负责。后来王经理想通了，加强了管理，也看到了公司的认真保护态度，不仅交了罚款，还进行了人员扩编，目前他不仅是贵州药品经营里最大的客户，同时也通过好娃娃的积累创办了两家企业，成为了一个企业家，贵州省的十大杰出青年。

好娃娃的消费者促销工作是全体团队不断摸索，并在2003年形成了好娃娃特色的促销体系。

16个字：高空点缀、低空突破、中空配合、公共关系。

由于企业及各级市场的资金紧，对于现金的支出必须小心，低成本开发市场永远是企业应追求的，尤其是中小企业。

所谓“高空点缀”是指在市场推广的过程中电视、报纸杂志、电台，车身、路牌等硬性广告是点缀性的，在资金的投入上是相当有限并有技巧的。到太阳石药业销售突破6个亿时，太阳石总部的广告支出依然不超过N%这个数，而且这个比例一直没有超过。

好娃娃的全国媒体投放是在2003年下半年才较大规模开始的，是一种火上浇油的行动，但在2001—2003年公司一直在中央二台《幸运52》做一些品牌广告，开始就一个康妇特栓或太阳石药业的品牌宣传，其对消费者的作用是非常小的，那为什么要上中央台，目的只有一个，想告诉大家太阳石是想做中国大品牌的一家企业，让销售队伍有信心，并满怀信心去向渠道、终端、店员说我们是要做中国大品牌的，目前好娃娃没有上广告，是铺货率不够，等时候到了自然就会上，就这样提高了整个渠道的动力。

2003年后好娃娃在中央台的广告从1～12频道都有，看上去很多，但都是特差时间段，快0点，早上8：00，中午12：00，我想看到的人也不多，更多的是当我们把排期表给到所有客户时，大家的信心更高。

另外，反思好娃娃的产品都是常见病，加上好娃娃商标很容易记住，低的广告投放是可行的。其他新品可能要记10次才记住，好娃娃的广告看到1～2次就能记住这个品牌。

而各地的高空点缀由各地区经理组合，公司检查投放比例。这样就确保了各地市场因地制宜地开展了高效的传播，目的就是保证销售目标完成就行。

因此在2004年起，大家感觉好娃娃开始了传播促销。其实从一开始用得最多的还是低空突破。

所谓“低空突破”是指根据市场的实际情况开展一系列化的终端、幼儿园、社区的推广活动及传播行动，使好娃娃的认知度提高，并最终达到好的销售额。为此公司专门写作了有关药店、社区搞活动的培训教材发到全国各地经理手上。如我们前面提到的开展的系列化及陈列比赛，以及我们开展的社区活动。

首届唐山市“太阳石杯”社区文化艺术节开幕式活动策划及实施办法

一、活动的时间及地点

2002年8月18日（星期日）晚19：00—22：00，唐山抗震纪念碑广场。

二、活动人员：略

三、活动内容

1. 儿童画面。

2. 咨询服务及资料派发。

3. 派发气球及不干胶粘贴。

4. 企业及产品展示与宣传。

5. 饮水提供。

四、物资准备及其他准备

1. 市场部的企业产品的展示架，市场部经理负责。

2. 销售部的各产品的展示架，各产品空盒及展台，气球，好娃娃产品资料及其他，帽子、广告品、广告衫，销售部经理负责。

3. 人力资源部的条幅，水，儿童画面用品，气筒的准备，部门总监负责。

4. 车由办公室主任负责。所有物资必须在8月15日准备齐，并列清单，以防活动当日会丢三落四，在这之前要落实好，谁负责谁承担责任。

现已有物资：市场部的企业产品展架及好娃娃及康妇特的展架，销售部的部分产品展版、展台、产品资料、宣传品及产品空盒。

没有物资：气球和广告衫，气球从湖南暂调，广告衫要落实人员数量和体形。条幅、水、吹气球的汽筒、画画用的用品。以上东西由各负责人确定数量，时间为8月5日以前，交采购部经理统一采购。

人力资源总监与销售总监落实与大会组委会及媒体的联系，争取最早知道组委会的要求及广场的主会场布置以便确定我们的布置方案。

五、人员分工

组长只决策和监督。

执行组长全面负责落实与监督，其他组委会人员必须无条件服从调遣。

现场分工：市场部人员及销售部的内勤负责咨询服务及资料派发，负责人为市场部经理。现场画画者由人力资源部总监负责。派发气球及不干胶由销售部经理负责。企业产品展示及宣传由销售总监负责。现场安全由办公室主任负责。

六、其他要求及注意事项

为办好每一项内容工作，每一项目负责人都要在活动开展前准备操作细则，8 月 5 日前交执行组长。

建议：广告衫以太阳石的 LOGO 为准印染。条幅的广告词为：康妇特，全面呵护女性健康，好娃娃，帮助孩子健康成长。太阳石药业，永远的温暖。

8 月 16 日星期五，各负责人全面检查工作是否到位，执行组长再次落实会场布置以确定我们的布置方案。

8 月 17 日组委会必须开碰头会，再次落实方案及检查物品。

8 月 18 日中午 13 点所有人员开会，宣布方案细节及注意事项。

地址已改体育馆，气球已准备就绪。请考虑您分管的这块事情的细节。

这个活动是从 2002 年开始的，最后通过各地市场的不断总结提高，逐步演化发展成为了两个系统，一个是地面低空推广体系，一个就是后来的大规模的公共关系。

地面推广的作用除了促进消费者购买外，更多是坚定了渠道及终端的信心。

所谓“中空配合”就是公司的特色网站加上行业报媒、杂志的长期宣传，像《中国药店》、《医药经济报》、《采购指南》、《中华儿科》等杂志不断对行业进行宣传，让医生、行业人士关注这个品牌，其实在中国一个品牌如果行业人士都知道了并认可，这个产品应当最少过亿。

同时建立公司的网站进行妇女儿童健康知识传播，企业及产品传播，有力提升了公司的品牌。

“公共关系”就是长期和妇联、关心下一代协会及各级政府的主管部门，围绕产品的核心价值观“康妇特——全面呵护女性健康”，“好娃娃——帮助孩子健康成长”开展系列化的活动，培养品牌信赖感，一个最高级的品牌一定是受消费者信赖的。这个是2007年中国医药报的一个对太阳石的专访，“四大平台”关爱社会健康事业，可以清晰地看到太阳石是如何开展公共关系的。

太阳石药业自1996年成立以来，在取得良好经济效益的同时，不忘回馈社会。作为专业的妇女儿童药品生产企业，他们坚持以关注妇女儿童的身体健康为主旨，积极参与并开展社会公益事业，以真情回报社会，开创了专业化特色营销之路。太阳石药业通过开展四大公益活动受到了社会各界广泛的赞誉和肯定。

儿童健康教育平台：

从2001年起至今，太阳石药业每年与全国妇联“心系好儿童”活动组委会联合开展“好娃娃家庭小药箱”儿童健康教育系列活动，旨在提高少年儿童的身体健康素质，帮助家长树立正确的儿童健康理念，普及科学的儿童疾病预防、护理和用药常识。此项活动每年面向数千所幼儿园开展健康知识讲座，辐射全国60多个大中城市，免费发放200多万册《好娃娃家庭小药箱知识手册》。迄今为止，受益家庭已达8000余万户。

儿童素质教育平台：

从2004年起，太阳石药业每年与中国关心下一代工作委员会等单位联合举办好娃娃杯全国少年儿童书画作文大赛，该活动的目的是为全国2.4亿青少年搭建展示才华的舞台，一方面为启蒙孩子的艺术天性营造一个全面成长成才的和谐氛围；另一方面弘扬中华民族的传统文化。

至今，好娃娃杯全国少年儿童书画作文大赛已经成功举办了4届，每届均在社会上引起强烈的反响和广泛好评，目前已经成为少年儿童的艺术盛事。大赛还邀请孩子喜爱的中央电视台小儿节目主持人董浩、“金龟子”刘纯燕作为爱心大使，他们出席了每届活动的启动仪式，与小朋友一起创作、联欢。每年活动都会收到全国各地作品80多万份，已累计收到320多万份作品。太阳石药业对收到的作品都建立了客户档案，定期通过短信、邮寄等形式传播安全用药知识。

“中国关心下一代工作委员会”的一位领导在评价这一活动时说，该活动始终体现“爱”这个思想，表达“一起成长”这个主题，让孩子们既学会了“给予爱”，又有了“体验爱”的感受，更体会到了“回馈爱”的乐趣。该活动的开展，为全面提高我国儿童素质教育开辟了一片天地，为孩子们营造了学习成才的良好氛围，也为他们茁壮成长发挥了积极作用。

女性健康知识和育儿经验交流平台：

从2005年起，太阳石药业每年和全国妇联“中国家庭文化研究会”、“中国妇女报社”联合举办“太阳石杯”智慧新妈妈、健康好娃娃评选活动，不仅向儿童家长普及了健康知识，更给广大母亲提供了一次交流育儿经验的广阔空间，为母子间搭建沟通交流平台。活动主要针对妇女、儿童，以母子互动的形式共同完成问卷，向公众传播科学的健康知识和育儿理念。该项活动已成功举办三届，目前正在举办第四届。每年活动组委会都会收到全国各地的问卷100余万份，累计已回收400余万份问卷。

全民用药安全教育平台：

从2007年起，太阳石药业与中国非处方药物协会等单位共同举办“好娃娃健康计划”——全民用药安全社区教育宣传表演活动。通过在各地开展声势浩大的社区活动，开展科普知识讲座，传播健康、文明的人文理念与道德观念。第一届活动已在全国25个重点城市开展，通过“社区宣演活动”和“科普知识传递”，向社区居民普及科学安全用药常识，防止滥用抗生素，关注儿童用药安全问题，关心和呵护儿童的健康成长，直接受众达6万人次。目前，太阳石药业正在举办第二届活动。

在太阳石药业发展史上写道：“面对勤劳不辍、默默付出的天下母亲，我们是她们的孩子。伟大的母亲，付出一切，孕育未来。我们的妇女健康药品，是我们回报母亲的寸草之心。面对无忧无虑、充满希望的孩子，我们是呵护他们健康的父母。每一个孩子的健康快乐，是天下父母的心愿，是太阳石的心愿。为她们的生命健康贡献一系列优秀药品，是太阳石神圣的使命。”太阳石药业总经理说：“这段话深深烙在我们企业每名员工心中，这是我们回馈社会的真心表白，更是我们的夙愿！”

“太阳石杯”智慧新妈妈、健康好娃娃评选活动，不仅向儿童及其家长普及了健康知识，更给广大母亲提供了一次交流育儿经验的广阔空间，为母子间搭建沟通交流平台。

下篇：打造畅销品牌道与术

掌握道就会游刃有余，掌握术就会攻无不克！

第十一章 创建畅销品牌的十八个规则

只有将产品做成畅销品牌，企业才能获得真正的品牌溢价，作为一家企业做品牌您最真实的动机不就是为了长期的高溢价能力吗？所谓畅销品牌最大的特征就是四个字：多、快、好、省。

何谓多：生产多、销售量多、销售额多、销售渠道广及深。《中国药店》在2006年对好娃娃调查时，终端上柜率达到93%以上，试想这么高的上柜率还不成为最畅销品牌可能吗？中国经营药品的终端有100万个以上，如果都经营某一品种，这个品种不成品类第一都不可能。这也是许多跨国公司真正成功的秘密，一切营销与品牌推广都围绕产品“上柜”与“上量”展开。

何谓快：企业出货快，库存量极低，记得在市场开发的前三年我们主导品种基本上做到零库存，另外在渠道出货也是很快的。

何谓好：消费者说好是最重要的，其次就是推广团队有利可图，当地政府税收大增长说好也很重要，最后企业应是最大的赢家，至于渠道是否有利及较为满意，是否说企业好，这个只要满足行业分利规则就行，当然与企业家分利思想也有一定关系，不是一个策划人可以控制的。

何谓省：也就是说所有环节卖起来省力。一家企业要成就一个畅销品牌他必须遵循以下规则才有可能成功。

第一节 让品牌自己说话

名可名、非常名；无名、万物之始；有名，万物之母。做任何一件事，一定要有吸引力，取一个好名字是做好一件事的开始，看看下面的大品牌名，我们可以总结取名的六个特点：

康师傅、娃哈哈——食品业的强势品牌；正大、希望——农业产业化强势品牌；联想——IT业强势品牌；好娃娃——儿童药强势品牌；千金——女性健康强势品牌；可口可乐、百事可乐——可乐强势品牌；美的、海尔——家电业的强势品牌。这些品牌都是中国每一个领域的大品牌。

因此，作为一家企业要将产品及品牌做大做强，一定要尊重规律才能做大，以下六个取名的法则是做大品牌的关键，要让品牌自己会说话。

第一易认：名字一定要简单，容易识别，如好娃娃、康妇特、葵花等，都是老百姓最易识别的文字，如果一个商标的文字很复杂，或有大众不能识别的文字，这个商标就一定有难度，胃药斯达舒如果不是一个好的四大叔的创意，估计很难成功。

第二易记：如果一个名字说一遍就被人记住，您的广告费将会减少不知多少，因为一个广告从看到到被记住的平均概率是 27 次，而好娃娃只要看到一次或听到一次就会基本被人记住，很多人以为好娃娃打了很多广告，其实比例是很低的，不超过销售额的百分之几，而较难的名字就会让广告费倍增。

第三好读：读起来朗朗上口，才能很好地让人记住。娃娃，一个非常口语化的名字，一个在老百姓口中经常提到的名字，当加上一个好字时，读起来更加朗朗上口。因此，能够取一个口语化的名字更能让人轻松记住。

第四好听：一个名字听起来让人舒服也是促进记忆的关键，如果不让人舒服，别人就会拒绝记忆，那么企业的广告费就会大打折扣。

第五相关性：比如医药品牌创建，一定要让人感觉这个品牌是一个医药类品牌，是与健康与疾病相关的，这样更有利于医药品牌创建，大家好好回顾一下这几年最成功的医药品牌就知道了。

第六暗示性：即名字会有一定的功能暗示，比如好娃娃、千金、康妇特、铍宝等。

这六点共 14 个字便是品牌取名的六大特点，它会极大降低传播费用，好的商标自己会说话。为什么好娃娃可以用较少的广告费就能够让人记住并成为第一品牌，就是因为娃娃是老百姓的口头语言，好娃娃正是人们喜爱的。

第二节 品牌法律保护是畅销的核心基础

好的商标一定是稀缺资源，目前 2 ~ 3 个字的好商标想取名成功的概率越来越小，在中国市场上因品牌规划及法律保护不够而吃大亏的企业多了去，如某个企业原来也吃亏不小。

1999年以前，××的前身叫NN药业，在某地方工商局进行了企业商号注册，但是这个商标没有去国家工商局商标总局注册，后来这个商标被山东一家企业抢注，随着NN不断做大的过程中，准备打造NN企业品牌时，才发现商标没有注册，当时NN药业的销售已经很大，NN的广告也投入了很大，这时NN总经理想买回来，可价格从A00万谈到N000万都没有买回来，这时才逼着NN总经理将企业进行更名，用了其儿子的名字××进行注册，将自己儿子的名字改为了CC。并动用G个亿来打造××品牌，同时进行了××品牌的核心价值理念规划，可惜的是，毒胶囊事件让这个成功的企业品牌宣传再次败北。因此进行市场调研论证品牌的命名和规划的科学性是企业战略问题，一定是老板、总经理和营销高管要认真对待的。

2000年时好娃娃产品只进行了第五类药品的注册，当时我一进入太阳石就敏锐地感觉到这个商标的价值，其完全可以做成一个巨大的产业链，即使不用还可特许使用，当然不用也可以封杀李鬼，于是我们对除婴童用品外的所有与儿童可以关联的类别都进行了注册，因为当时的婴童用品已被台州某企业注册，这个举动为后来申请中国驰名商标做了很好的准备。关联行业注册可防止李鬼跟进及进行未来的品牌延伸，比如：第五类的产品最好把第三类，第三十类进行注册，如果可能还可以作更大一点的保护。

做大过程中国际注册以利开发国际市场。如《马德里》协定等。跨国注册、洋商标注册等，在市场化不断竞争的今天，国内竞争已经国际化，有大梦想的企业要有此考虑。

另外，在商标注册时如果可以考虑未来的营销传播、产业规划就更好。还有一个问题也是企业常常发生的，商标还不知道能否注册成功就大打广告，结果注册不下来，企业损失惨重。

另外还有一点是需要去提醒企业，商标没有绝对把握的时候不能大打广告，否则亏得厉害。商标转让一定要请专业机构办理。另外如果商标是注册在别人名下一定要过户到自己名下来以后才能打广告。这样的事情我在咨询的过程中也是碰到的，品牌销售已达几千万了商标还在朋友名下，后来我提醒其变更，否则做大了又会有一场争夺，朋友都没得做。

商标转让一定要按法律程序；如个人的转让，如果转让方已结婚，转让方一定要夫妻双方签署法律文件，否则无效，当然最好请商标事务介入最好，确保无法律纠纷。

第三节　建立品牌体系累计传播效果

1. 统一 VI 及传播

设计极具美感及传播力的 VI 手册及统一的传播体系，并要求全公司内外统一遵循。试想一下，如果一个有几十个或上百个产品的企业有近百个包装风格，并且没有一个统一的 LOGO 会是一种什么状况。试想您的传播设计如果千变万化，在信息泛滥时代，消费者如何记住您。因此只能长期的简单重复才能够让消费者记住您，否则就不会有品牌累积。

我在许多培训场合都拿军队来讲 VI，我说您是凭什么来认识中国人民解放军及其陆海空三军的，大家齐声告诉我：八一的军徽及绿色、蓝色、白色的格式服装。

那么我们的包装为什么不学学解放军，形成统一的标记及格式包装呢？为什么不让人看到您一个包装和看到 100 个包装都有关联呢？

包装符号化是一种趋势。

2. 制定好品牌架构策略

统一品牌即产品品牌与企业品牌重叠；主副品牌即企业主品牌与产品品牌不同；族群品牌即一个产品系列一个品牌；产品品牌即一个产品一个品牌；以上品牌策略是常用的四种品牌架构，都有优劣，但是企业在做品牌时一定考虑好与自己的产品战略相结合。如太阳石药业就采用了康妇特：全面呵护女性健康；好娃娃：帮助孩子健康成长为主的族群品牌策略，并获得了空前的成功。一旦确定品牌架构策略就一定要长期坚持，不可中途调整，否则将无法累计品牌资产。

3. 品牌核心价值观的长期坚守

如海尔的真诚到永远；太阳石的永远的温暖；好娃娃的帮助孩子健康成长；企业的所有传播都围绕核心价值观进行长期的传播。从营销、公关、广告、新闻、终端生动化等方面做到统一、简单、重复。

4. 建立品牌形象商标系统

如好娃娃采用形象商标策略并不断坚持 10 年，让大家一看就知道是好娃娃。脑白金的老头、老太太的卡通，米其林轮胎的轮胎人卡通等。这些品牌没有请代言人，同样都是行业最为畅销的品牌，并且绝对不会受不良代言的影响。

第四节　挑选合适产品才能打造畅销品牌

1. 合适

产品质量要好而且长期稳定，否则出现三鹿事件，所有品牌传播就全部打水漂。市场容量大，否则您的广告分摊成本太高，如太阳石药业没有好娃娃的崛起，最多就是一个一般的企业，估计很难突破 2 亿元，因为其第一个品牌康妇特的年销售盒数高峰期也不到 500 万盒一年，而好娃娃系列超过 1 亿盒的年销售量，因此他影响的人群就是康妇特品牌的 20 倍左右，因此可以说没有好娃娃就不会有太阳石品牌的崛起。在药品、化妆品及功能用品行业里产品的疗效及效果非常重要。

2. 聚焦

一定要集中所有力量及资源突破某一品种及品类，面面俱到只会是浪费时间及资源，以“品种育品牌、品牌带品类”是一种较好的传播策略，如好娃娃靠着小儿感冒药做大好娃娃品牌，同时带出了一批千万级的其他产品，并顺势将小儿止咳药又打造过亿。在许多行业无不是这样，对广大中小企业更应如此。如千金片成就了千金药业、好娃娃成就了太阳石。另外在做大的过程中不做到数一数二的水平不可作多元化的品牌延伸。

3. 系列化

产品一定要考虑系列化，在研发时一定考虑和营销匹配，这样的关联推出，能有效降低传播费用，如“孩子常见病、认准好娃娃”牌系列药品，目前好娃娃系列产品多达近 20 个。

第五节　制定合适的传播计划为打造畅销品牌加好油

1. 不同时期不同的传播组合

导入期、上升期、成熟期、衰退期的传播都是有重点的，同时在产品的不同上市阶段，媒介运用、宣传品运用上也应有重点，不能面面俱到，否则也会浪费资金。如好娃娃的传播就围绕："高空点缀、低空突破、中空配合、公共关系"的总体传播思路，不同时期不同的组合。如导入期以低空突破为主，重视产品的包装统一、传播物料统一，终端陈列标准化、产品系列化导入等工作，加强软硬终端工作。上升期进行高空点缀、低空突破、少量公共关系。成熟期"高空点缀、低空突破、中空配合、公共关系"的综合运作，公关的力度越来越大，为的就是能延长品牌的成熟期。

2. **敢为天下先进行新闻炒作**

如美国对伊拉克战争期间，统一润滑油的"少一点摩擦、多一点润滑"，花了很少的钱进行新闻炒作却让销售成倍上涨。

3. **脍炙人口的有声商标、广告歌、广告语**

如20世纪80年代燕舞牌收录机，"燕舞、燕舞、一起歌来一起舞"，"好娃娃生病好娃娃帮，好娃娃让好娃娃更健康"等。

4. **品牌广告重复到临界点**

"好娃娃生病好娃娃帮，好娃娃让好娃娃更健康"，连续五年传播，一直到成为中国驰名商标还在坚持。"劲酒：劲酒虽好，可不要贪杯哦！"

第六节　重视互联网是未来畅销品牌的传播趋势

1. **关键词传播**

将产品及品牌的广告创意做出来，在网上进行检索，将自然收索率最高的词与产品及品牌推广联系起来，和大的网站进行合作，进行网上推广。如小儿七星茶等；

2. **网络推手**

即能够不断提升网络知名度的专业人员，企业与之合作，也能快速提升品牌知名度。

3. **网络促销**

在互联网上经常开展促销，要善于利用焦点及节日。

4. **点击率**

与大的IT企业合作，提高品牌知名度。

5. 网络硬软广告运作

不仅要进行网络硬广告运作，更要利用互联网的软性运作，目前很多品牌都是这样成功的，例如红孩儿、哎呀呀等品牌，用好了互联网，企业快速发展，成为新经济品牌的胜利者。

6. 建立一个好的企业网站

（1）务实为主、务虚为辅，即以服务客户及消费者为主，以宣传企业文化为辅，大家多搜索一下太阳石的网站里面除了传统的页面内容外，还有三个健康平台。

（2）网站一定要符合企业的 VI 体系，即传播统一。

（3）在网上不断提供产品、客户解决方案及消费者解决方案，如 IBM 的网站。

（4）针对客户及消费者公布企业的服务流程，但是一定是流程优化固定下来后，如丽珠制药的网站。

（5）要让客户及消费者一个电话就能找到您，最好有专人管理网站并能及时解决问题。

（6）争取每日更新新闻、以利“搜索引擎的爬虫”快速找到您。如果一个月也没有一两条新闻还不如不要网站，保持一点神秘感。

（7）可以制造一些焦点来提升网站的流量，扩大网站的影响力，也可以争取与焦点结合。

（8）尝试微博营销及微信营销，但是不可以投入太大，很多新东西，如果投入过早及投入过大，企业也不会有太大收益。主要还是要看产品及产品所对应的受众。

目前很多企业靠着互联网快速崛起，淘宝的很多产品的销售量超过了北京所有商店的总和，京东商城也在挑战传统的国美等卖场业态。

第七节　品牌畅销在传播上一定要做好五个关注点

1. 企业一定要找对人

您的传播对象是谁，谁是购买者及决策者。人错了，再多的广告费也是白搭，因此在好娃娃的传播中我们始终将母亲作为第一传播对象，把父亲、老人作为辅助的传播对象，大家如果留意了好娃娃的广告，大家就可以看到，因为70%以上的购药都是由母亲进行的，同时在传播的过程中也大量穿插快乐的儿童，让孩子看到喜爱好娃娃，大量的公关活动也是围绕妇女儿童展开的，如长期开展的“智慧好妈妈，聪明好娃娃”等活动。

2. **要说对话**

消费者到底关心的是什么，这个一定要做调研，而且是在找对人的情况下才能说对话。太阳石药业在第二次战略规划时就将“康妇特——全面呵护女性健康，好娃娃——帮助孩子健康成长，太阳石——永远的温暖”作为核心品牌理念进行了固化，并所有的广告及公关都是围绕这个核心理念展开的。

3. **要找对地**

发布的途径一定要对，即一定要选对媒介及合适的传播组合。如果媒体选错了，您的传播费用将非常高，而且效果也会差，选对则事半功倍。

4. **媒介组合三原则**

不同时期、不同组合；不同市场、不同组合；不同产品、不同组合。不能长期不变，如某一企业开发上海市场，产品已经进入到成熟期后，广告的投放还是按起步期的比率投放，造成广告费浪费，而新开市场也按上海的水平，则造成广告费比率偏低，效果不好。

5. **软硬广告搭配好**

对硬广告的投放要有底线，即最好用销售养广告，用广告卖销售一定要小心。总之不能让广告断了您的现金流，必须要有底线。

我经常看到一些广告策划公司在策划广告时，说只要投了这样多的广告，销售一定会有多少，但是实际上是由于多方面准备不足，广告的效果不好，很多广告代理公司是靠广告费生存的，其对广告投放是肯定偏执的，因此会不够客观，公司的总经理和高管一定要小心。我一直坚持火上浇油的广告策略，广告是为销售服务的，上柜率不够的情况下，广告帮助销售上量是有限的，这把火燃不起来，或者燃不旺。

可能有人会反问我，那哈药为什么可以一打广告产品就能火呢？这个我们要分析其机制，国有企业，钱不是自己的，不打白不打，打好了，业绩上去了，大家多拿奖金。打不好，销售量上不去，最多被换掉。另外，哈药是从整个集团提取一定比率打一个产品，虽说某一产品的量上不去，但是整体产品线受益，而作为不到1亿元的中小企业，您能和哈药比吗？因此用销售养广告是大多数中小企业的选择，好娃娃也是从销售进入到一个亿后，按第二年2个亿的一个比率来提取广告开支的，风险是可以控制的。如果借钱打广告，就像赌博，一旦输了，企业将非常困难。

第八节　畅销品牌的最实用法则：产品就是最好的广告

1. 包装广告化

将VI导入包装，加强陈列效果，以利包装传播，降低传播成本，在快消、密集分销类产品，消费者能够从一个产品就能认识到另一关联产品将会降低传播成本。好娃娃的包装就是完全VI化的，并且将长期坚持使用形象商标，所有广告传播上都会有形象商标的存在，10年的坚持得到了很好的回报。并且获得了第一个中国儿童形象类中国驰名商标。

2. 上柜率的高低决定了产品传播的效果

任何一个大品牌都有高的上柜率，因此，硬广告一定要考虑上柜率这一个重要参数，我经常遇到广告打了几百万，而到处找不到货的现象，这个对中小企业是致命的。这也是好娃娃在前三年没有大规模打广告的原因，但是我们却加大了上柜率的支持，如给市场铺货达到近700万盒，有力地提高了上柜率。让消费者能随处看到某一个有个性的产品包装本身就是一种广告，非常可惜的是很多企业上千万盒的包装，依然还是没有一个标准及一个核心的标记，这个问题应当是一个战略问题，连这点都做不到就最好不要做品牌，投广告。

3. 终端生动化

产品的陈列及终端生动化能促进产品的传播，也能促进消费者的销售。广告抓消费者的心，终端抓消费者的钱。医药保健品的终端促销，犹如足球场上的临门一脚，只有终端促销工作切实做好，渠道才算真正畅通，否则投入的资源将大打折扣。研究表明，消费者在到达终端前就计划好购买何种产品的仅占30%，而70%的消费者是在销售终端时决定购买何种产品以及购买的数量，而且已有购买计划的消费者中，又有13.4%会因某种因素的变化更改原来的购买计划，这就是终端促销的潜力和机会所在。

4．特别产品可以导入体检营销、靠口碑进行宣传

5．设计包装的版权等专利、给予李鬼一个门槛及区别

医药行业的杨森、联邦等大企业利用这个办法阻碍了竞品跟进的时间。好娃娃由于前期这个方面的工作做得好，在2004年后的长时间内对于侵犯好娃娃包装专利及商标的行为进行了法律诉讼，很好地保护了好娃娃品牌，后来随着中国驰名商标的申报成功，企业利用中国驰名商标更好地开展了品牌保护。

6．产品的全面质量管理确保消费者利益

好娃娃的产品疗效是产品的生命力，企业从研发论证起，后到采购、生产，销售反馈的每一个环节都将产品品质放在第一位，因此孩子爱喝、喝了能治病，一个好的产品自己也会说话，大家只要看看孩子病了的时候，女人在交流什么就可以知道了，好的口碑传播比广告更有效，广告抓知名度，口碑抓消费者的信任度。

7．产品的系列化和产品的升级可保品牌的发展后劲

好娃娃从一开始就制定了生产一代、储备一代、开发一代的原则，让客户及消费者感受好娃娃是一个儿童用药的专业化品牌。同时对产品进行工艺改进等，如某一项工艺改革让产品不仅口味、疗效更好，还减少了2克糖，对于一个1亿盒的产品，一下就节约近500万的开支，做到了企业和消费者的双赢。

第九节　品牌畅销由量变到质变的过程

如果不懂量变到质变的辩证法，不尊重事物的规律，品牌是不可能做成的。很多品牌的死亡一般有两种情况：一种是胎死腹中，急功近利是品牌死亡最多的特征，表现为不重规划、不重体系、不重基础，妄想一个能人，一个广告就能成就一个品牌，稍有差错就随意换将换思路；另一种是消化不良，盲目的品牌延伸，盲目多元化，最后吃不了兜着死。因此尊重品牌从量变到质变的规律，才能真正做好品牌。

1．要眼光长远，步步为营

在企业弱小的时候先建立更多的品牌根据地，打造更多的区域品牌，就像当年的共产党打天下，先在一小片区域打江山、得民心，最后连成一片，好娃娃也是不断从各地区的小品牌成长为第一畅销品牌，当绝大多数的省份进入数一数二时，就自然成为国内第一畅销品牌，最后才是国际化，当然在合适的时机进行国际化探索是必要的，只要将风险控制到可控范围内。

2. 先创渠道品牌，再创消费者品牌

其实任何一个产品如果能够调动行业及渠道的力量，赢得渠道和行业的信任和尊重，您的品牌就成功了一半。另外从投入的角度来说，一个品牌在渠道、终端都有货销，这本身就需要一个大的投入，如果一个企业只有500万元要成功开发一个全国品牌您就更加要这样，可以这样说好娃娃的品牌建设就是在自有资金不足200万元的情况下滚动发展，靠着创新营销而做起来的。而要创一个消费者品牌的时间会更长，投入会更大，如果连渠道品牌您都不能做好并做成功，又怎么做好消费者品牌呢?

3. 品牌崛起越快，死得越快

拔苗助长只会将企业拖死，将品牌做死。我们可以看到很多快速崛起的品牌都早早离开我们，如脑黄金、爱多、秦池等。不能真正赢得客户和消费者的心，您的品牌建设就是徒劳的。

第十节　通过开创新品类新模式来开创畅销品牌

“怕上火，喝王老吉”，其实王老吉并没有创造怕上火市场，而是创造了一个喝王老吉的降火、防火的市场。在开发的前几年，一家独享这一市场的开发，在好娃娃的产品解读中大家可以看到好娃娃在开发小儿感冒药市场的时候，不是开发了一个感冒市场，而是开发了一个抗病毒、治感冒、防流感的新市场，其特点就是抗病毒、治感冒、防流感，在非典期间快速崛起，目前该品类市场的零售规模，在2001年不到1亿，到2010年突破20亿，其中好娃娃占有近40%，当然外资收购后这个比例在急速下降。

另外就是要隐藏您的模式让人看不懂。2003年，由《销售与市场》、《中国经营报》、外经贸部、《国际商报》、俄罗斯工商联等十大机构联合举办首届国际营销节上，我与蒙牛、海信等高速成长的企业领导人被评为“中国十大杰出营销人”，其案例“市场在变化、创新永相随”入选美国创新营销案例库，由于当时我们的销售刚刚过亿，为了保持不被大企业发现，我们没有获准公开案例，本人也非常低调没有宣传。2003 年起，好娃娃以每年增长一个亿的速度狂长，等到仁和、神威、葵花跟进时，其销售量已突破 4 亿，成为行业儿童药品第一畅销品牌。

因此一项铁的规律：小企业发现细分市场时，一定不要让大企业快速跟进，而且要快速整合发展，否则您将会成为大企业的开路者。比如：箭牌在木糖醇这个品类上就是发现了小企业在推这个品类很有前途而快速跟进反超做成第一。

因此另一铁的规律：大企业要向小企业学习，善于发现市场机会。

第十一节　好老板是打造畅销品牌的魂

品牌之间的竞争实质就是企业之间的竞争，而竞争的关键之一就是老板之间的竞争。老板一小步，品牌一大步。

那什么样的老板是好老板呢?

（1）老板要有谋划大局之道，一是要会谋划企业成长方向，如本篇中的太阳石药业规划就是做最专业的妇儿药品供应商。二是品牌之道，建立品牌的架构、核心价值理念，VI 系统、产品识别等。三要懂得运作组织，最为关键的是要制定好组织原则，组织体系，组织管理等，就像太阳石药业在做大的过程中，进行组织再造，流程再造，训练员工，建立愿景，安抚团队等。企业老板要打造企业的文化，太阳石的文化就是创新文化、责任文化、拿来主义、执行文化，重契约，老板文化在整个全书的写作过程中大家可以看到，这里不多讲，它是一个企业老板文化、感受、经历的综合反应。

（2）老板要有运作企业之法，最为主要的就是经营团队，用事业绑住人、感情溶化人、利益留住人，同时制定或参与制定并完善模式。

（3）老板要有管理之术，真正做到无为而治。我们在太阳石的时候常常讨论管理的目的，管理的最高境界是什么？我认为管理就是为了不管理，像太阳石在我离开的多年内没有营销老总职位，而各地市场无人管理却都能将好娃娃做成强势畅销品牌就是一个证明，为什么？最为重要的大家觉得在太阳石是在干自己的事业。

（4）老板以诚信为本、重契约、讲和谐、善授权、懂政治和懂得平衡、恩威、宽严的真正道理。

另外，我们不要认定老板是神，老板也会犯错误，老板也要学习和成长，但我们要向前看，每一个平台对于一个好学之人都是好机会，无论成功与失败都是财富。尤其是我作为一个品牌营销人就应当具有更宽的视野。

5. 一个品牌还没有做大之前，老板应当是识大体，还要管细务，不过随着企业做大要管得越来越少，要让您的团队成长起来，后期太阳石的产品研发太多，而市场拓展不力，就是没有人才能够协助老板干这件事情，10 年时间过亿元品种就是小儿感冒和止咳药两个。

市场和品牌问题是老板永远要关注的。

第十二节　好机制是打造畅销品牌的根

品牌之间的竞争实质就是企业之间的竞争，而竞争的关键之二就是机制之间的竞争，建立好机制是品牌发展，企业发展的根本。

一是企业的治理结构有利于经营的稳定，太阳石在上市以前，股权结构简单，确保了经营权的独立，保证了决策的快速。但是随着企业的不断壮大，企业上市，后期的经营让股东间的矛盾产生，太阳石的发展面临挑战，2010 年卖出去也是情理当中，收购后的太阳石将从纳斯达克退市，完全成为赛诺菲—安万特一家独立公司，但愿能够制定一个更加适合中国的模式和机制开发好娃娃品牌，让好娃娃更好帮助孩子健康成长。

二是分好地，分好钱，并用一套体系保护它，真正帮助客户成长，培养老板经济，让客户能够主动将好娃娃当做事业来经营。

赛诺菲—安万特收购太阳石，《医药经理人》杂志采访我，反复问我，太阳石被收购后，好娃娃是福还是祸，会不会和白加黑的命运一样，我反复强调，这个取决于赛诺菲—安万特在中国市场能否根据中国市场制定合适中国市场的模式。这是个谜，谁都不可能预测不知道的东西，但是我希望好娃娃和太阳石的明天会更好。

最后分享一个朴素的观点，坚信用自己的钱为自己办事效率最高、用别人的钱为自己办事次之、用自己的钱为别人办事再次之、用别人的钱为别人办事效率最低。

第十三节　好团队是打造畅销品牌的干

对于任何一家企业，除了老板之间的竞争，就是企业团队之间的竞争，好的团队是打造品牌的干，是企业的支撑，他们如果能够和老板一条心，没有干不成的事，国家如此，企业如此，如古巴的卡斯特罗带领 7 人创立一个新国家，史玉柱兵败巨人集团后能够东山再起并再创辉煌。

对内要有一个好的经营班子和有执行力的中层团队确保企业的高效运转，他们必须都是专家，在某些专业领域比老板要强，就像微软的盖茨所说，我要用 100 个优秀的 1/100 成就我的 100%，只有这样才能保证企业真正高效运转。主管营销的老总应成功操作过产品及服务，一个在行业中从基层到高层有成功经验的人，有足够的专业能力及熟悉行业法规，和老板及企业家价值观相同。

对外一定要有一群好的营销经理，一群能够懂市场，懂经营，懂组织的经理，只要有这样一群经理将品牌经营当成自己的事业就能克服一切困难获得成功。共产党人得天下，好娃娃从卖不动到第一畅销品牌就是很好的验证。

因此，联想的柳传志做企业就将“定战略、搭班子、带团队”作为其工作的核心工作。其中后面六个字才是一切工作的落脚点，没有一个好团队，企业就失去了干，将无法支撑起来。

阻碍企业发展永远是已知的东西，而非未知的东西，思想统一及价值观认同是经营团队最为重要的。

第十四节　打造畅销品牌的人道是利益保护

利益保护是打造品牌的人道一点都不为过，一个企业如果违背人性逐利的本质，利益保护系统做不好，队伍就会四分五裂。英国某位首相有一句相当经典的名言：“没有永远的朋友，也没有永远的敌人，只有永远的利益”，只要有关系存在，就有利益存在。

第一层是如何保护好企业内部的利益，让您的员工在同一地区能过上体面的生活。

第二层是明白银行贷款为利息，政府管理为税收、就业，客户合作为利差的基本道理。

试想哪一个环节的钱您延后 30 天，您这个企业还怎么办，因此按时发工资您才能稳定员工，按时还银行的款与息您才能再贷到款，不欠政府的税您才能活下去，让合我有利可图才能运转。否则企业不能运转，更不要谈品牌运行。

第三层就是保护销售队伍的利益，并作为一个公正的裁判，谁侵犯别人的利益就一定要受到制裁，就像太阳石药业的前期一样。

第四层就是要维护各级客户，尤其是零售客户的利益，如果零售客户抛弃某个品牌，某个品牌的销售就会急速下降，甚至逐步消失。没有了零售商的支持，销售下滑后肯定就是收紧各级利益体的利益，结果就会导致各级利益者的积极性下降，最后利益体崩溃，这也是许多品牌企业做大后下滑的原因。

第五层就是消费者的利益保护，在互联网时代，谁侵犯消费者利益，谁就会被消费者重重惩罚，食品行业的三鹿事件，医药行业的毒胶囊事件，无论您品牌曾多么辉煌，消费者也会无情地抛弃你。

因此，人人有责不如人人有利。

第十五节　做好售后服务才能让人放心销售

做好产品的售后服务能让客户和消费者更加认可企业，信赖品牌。这里包含两层意思，一是让客户相信太阳石放心经营，二是让消费者放心购买。以下是太阳石的消费者服务体系。

太阳石药业始终遵循以人为本的原则，以服务客户为主导。公司从 1996 年创建初期就规定，凡购买该公司产品的用户都能得到一份质量信息反馈卡，以收集来自各方面的反馈信息，不断提升公司的服务质量。

2003 年，太阳石药业在原有网站的基础上又新增设了生殖健康与育儿健康两个专业化的网站，同时开通了“800”和“400”客服热线，以便更直接、更贴心地为患者和消费者服务。

太阳石药业还通过遍及全国的销售网络，把产品销往全国各地任何一个有需要的角落。在太阳石的售后服务中心，在太阳石网站的健康驿站栏目，在太阳石的售后服务快车，处处体现的是太阳石药业对患者的深深关爱，对消费者的贴心服务。

“我们经营的不仅仅是药品，还是健康事业。我们每天都在努力地进行着两项工作：帮助妇女和儿童了解正确的健康知识和理念，养成健康的生活习惯；为广大妇女和儿童提供使用安全、放心并能快速解决疾病痛苦的药品。”这是太阳石药业的经营理念。生殖健康与育儿健康两个专业化网站的增设为更好地执行这一理念搭建了一个平台。

点击太阳石生殖健康网站，里面的内容丰富充实，有妇科疾病、避孕手册、美容保健、减肥瘦身、性爱时空、生殖论坛、在线咨询等专栏，融知识性、科学性、趣味性于一体。在太阳石育儿健康网站，优孕优生、专业护理、疾病治疗、预防医生、家庭药箱、健康宝宝、教育指导、育儿论坛等专栏内容全面具体，为阅览者和消费者提供全方位的服务。网友们纷纷在论坛上留言：太阳石生殖健康网站和太阳石育儿健康网站为妇女儿童健康知识的传播发挥了很好的作用；太阳石生殖健康网让我了解了许多妇科用药知识和妇科疾病预防知识；太阳石育儿健康网站是做父母的特别是年轻父母的“网络医生”、“网络护士”……

专业网站为患者和消费者提供了全方位的远程服务，“800”和“400”客服热线的开通，则拉近了企业与患者及消费者的距离。无论您什么时候拨通“800”和“400”客服热线，都会听到接线员甜美而充满关切的声音：您好，太阳石药业××号为您服务。患者和消费者的各种各样的疑问在这里得到了更直接、更贴心的解答。一名“800”接线员对记者说：“作为‘800’接线员，我们应该平等地与患者交流，同情患者的处境，理解患者的心情，耐心解答患者的疑惑，打消患者的顾虑，用仁爱之心安抚患者身心的痛苦。一个简单的问候，一句真心的鼓舞，就是我们给患者战胜病魔的信心。”话语中饱含着她们的真情，也体现了她们全心全意为患者和消费者服务的一颗真心。

第十六节　广告打的是知名度，公关建立的是信任度

太阳石药业最大特色之一就是有自己特色的营销传播系统，始终坚信，广告主要打的是知名度，可以产生购买，但不一定会产生长期购买，广告打造的是玻璃品牌，非常脆，一打就碎，很多企业就是死在广告上的，因广告而兴，因广告而败。

而公共关系建立的消费者信任度，并且培养好的口碑，培养未来的消费者。从2004年起太阳石药业全面推进几大活动。

在打造品牌的实践过程中，我们不仅仅采用在央视及各地卫视投放广告的单一形式，更重要的是突出树立太阳石的社会公益形象，以实现我们“不仅经营的是产品，而且经营的是健康”的理念。为此，我们一是通过服务患者，温暖患者的心，收集患者信息，创办太阳石药业生殖健康与育儿健康专业化网站、开通“800”、“400”咨询热线，仅2007年就收集各类信息5万余条，体现了公司以顾客为导向、服务患者的宗旨。二是通过服务社会，赢得公众的心。从2001年起，每年与全国妇联“心系好儿童”活动组委会联合开展“好娃娃家庭小药箱”活动，面向200万户家庭发放知识手册。另外，还与国家多部委联合开展有关妇女、儿童的各项社会公益活动，并建立客户档案，定期通过短信、邮寄等形式传播安全用药知识。

通过树立社会公益形象，有力地提升了我们的品牌，在消费者心中树立了较高的信誉和形象，给企业带来良好经济效益的同时，更带来了深远的社会效益。

试想每年有过100万儿童的参与，而儿时的美好回忆一定会在小孩心中树立非常好的形象，长大后只要好娃娃存在，他们一定是最忠诚的消费者。

第十七节　善用品牌形象及代言进行推广

品牌形象代言人选好了，对推动品牌的发展会起到事半功倍的作用。太阳石在选择妈妈的形象代言人的时候，除了蔡明外，都没有请大牌明星，是充分的考虑了公益形象的。艳照门事件对品牌代言的思考应当引起行业重视。

在公关活动中选择了全国儿童心中的偶像金龟子阿姨及董浩叔叔作为形象大使，受到了家长和孩子的喜爱，也提高了活动的效果。

由于活动是与政府部门及相关大的协会合作，可信度高，提高了参与度。当然事后的新闻报道都很积极，有力提升了产品的信任度。

另外好娃娃长期坚持用品牌形象识别系统，也有效提高了广告和公关的效果。

第十八节　建立好组织是打造畅销品牌的组织保障

任何一个项目的成功离开了一个高效的组织体系都是无法成功的，如果当年太阳石药业没有进行组织再造、流程再造的话，也不会有今天的好娃娃与太阳石。

这个组织的目标必须统一，战略统一，领袖只有一个。

同时这个组织一定要有激情，要有信心，首先是老板与核心成员要100%的保持激情，并保持做好品牌的信心。领导只要有1%的退却，后面的队伍就会不知退多少。所以要像共产党打天下一样跟我来，并冲锋在前。

我无论是当年的好娃娃，还是今天做顶克品牌，只要员工与客户有困难的时候都是冲锋在前，很多的营销方案都是亲自制订方案并亲自试点后才开始推广。

任何一个企业在进行企业及产品品牌的传播过程中都会感觉资金少，而随着媒体的分散化趋势，如何进行低成本传播就成为企业最关注的问题。

总之，品牌传播是一个最烧钱的地方，稍不小心就会引火烧身，或者让一些中小企业元气大伤或死掉，愿中国的企业家及企业中高层学习更多品牌常识，先从基础品牌体系入手，花一点小钱将基础品牌体系做好，再系统建设品牌。

第十二章　实用工具制作与导入

制定一种实战理论作为指导，确定方向不错，制定一些实战的销售工具给市场销售人员，让其有操作性，并快速将产品卖出获利，只有这样，产品才能快速畅销。以下一到三节就是当年指导好娃娃走向畅销的工具。

第一节　理论工具：医药保健品营销九要诀

这是我从事医药保健品行业的第四年，从事营销工作的第八年，通过大量阅读、实践、总结，于2000年5月写作而成的，“医药保健品营销九要诀”的文稿发表于《销售与市场》，将工业运作特点高度浓缩为63个字，后被很多企业收集，很多网站转载，应当说对医药保健品制造产业是很有实际作用的，同时我认为对其他类似行业也会有很大启发，后期太阳石的特色传播体系也与此很大关联。

1. **理论包装是前提**

所谓理论包装，是指用一种先进、科学并吸引人的原理或对原理的解释，对产品给予理论上的定位。理论包装是产品策划、创意的第一要素，是产品差异化及市场价值所在。首先它必须是学术上的，然后才是社会方面的。

产品的理论包装不能等同于产品的卖点。卖点单一、明了，而理论包装则系统、全面、深入，医药保健品的正确卖点应是其理论包装的厚积薄发而不能游离于此，理论包装中包含着产品的卖点，而产品的卖点却无法替代理论包装。同时，对产品的理论包装不是简单地重复业已存在的原理和产品功能，而是要追踪世界医药保健学的最新潮流和动向，通过对最先进的医学、保健学和生命科学理论进行嫁接，产生符合产品特征的新的理论体系，从而完成医药保健品全面意义上的理论包装，使产品由此达到更高的层次或领先地位。这种对专业性、科学性、技巧性要求很高的策划，绝不是一个灵感式卖点所能替代和完成的。

那么如何有效地开展医药保健品的理论包装呢?

医药保健品有一种新的理论产生，不仅要考虑消费者的心理因素，还要考虑政治、经济、文化等多方面的因素。理论必须具有科学性、真实性、先进性、严谨性，医药产品可以用临床资料验证，保健品可以用生命科学和大量的真实消费案例结合验证。新理论产生后欲使其有重大影响，必须要有一定的资金造势，否则知晓率偏低无法产生应有效应。同时要使新理论产生深远影响，需要一定的渗透与认知过程。新理论的推广不能只靠单一广告和促销的支持，还必须获得研发的支持，必须给予强有力的包装。

只有将以上几点做到位，产品才会给人一种先进、高档次的感觉，才会具备生命力和竞争力，才会拉开与竞争对手的距离，赢得消费者。

2. 市场调研是基础

无论是医药保健品的新理论的定格，还是产品开发、市场进入，一切都必须以市场调研为基础。在一批先进的外资或合资企业，称营销调研为 home work，是必须做的家庭作业。有效地开展市场调研要做好以下几个方面:

(1) 建立系统、科学的市场营销信息决策系统。

内部报告系统：要涵盖公司所有部门，主要为营销、企划、财务、生产、供应、研发部门，要流程化、科学化。市场营销情报系统：涵盖公司营销管理部门、市场一线员工、调查公司、广告公司、监播公司等，做到总部与市场一线快速沟通。市场调查系统：经常收集与公司、产品、行业相关的一切信息并加工处理，一般分为 5 个步骤——确定问题和调查目标，制订调查计划，收集信息，分析信息和报告结果。市场营销决策支持系统：由统计技术和决策模型构成，用来辅助市场营销经理更好地进行决策。

(2) 确定市场调研的内容。

主要是消费者研究、市场需求研究、产品研究、竞争策略研究、广告研究、价格研究、市场销售研究、促销组合研究等，每一项研究都要尽最大可能细化，确保调研结果的科学性、精确性，贴近市场。同时调研的内容要有先后步骤，如定价调研一般在定位调研之后。

(3) 将市场调研分成 3 个阶段系统地开展。

第一阶段：产品研发调研。主要通过定性、定量的调研方法确定出产品、品名、定位、定价等四大课题。

第二阶段：新产品上市前的市场测试调研。针对消费者展开试用、首次重购、采用和购买频率四个变量的研究测试。在测试前测试管理者要对测试的地点、期限、方式、内容、行动、经费进行细致规划。测试可使企业取得一个对未来销售比较可靠的预测。在测试市场中，如果发现产品销售低于目标水平，就应该修改产品，同时还可以测试不同的营销计划。

第三阶段：对企划营销方案的研究。企划案出来后要结合企业实际仔细研究每一细节，并且最后研究决策人员一定要是行家，与研究方案无利益关系等。在方法上可采用经验判断法、重要的少数专家意见法、分组讨论汇总法等。

3. 寻找差异是关键

产品因差异而存在，寻找差异、制造差异在产品同质化环境下已成为营销的关键。同时，差异化在经营活动中遵循了市场细分原则，将目标市场、营销对象设定得更加准确。在实施差异化过程中要注意以下几个原则：

（1）根据市场和消费者需求实施产品差异化和经营差异化，并在一定的时间内保持一致性。制造差异的实质价值，提高买方所认同的价值，防止差异无实质价值。不能让差异化脱离现实需求，如产品质量、价格和服务超过买方的需要，消费者反而会放弃此差异转向竞争对手。

（2）防止差异化成本过高，差异化战略不能长久实施。要有所为，有所不为，切记功能越多，销售越小。

（3）概念专有原则。如太太“静心口服液”提出“女人更年期要静心”并广为传播，如果您的企业生产一种更年期功能产品，也想用同样的概念去赢得用户，结果只能徒劳无益。

（4）三次定位，寻找最大消费群。第一次由功能定位即“原来的我”；第二次找准潜量最大需要予以特别关注的人群，即“我是谁”；第三次将产品、企业观念向消费者靠拢，越细致、越扎实，产品推广成功率越大。它完成了由抓住产品特色向传播产品的“独特利益”的质的转变，即实现了消费者需求与企业传播诉求的和谐统一。注意差异更新，尤其注意产品生命周期变化与差异更新的统一。

（5）此外，实施差异化要注意过程和目标的结合。通过消费人群分析，确定产品使用者，他们需要什么？通过竞争对手分析，确定同类产品数量、用途与营销策略。通过购买行为分析，确定消费者购买此类产品的动机与行为。通过使用效果分析，确定消费者使用同类产品效果及相关建议。通过产品定位寻找和制造产品差异点。制定与产品差异点相一致的营销计划和行动。测算差异营销的成本，寻找最有效且成本最低的方法。制定实施产品差异化和营销差异化的时间表，以保持这种战略的持久性。加强产品研发，努力使产品在质量、功效、剂型等方面区别于竞争对手，满足顾客需求。做好生产和销售布点工作，以达到节约成本，广揽顾客。加强促销组合，使消费者产生偏好和主观印象，形成消费者心目中的差异地位。

4. 人力营销拓市场

人力营销是最真实的销售力。智慧资本已上升为第一位的资本，而智慧资本的源泉是人。因此，建立一套以企业员工为核心价值的，有活力、有序的人力资源系统是开展人力营销的关键。

我在国有企业、股份制企业、民营企业和欧美外资企业都有过工作经历，经过分析对比，觉得欧美企业开展人力营销有许多成功之道：明确办企业的宗旨不是简单的做生意，而是创造产品和服务，增强企业的专业技能和优势。坚持在产品、方法、材料、能源、市场及企业重构等方面的持续创新。坚持研究市场、关注消费者，避免企业决策的盲目性，避免权力决策和经验决策。企业结构采用民主集中制，决策民主化，尊重员工，允许员工有“野心”，以人才为核心，愿意在员工培训上投资。在人才选择、使用上坚持招募最佳人才，适才适位、适者生存、快速补位、绩效考核、团队合作、经常辅导等。

国内医药保健品企业也应在以上几方面强化人力营销，使员工保持工作激情和与企业共荣辱的精神力量。

企业家要切记：人力的长远力量是素质；人才如珍珠，但如果没有好的人事观念，只能是一盘散沙；企业人力资源的强弱与领导者的民主和机制的活力成正比。

同时企业家要及时发现并纠正一些危险的人力信号，如守旧、决策盲目、思考逐步减退、进取心减退、制度死板跟不上环境变化以及经验束缚使敢闯敢干者无所适从、无法接受批评建议等。总之，只有尊重人、爱护人、活用人、用好人，才能激活人力，真正增强企业的创造力、销售力、开拓力，最终赢得市场。

5. 服务营销赢忠诚

没有企业的服务就没有顾客的忠诚。服务营销是提高产品竞争力、附加价值、差异化地位及效益的重要而有效的手段，它对企业形象、品牌形象具有强力的塑造作用，只有切实有效的服务营销才能给企业和产品带来正效应，真正赢得顾客的忠诚。

在企业内部全面树立长期为客户及消费者服务的观念，是企业制定和实施服务营销策略的根本保证。在此基础上还应注意：

制定服务营销的绩效考核标准与手册，企业的营销代表最少必须是产品所涉及的病症、功效方面的相关专家，达不到这个标准，服务营销将是一句空话。激励和奖励员工开展服务营销。服务营销要创新，注意客观性和长期性相结合。坚持售前、售中、售后的全程服务，并注意要点。同时我们还要注意延伸服务到培训销售技巧与管理，告诉你适合我钓鱼的方法。

同时，要把握好服务营销的六项原则：一是顾客方便性原则；二是交流性原则；三是礼貌性原则；四是权威性原则，服务人员要具有较高的专业知识水平和良好的语言表达能力，给人以可信、可靠的感觉，否则将不利于企业和产品形象；五是通过服务变革原则，服务过程中体现出的被服务者的需求、担心、关注点、建议等，反映了产品和营销今后的变革方向；六是全员服务原则。

而对中间客户，最好的办法就是启发他的脑袋子，帮他装满钱袋子，并用体系长期保护他的钱袋子。

6. 软硬广告搭配好

广告的日益繁多使广告效果越来越差，从而使以大量的硬性广告拉动市场的做法越来越难，另外《药品广告法》也严格限制了药品广告的发布形式。就硬性广告而言，它启动市场的时间已比以往延长，整体效果的维持期却在缩短，企业在投入增大的同时风险也在加大。而软性广告一般不在广告时段或广告版面上发布，因而不仅费用低，而且较易引起消费者的注意和相信。

软性广告的形式除报道宣传、联系产品的科普宣传、点播、赞助等外，要注意寻找与产品相关的有一定新闻点的新闻话题，以调查报告、市场热点等形式发布，以期使产品同新闻话题一样受到消费者的注意。还应积极创意出使消费者予以关注，新闻媒体予以传播的事件或活动。

无论硬性广告或软性广告都无法独立担起市场的重任，二者必须有机结合，使产品功能宣传和品牌宣传相得益彰。在配合上要注意时间组合、不同产品生命周期的组合特点，合理投放广告费用，使有限的广告资源产生最大的传播效果。

7. **终端促销出实效**

广告抓住消费者的心，终端抓住消费者的钱。医药保健品的终端促销，犹如足球场上的临门一脚，只有终端促销工作切实做好，渠道才算真正畅通，否则投入的资源将大打折扣。

研究表明，消费者在到达终端前就计划好购买何种产品的仅占30%，而70%的消费者是在销售终端时才决定购买何种产品以及购买的数量，而且已有购买计划的消费者中，又有13.4%会因某种因素的变化更改原来的购买计划，这就是药品、保健品终端促销的潜力和机会所在。红桃K、汇仁肾宝、巨能钙等产品的快速成功无不是有效开展终端促销的结果。

终端宣传分硬终端和软终端两种形式，硬终端包括横幅、挂旗、招贴、海报等，软终端包括医疗服务队、义诊队、直销队、促销小姐、理货员、医药代表、演出队等。在开展终端宣传时一定要制定制度、程序，并加强培训、督导、检核、奖罚，将此积极有序地进行。

医药保健品的终端分为出货终端和推荐终端。所谓出货终端主要是指销售产品的商场、超市、药店、诊所等地方；所谓推荐终端主要是指对医药保健品起推荐作用的医生、店员等。对出货终端的经常促销项目为理货、补货、终端包装、店头促销等，对推荐终端的经常促销项目有拜访、推荐、礼品等。无论哪种终端促销都必须遵循以下原则：

（1）树立专业、诚信、热情、助人的形象，使别人在认可营销人员的同时认可产品和企业。

（2）与促销对象形成情感和利益的共同体。

（3）拜访中要有程序、讲效率，珍惜双方时间。

（4）处处留心，对事、对人都要有的放矢。

（5）渐进、坚持、有信心。

（6）对每一个细小的活动都要设计规划并制定流程和注意事项，掌握好关键控制点。

（7）经常培训、交流，如红桃K编写了大量的终端促销教材，使其成功经验快速传播，市场效应显著。

（8）建立一套计划、执行、检查、评估的系统的终端管理办法，坚持实行。

(9) 工作要有度，并要积极主动地与终端管理相关的工商、城管、环卫等部门建立较好的关系。

(10) 终端铺货、理货要到位。

8. 技术创新促发展

在医药保健品企业，技术创新是市场发展最具价值的推动力。所谓技术创新狭义上讲是指对产品、工艺的创新，从广义的范围看，它包括组织创新、管理创新、市场营销创新，以及对市场与技术的把握和成功占领市场的能力等。创新的过程应是产品创新和企业创新的有机结合。

建立具备竞争优势的产品体系是关键。在产品研发中充分调动研发部门、销售部门、技术生产部门、用户等力量共同参与。建立成本最低的竞争策略，并加强服务。促使企业资本在流动增值中快速积累，以增强企业竞争优势。

技术创新可分为进攻型、防御型和引进型三种形式。

所谓进攻型就是通过开发或引入新产品，全力以赴追求企业产品技术水平的先进性，抢先占领市场，在竞争中力争保持技术与市场强有力的领先地位。此策略一旦成功，将赢得较大市场，获得规模垄断利润，但也存在风险大、代价高等特点，适合于大型的有实力的医药保健品企业。

所谓防御型就是企业不抢先研究开发新产品，而是当市场上出现某种成功的新产品时，立即进行跟踪研发，并迅速投入，占领市场。这种策略要求企业有高效的情报系统和吸收创新能力，其优点显而易见，规避了前期的投资风险和新产品最初形态的缺陷，而使企业能够后来居上。

所谓引进型是指利用别人的科研力量，替代企业去开发新产品，收效快、成本低、风险小。

另外企业还可以设立科技进步奖调动社会资源参与，不管是采用哪种策略，企业在研发过程中，一定要注重在思想、战略、组织、机制等系列要素中结合企业实际和市场实际，积极而务实地进行企业的技术创新。

9. 市场保健要及时

市场运转中出现的各种问题如果不及时解决，日积月累必将酿成大祸。我们要通过及时的市场保健，防止企业早衰。

市场保健是守业，并为继续创业提供动力。所谓市场保健战略，是根据特定市场的特定发展阶段，对市场施以针对性很强的养护，以使其健康顺利甚至超常规发展。在医药保健品市场拓展的不同时期，市场保健各有特点。

（1）投入期的市场保健。

对于有实力的大企业，足够的财力支持是投入期市场保健的关键，必须储备预计销售额 40% ~60% 的资金支持，甚至更多。采用密集而不是渐进的广告攻势，缩短导入期，争取尽快进入成长期。

但是目前的环境发生变化中小企业要区别对待，建议以系统推广为好，不宜随便上广告，还是先做好体系及规划再系统上市为佳。以系统的创意、优秀的广告树立企业和产品形象。利用终端促销、软性广告等有效形式给市场升温，同市场建立起日益亲近的关系。同医生和店员建立利益和情感的共同体。与消费者进行强有力的沟通。

（2）成长期的市场保健。

建立良好的分销系统。促销重点从产品转向品牌，控制货流、主动“控货”，同媒体、经销商建立战略伙伴关系，目的是从企业长远利益出发，建立优秀而独特的企业形象和产品形象，赢得消费者忠诚。许多决策者往往在这一阶段失去了冷静、理性和平常心，为企业以后的衰败留下了隐患。

（3）成熟期的市场保健。

努力提高服务水准，通过服务提升企业和产品形象。努力寻找产品新的定位和适应人群，扩大适应人群以延长产品的生命周期。在产品包装、渠道和地区的改良和选择中扩大产品用量。打击假冒产品，克制竞争对手等。

（4）衰退期的市场保健。

注意继续维护产品和企业形象。保持与经销商、媒体的合作伙伴关系，为未来投资。进一步加强员工培训。处理好遗留问题，以保证老产品退出市场和新产品进入的顺利衔接。

执行市场保健战略的重要法则之一，就是要适时地根据市场的发展变化，并结合市场推进的不平衡性，提出各种对应的保护市场的措施。市场犹如森林，滥砍滥伐只能毁掉它，在砍伐中养护，在养护中砍伐，才会使企业效益源远流长。

第二节　实战工具：终端市场运作与保障

2000 年，新世纪的开始，对于太阳石及整个医药产业来说，很多人对医院的营销运作可能都很有体会，但是对于运作以中小终端及诊所的 OTC 营销就基本没有感觉，对于 OTC 的品牌经营可以说是更大的空白，因此必须有一个 OTC 运作的基本指南。

因此，我将在快速消费品中得到终端运作体系结合医药保健品的特点，特开发了这个实战工具，对大家启发及帮助特别大。

1. 畅通渠道

（1）选择经销商。

通常一个地级市场选择一至二家经销商为好，不宜太多，避免他们之间的恶意竞争造成价格混乱，选择条件如下：

健全的网络：能适应本产品在目前及今后一定时间内的销售容量。

良好的资信：包括给客户的回款情况及经销本身的利润情况，良好的赢利的经销商能配合企业的长期发展。

经销商在各类药品经销终端的美誉度和满意度，工作、服务的细致程度对产品的推广有极大的价值。

经销商对产品的认同度：经销商对产品的认同度高低决定着对经销产品信心、推广程度，尤其是经销商的决策人和重要执行人的认同非常重要。

（2）铺货的三个阶段及形式。

第一阶段：先铺当地销售量列前几位的药店、知名的老字号药店、覆盖面广的连锁药店、特定小区及一定区域内最大的药店、诊所，其总量约占全部药店总数的 15% ~20%。

第二阶段：待操作 1 ~ N 月后再铺具有一定发展潜力和营业规模较大的药店、诊所，其总数可上升到 50% 左右。

第三阶段：最后遍地开花、全面铺开，药店总数可上升到 70% 以上。

但是不同的产品可以不同，常见病和高发病可分三个阶段，如感冒药，胃药；而有的药只要执行一或两个阶段，如糖尿病；有时根据情况也可三个阶段合并起来，关键在于能否控制执行及降低风险。

同时要避免终端一开始就打价格战。

铺货的形式：会同经销商一起召开推广会；厂家代表与经销商人员协同铺货；商业公司开票大厅站店促销，一般由厂家代表执行；厂家代表的长期推进；以上方法长期融合和推进。

推广会，包装费的长期性、多样性是做好 OTC 及打开农村市场的关键所在，广大 OTC 企业应高度重视并理解。

2. 终端分类及宣传技巧

（1）硬终端。

户内要争取最大、最好的位置陈列展示商品，强化品牌在销售终端的展露度，在售点做特殊陈列，使消费者易看易拿。POP 宣传品要多、好、全，如招贴画、立牌卡、小折页、小手册、柜贴、吊旗、产品模型、灯箱等。

户外的动包装：如流动车体广告、车贴。静包装：导购牌、展牌、店招、字幅、公园桌椅、广场标志物、小区健康专栏、建筑物大牌广告。如何将它们组合好。

（2）软终端。

企业代表面对消费者促销、专家推广咨询、仪器检测（专业产品）、终端营业人员口碑推荐、现场促销活动。

（3）四种终端宣传技巧。

以多取胜：宣传品品种多、数量多，创造最大的市场氛围。

以牢取胜：宣传品设计制作要坚固，设置粘贴要牢固。

以好取胜：宣传品设计制作要求品牌醒目、主导诉求突出、图文并茂、色彩鲜明视觉冲击效果好，印刷制作档次质量好。

以情取胜：注重与营业员的感情沟通，坚持“以建立感情为主，利益驱动为辅”的原则；把营业员视为企业的“第一顾客”和营业员交朋友，让营业员成为产品的推销员并维护终端宣传品。

3. 建设终端

（1）人员促销。

选择客流量大的终端网点（超市、药店、商场）布设促销代表；对促销代表实施规范管理，所有促销人员必须经过岗前培训，如企业理念、产品知识、促销技巧、障碍突发事件处理；上岗人员必须统一着装或配带工作卡、促销医生要穿白大褂，上岗人员态度端正、热情主动周到、有耐心；必须及时对促销人员督促检查和抽查。

（2）拜访、慰问。

通过拜访和慰问药店经理、柜长、营业员以建立朋友般的感情，利于顺利铺货和及时回款；利于争取较好的摆位和宣传位置；可防止断货或脱销信息闭塞，掌握市场动态和竞争产品情况；最重要的能促使营业员推荐自己的产品。

（3）培养良好的营业员口碑。

通过与营业员沟通，把营业员培养成企业的荣誉员工、兼职促销员是形成营业员良好口碑的途径。

培训营业员使其了解产品知识、达到有效推荐产品的目的，其采取的方式有“联谊会、有奖征答、有奖竞猜”等。有奖活动操作程序如下：

设计问卷，以下几个常见问题一般要列入。

您知道××产品是那家生产的？有利于塑造企业的知名度。

“××”的主要作用？让营业员了解产品功能、作用。

“××”产品与同类产品相比，有哪些优点、特点？让营业员记住并明白同类产品中它最好。

怎样服用“××”产品？正确服用，有利疗效的提高。

“××”产品的价格优势？从价格、疗程、品牌、疗效及疾病的危害几方面打消消费者的价格顾虑。

设计奖项、奖品。

奖项：一般可设一、二、三等奖及纪念奖。

奖品：根据营业员注重实惠的特点，设立的奖品必须实用、实惠。如日常生活用品、如食用油等；洗涤、化妆品、如洗发水、洗面奶等；有企业或产品名称标志的纪念品；奖品应该尽量多考虑送营业员“用得着、要花钱买”的东西。

问卷的发放及奖品的兑现。

由终端代表将印有问题标准答案、奖励规则和奖品名称的宣传资料发放给营业员，可设立表格让拿到宣传资料的营业员签名（单个药店为单位）确保发放到位率高于95%。告诉营业员一周内来人考核，并顺便将产品位置调到醒目一点。

一星期后由上一级主管或指定人员两人一组进行每次抽查1~2人，重点一星期拜访两次，全部答对为一等奖，依此类推。三个以下发纪念品。

此活动可以3个月为一周期，要求营业员对产品了解达优秀良好的占30%以上，达到及格的占用80%以上，知道本产品的营业员达100%。

合适的时候也可以通过给店员集中培训会效果更好，但是，在新的时机及环境下，企业光讲企业的内容，连锁门店是否答应，因此，增加门店培训的附加值就显得非常重要。比如，广州一家连锁请我去讲课，先要看您的 PPT 提纲，对他们有用的才会让您去讲，光讲产品不讲卖产品的办法，客户一般不愿意，因此，工业的竞争将进入给所有销售链的客户提供价值服务的时代到来，工业将逐步要成为工业品专家、商业专家、零售业专家的三位一体。目前我在给石家庄华新的顶克项目就是导入了这个服务体系，效果非常好。

（4）激励终端药店营业人员。

设立产品陈列奖。

加强与柜组长的关系，保证药品渠道的畅通、稳定。

要求本产品在药店占有最好的位置（一般为主柜台的第一层中间位置或货架中间层正中位置），并在此位置每摆放超 1 个月，可送柜组长礼品一件；累计达 1 年者，邀请参加公司主办的联谊会，并发放奖品。

中小药店或个体药店该奖项可以和条幅、灯箱联系在一起，即洽谈条幅、灯箱协议时将药品摆放在内。

设立终端销售奖（积分累计奖），此奖的目的是直接调动营业员的积极性，刺激销量。具体方法：

定规则、每个营业员销本产品一瓶或一盒积一分，积分累计达一定分值、可领相应价值礼品一件、或继续累计。

如：10 分礼品价值 = 预设促销费用/瓶 ×10 = 礼品

50 分礼品价值 = 预设促销费用/瓶 ×50 = 礼品

100 分礼品价值 = 预设促销费用/瓶 ×100 = 礼品

每次领取奖品后、积分消除、重新计分。

同店营业员在志愿的基础上可以合并奖品（这主要是照顾一些销量小的药店）。

售后服务：

聘请专家教授为顾客解决疑难问题；重视处理消费者的信息反馈；对消费者的来信和电话必须认真对待；赞扬企业及产品的整理成典型案例（成为 DM 单及专题化素材）；对提出疑难或需要帮助的要上门拜访；对反映产品质量问题的一定要以诚相待和热情的服务，妥善处理把问题消灭在萌芽之中，避免负面影响。

理清外部环境：

初开市场时要会同经销商，或自己单独及时与药监局获得当地药宣证。在工商行政管理局相应部门取得户外及宣传散发单的广告登记证。在举行各种终端推广活动征用户外场地时要及时会同场租方与城管部门或交警部门取得活动许可登记。

4. **管理终端代表是保障**

（1）OTC 代表工作操作规则。

明确工作任务数量，制订走访工作计划，包括周计划、日计划。

根据具体的工作计划做好准备工作。根据先远后近，先重后轻的原则进行终端走访。

具体做某家终端的 6 个操作步骤：

看户外：看可否开展活动，放展板、贴宣传画、人流状况等；为以后促销活动开展做准备。

勤问候：问进货渠道、问是否可做广告及其条件，问与城管的关系、问您一切认为合适的问题，为以后开展活动与销售提供资料。

查户内：查自己与对手的进销存、批号、陈列、店内宣传、客情等。在查的过程中进行理货，将零售业的货架变成工业的货架。

做记录：好记性不如烂笔头，及时记录一切看到、问到、听到、感受到的东西。为您做出正确的活动提供素材。

提要求：如进货、换陈列位、贴宣传画、搞促销活动等。每次拜访，如果没有新的结果产生，您的拜访就是无效或低效的。

礼貌离开：提出下次再拜访。

（2）促销基本要求。

产品陈列：

占据最好的位置。柜台：占据最上层纵向排放、做到占位好、醒目、易寻找；货架应把产品摆放于 1.3 ~ 1.5 米高处，在货架顶端摆放产品模型。

系列产品集中陈列。其目的是增加系列商品的展示效果，使消费者能一目了然地看到公司系列产品，从而体现公司产品的丰富性。此外还对新产品或销售弱势的产品起到带动作用。

将产品尽量摆放在顾客经常走动的路段：如开端架、入口处、路口转角处。

经常注意卫生及补给。保持产品清洁，随时补充货源、更换损品、瑕疵品或过期品，让陈列商品以最好的面貌面对顾客，以维护产品的价值。

终端 POP 布设。

制作 1m×0.5m 导购牌（展板），设计制作要求品牌突出、诉求重点突出、图文并茂、制作牢固、摆放于药店门口两侧或合适位置。

如有可能招贴画要选择粘贴在店外两侧 1.4～1.8 米光洁墙面、店堂玻璃门、或店内 1.4～1.8 米光洁墙面上，粘贴要牢固，排列张贴视觉及宣传效果更佳。

台牌卡放置柜台靠近产品摆放处，内装小折页或小册子，便于目标购买者详细了解产品。

吊旗并排悬挂于进店 2.5m 高、正面柜台上方。

店内灯箱亦要选择临近产品上方摆放。由企业发放彩喷稿，依要求制作、必须做到统一性。

店招牌造价低、档次较高、耐久性较强。由企业出彩喷稿，当地广告公司制作。

产品模型分户内户外：户内“金字塔”摆放、用透明胶固定；户外应注意避免碰撞。

巨幅广告画：6m×20m，视觉效果极佳、大气，但要注意防风。它悬挂于大型商场、超市正面或面对人流量较大的墙面上。产品应在进入终端一定时间后操作比较合适。

户外广告牌：大型广告牌、靠近卖场（售点）置于 5 楼楼顶或裙楼。（当市场在成长——成熟期考虑操作。）

车体（车贴）广告：前期买断主要线路公交车的车后车前贴，产品成长期可根据条件考虑整车车体广告。

（3）OTC 代表的工作标准及管理监督办法。

工作标准：用表格法进行管理较为科学，如建立以下一些表格，同时各企业也可开展自成体系的表格管理体系。

药店档案表　　　　　　　（附表 1）

经销公司产品营业员档案表　（附表 2）

终端药店周拜访工作表　　　（附表 3）

终端药店日拜访情况反映表　（附表 4）

终端奖品领用表　　　　　（附表 5）

终端药店月销售统计表　　　　（附表6）

有奖问卷发放表　　　　　　　（附表7）

量化代表工作：OTC代表区域销售任务由开发期、成长期、成长期的市场来确定。

终端覆盖率：开发期占药店总量15%～20%；成长期占50%～60%，第N个月左右开始；成熟期占80%以上。产品有差异，目标可调整。

OTC代表每日拜访药店数量、每次拜访时间、内容。

药店数量：每日拜访约15～20家（期中重点药店2家、较大规模药店10家。）

拜访时间：骨干药店拜访时间每次不低于半小时，开发期3～4次/周，成熟期待1～2次/周；较大药店拜访时间每次不低于15分钟，开发期1～2次/周，成熟期1次/1～2周；其他药店1个月拜访1次。

拜访内容：终端各种硬包装、营业员对产品的建议和看法及自己提出的要求。

配置OTC代表人数的确定原则：按每×0家药店配置OTC代表一名的原则来确定办事处OTC代表总人数。

管理监督办法：

第一，公司对办事处的监督与考核：从销售任务、市场覆盖率、办事处员工综合素质及与营业员的沟通程度四方面来考核。

第二，对办事处的财务监督：办事处管理费用每月核报。对促销费用按使用详细说明核报。对于举行的小型的周六、周日的药店促销活动，必须有办事处两人以上参与；大型终端药店的促销会必须由上级部门参与，才能发生费用。

对于奖品、纪念品的发放必须凭领用人签名（以药店为单位）才能核报。

第三，对办事处的市场监督：对经销商的合作关系、渠道畅通的监督；对办事处培训工作的检查，以保证市场良好运作；对办事处各项宣传促销活动的落实情况的监督。

第四、办事处主管对OTC代表的监督。

定期随访法：主要看代表与营业员的沟通技能及工作态度。

不定期抽查法：主要看代表的工作到位率和营业员对其的评价、印象程度及是否有消极怠工现象。

每天查看 OTC 代表的日工作计划表，是为了解代表的去向和组织能力。

总之，在 OTC 的推广中，只有扎扎实实地进行终端推广工作才会与企业的媒介广告相得益彰，否则媒体广告费用将大打折扣。另外，所有医药企业要想做好 OTC 产品，并保持长远发展，最后形成品牌，也一定要注意两重的统一：一是终端推广与媒体运作的和谐统一；二是零售市场开发与医院开发的统一。

在此基础上，我们又进一步开发了一本太阳石的 OTC 营销的指导书，书中分为五大部分：

第一部分：介绍 OTC 的定义与处方药的区别，OTC 的发展史及中国 OTC 的现状、特点及未来走势，以及 OTC 营销与企业的关系，OTC 企业如何运作等。

第二部分：OTC 运作的策略篇，以我 1999 年发表于《销售与市场》的"踏入药店营销"为主。

第三部分：OTC 实战篇，根据太阳石的产品特点进行实战编写。

第四部分：如何运作广告，涉及广告策略、广告卖点、媒体选择、投放监控、广告文案创作等给出了很多运作广告的工具。

第五部分：终端促销篇，主要针对如何进行终端的软硬终端促销提出了很多办法与图表，5 张表格见本章节的最后。

铺货记录表	（附表 8）
月销售及库存报表	（附表 9）
太阳石药业补货单	（附表 10）
广告投放计划表	（附表 11）
促销计划申请表	（附表 12）

第三节　推广工具：如何开好推广会

第一次知道产品推广会还是 1996 年在亨氏的时候，我有幸参加了一场统一公司的上市推广会，当时来了非常多的客户订货，有终端和小批发，我当时认为这是一个较好的市场开发手段。后来进入药业后，我在从没有组织过一场推广会的情况下，在 1999 年的正好制药却连续举办了几次推广会并获得成功，最重要的是我用了在外资学到的流程和标准先写作了《如何开好推广会》的流程与标准，并将此用到了好娃娃产品的推广。

所谓商业推广会一般是指医药企业充分利用商业客户的网络关系，以召开会议的形式，将产品导入医院、药店、诊所或调往其他的商业客户的一种形式。它主要有以下几种类型，导入医院型、导入药店、诊所型、商业平调型、综合型等几种形式。几种类型的商业推广会既有共性也各有侧重点。一般来说，开好商业推广会必须做好以下几件事情：

1．**会前的准备工作**

"预则立，不预则废"，细致扎实的会前工作是推广会成功的关键。

（1）医药企业的销售代表必须充分地、仔细地与医药商业客户的经理或商业业务经理协商好，并对整个推广会的过程进行仔细策划。

（2）确定会议类型，即准备召开什么类型为主的推广会，是召开综合型的，还是单项型的。一旦确定了主题，便可以开展一系列的策划和准备工作。

（3）根据会议类型确定邀请对象，但一般为以下几个方面的人：

①医院邀请对象，一般是药剂科主任、药房采购、相关科室负责人、业务院长等。小医院一般为院长和采购。

②药店、诊所的负责人或采购。

③药批的经理、业务经理、主要采购等。

④其他政府机构人员。

（4）对于A类人员的邀约可由商业公司操作，但重点的医院必须由企业销售代表和商业公司较高级别经理共同邀约，对于药店、诊所、药品批发企业的邀约由商业公司自己把握，医药企业原则上不要参与，但可以告之哪些地方的药批可以不请，以符合医药企业的渠道价格管理政策。D类人员由商业单位发出较好。

（5）落实人员后，根据人员数目确定会议规模，选择会场，确定时间，并和商业客户一起用请帖发出邀请函。

（6）邀请函的制作也决定了到会的人员的多少及开会时的拿货准备状态。一般的医药企业和商业客户在开会时，只将开会的时间、地点及开会产品情况告之邀请对象，使邀请对象在开会前做好准备。而某某制药有限公司在产品的邀请函中却注明了许多东西，如时间、地点、开会产品、公司的简介、产品简介、订货订单及政策、广告播放情况、推广会的活动内容、程序、服务承诺及会后促跟进等情况，效果非常好，许多与会代表刚到会场便送来订单，而且百开百中。

在新时代的竞争环境中，我们还可以细分会议类型，如对药房为主的会议，可以以题《提高零售门店竞争力》培训会的形式上市，会让有危机感的药房，想发展的药房参与。

（7）对于一些重点的邀约对象，医药企业的销售代表亲自邀约，多次拜访，并强化公关，衔接到会，确保订货事宜。

（8）详细策划会议的程序、所需用品及注意事项等。

医药企业人员应准备的用品：落实胶片、幻灯片或幻灯机、投影仪、广告礼品、让利费用、样品、宣传资料、广告用品等。商业公司准备好发票及开会所需的东西。医药企业代表必须在开会前将货发至医药商业客户处。

（9）根据会议规模，医药企业和商业客户必须配备一定人员，成立会务组，相互协作，分工明细，权责到人。

（10）为了调动商业客户的业务人员的积极性，医药企业应当给予一定的奖励政策给业务人员，但也必须与商业客户经理协商后执行，以免引起不必要的麻烦。但只要执行，效果肯定是非常明显的。

（11）会务费原则上由医药企业出，但也可协商解决。

（12）制定一套非常有刺激进货的让利政策或奖励政策。

2. 会场的布置

（1）会场的地点一般为宾馆，客户的会议室等。

（2）会议的主席台上方悬挂产品推广会横幅，并标明商业客户名和医药企业名，会场门口置几块欢迎词板，会场粘贴一些宣传画，放置台卡及其他宣传品，并尽量将商业客户名放在本公司名前。

（3）布置开会所需的一切用品，如粉笔、话筒、扩音设备、幻灯机、投影仪等。

（4）各种资料的准备，产品价目表，产品介绍宣传册，每个品种的样品，商业公司准备发票。

（5）会场门口陈列公司样品，宣传册，宣传品，并将产品宣传册成套装好，准备签到册。

（6）主席台上可设置摸奖箱，放置奖品。

（7）考虑到会人员的时间差，可购买一些饮料和报纸进行情绪调节，控制场面，也可放企业介绍性质的广告带、电影等。

新形势下也可以放放《一周立波秀》、《赵本山的经典小品》等，这样先到的客户一般就不会情绪化了。

（8）制定会议程序表，并落实到人。

3. 会议程序及注意事项

（1）详细进行人员分工，确保人尽其责，这可根据具体会议来确定。

（2）签到，发放饮料、宣传册、价目单、一份小礼品、会议程序表等。

（3）会议的主持应由商业客户的经理主持，由其致开幕词并宣布会议程序。

（4）由医药企业的到会最高级别代表介绍医药企业的宗旨、理念、目标、发展战略、产品销售形势等公司营销状况。

（5）由医药企业的医药代表或其他人，或当地权威医生介绍产品情况，使用情况，对于医院型推广会尤为重要，可增强到会代表订货的信心。

（6）组织抢答赛，题目非常简单，主要目的在于宣传医药企业，商业客户，产品及有关订货政策情况，加强记忆，以激活气氛。

（7）从第一个订货单位进入会场，医药企业的销售代表和商业客户的业务员便要积极宣传，拿订单，如有住宿，晚上也必须加强订货公关活动，尤其一些重点单位。

（8）抽奖及兑奖可放在活动的最后进行，即订货基本完毕后进行。

4. 会议后的情况

（1）医药企业的销售代表要与商业客户在会后马上清理订单，将订货客户分类，对订货量大的客户要加强跟踪服务，对于订货量小的客户也可用信函、电话加强联络，确保销售的良性循环。

（2）医药企业的销售代表要及时督促商业客户给没有提货的客户尽快送货到位。

（3）会后及时兑现对商业客户的业务员的承诺，调动其送货收款服务的积极性。

（4）及时调整客户货源，库存，并加紧收款工作。

（5）根据订单将客户分类，以便后期跟进。

5. 医药企业应密切注意的事项

（1）市场调查非常重要，主要要查的内容包括以下方面：

商业公司的资信、经理的经营思路，它的主要网络现实情况、它的服务功能等，市场环境的调查，推广会效果调查。

（2）企业的产品的价位，治疗范围也决定了它的推广会的类型。因为农村市场、不同经济类型的城市市场它的消费能力不同，一般多发病率且价位在每日药品消费单价在6～10元/日的品种较适合于推广会，尤其是综合型推广会。

（3）推广会过程中要注意调动合作单位的积极性，包括它的各级人员的积极性。要特别尊重商业单位及其他的人员，如推广会的注名一定要将商业单位的名称一同注明，并可将其名注在前面。

（4）商业推广会在介绍产品和企业时要把握一条原则，语言文字一定要简单扼要，通俗易懂，时间根据不同推广会进行控制，以8～15分钟为宜，多家企业召开的时候更要好好控制介绍产品和企业的时间，而更要多花时间介绍产品订货的政策，因为商业推广会中产品的利益是关键，当然产品如果质量好，有品牌将事半功倍。

（5）多家生产企业一起召开的时候更要注意争取商业客户的全面支持和政策上的灵活多样及其竞争力。

（6）要注意南北各地区的差异。

6. 各种类型商业推广会的侧重点及注意事项

（1）医院型：基本上只能招标成功后开发，通过推广会的形式已经很难，主要针对小型医院等。

（2）药店、诊所型：药店、诊所的市场推广会一般应选择在大中城市召开，一般在当地市场OTC药品的前期铺市，或者有一定大中型医院销售较好的情况下，通过推广会铺开市场，并且达到一定销量。同时，也可以利用其他日用消费品助销理念，招聘OTC代表来做市场。

（3）商业平调型：关键在于控制以防止窜货，并尽量往医药企业开发较差的地区调拨，并加强售后服务。价格体系的合理控制是关键，尽量用礼品促销，不要给予让利，如要给，最好控制在三个点以内，特别对销售特别好的产品，同时要注意各地区差异。

（4）综合型：即以上任何二种或三种的组合，由于订货单位订货量的悬殊较大，在制定订货奖励政策时要根据订货单位情况仔细策划。

总之，无论何种推广会，医药企业的销售人员必须树立用全国的人才做全国的市场，用全国的资源做全国的市场，精诚合作，根据具体情况精心策划组织，则无往而不胜。

在新时期开好推广会更要很好地给客户带来附加价值，如近期我给华新药业策划的推广会，给零售业讲解“如何提高零售门店竞争力”的系列培训，非常受零售业欢迎，当然华新销售也非常好，否则推广会质量越来越差。

7. **大型推广会案例介绍**

其一，在确定召开长沙推广会之初，便对市场进行了为期一个月的市场调查，觉得有市场基础，对召开商业推广会的客户进行调查、沟通，最后发现长沙某医药有限责任公司的市场网络、市场增长率、资信都非常好，更难能可贵的是在做市场的理念上沟通愉快，达成共识。

其二，与长沙某医药有限责任公司确定推广会以后便马上确定会前的工作。

（1）确定会议类型为综合型，客户300～400家，人员500名左右。

（2）会议的费用全部由某某公司出，策划费用的使用以企业为主，商业公司协助策划。

（3）邀请的对象：长沙的药店、诊所、非促销医院。外地商业公司但必须是某某公司开发较差、覆盖较差的区域，主要是为了防止窜货。集团领导、长沙省市相关领导、周边区、乡医院等。

（4）会议时间：樟树会议后一周内召开，同时抢在另一家公司推广会的前一天，同时，第二天可以再有销售活动。

（5）会议地点：通程国际大酒店夜总会，主要目的为树立某某企业形象，扩大销售。

（6）组织节目：长沙一流节目及一流主持何某及我本人。

（7）销售预测：50万～60万元左右。

（8）费用预算：各种开支×万元左右，奖励费用×万元。

（9）奖励政策：（详见产品订货单）根据到会客户有大有小进行策划，调动各方积极性。

（10）付款要求：现款提货，无质量问题不退货。长沙公司在会后付70%，45天内全部付清定货会的款项。

（11）着装要求：某某公司统一服饰，戴工号牌，长沙公司统一西装穿戴，戴工号牌。

（12）调动客户业务人员积极性，设立每件推销资金。

（13）集团作战，实战培训员工，某某公司湖南市场调集湖南大半员工参与，长沙公司调动所有业务人员参与，并争取一对一的结伴合作制，对到会客户代表一对一盯人公关订货。

（14）其他准备工作：邀请函、宣传品、奖品、订单、节目计划安排等系列策划，分工到人。

（15）邀请函中详细将节目单、订单、奖励办法、某某公司的广告、促销手段、会后跟踪服务等各种资源情况进行介绍，使客户在到会前有了订货的信心。

（16）邀请了几家媒体单位采访报道。

其三，会议程序及控制。

（1）24 日晚湖南大区召开了分工会及程序制定会，下午在商业公司召开了动员会并一起共进晚宴，发放促销礼品充分调动了长沙某医药有限公司责任公司员工的积极性。

（2）25 日清晨排着整齐的队伍，带着宣传品，从五一路经友谊商厦达到通程国际大酒店，路上行人投来了惊奇和欣赏的目光，树立了某某公司的良好形象。

（3）对会场进行精心布置，各种宣传品、广告品进行了合理搭配。

（4）下午 1：30 分开始报到，某某公司的销售代表与长沙某医药有限公司业务人员 1 +1 的组成一组盯人服务、攻关，开始拿订单。

（5）下午 2：48 分会议准时开始。

①长沙医药局领导讲话及其他领导讲话。

②某某公司营销副总作公司介绍。

③我进行产品介绍，订单奖励介绍。

④长沙某医药有限责任公司的相关介绍。

⑤精彩节目一段。

⑥特别节目：我和湖南电视台何女士一起主持。节目内容：长沙某医药有限责任公司的老板姓名、业务联系电话、某某集团总裁、标志、某某公司老板及业务电话，5 个推广产品的功能主治，某某公司广告内容及媒体投放，本次订货的奖励办法共二十个问答题，只要答对便奖一对某某牌东西。

⑦会议由于安排了这一节目也由些达到高潮，使订货单如潮水般到达订货处，同时也对企业形象和产品形象进行了非常好的口碑广告宣传。

⑧精彩节目一段：会场下积极拿订单、整理订单发放奖券。

⑨抽奖、兑奖、发放礼品。

先抽二等奖，后一等奖，最后特等奖，然后兑奖，发放礼品。

随着某某品牌礼品袋一次400多个从通程国际大酒店取出，某某公司形象进一步提升。

其四，会后工作。

（1）招待相关人员，为以后工作开展打下基础。

（2）整理订单和客户资料，为跟踪服务做准备，推广会成功将货推出，只成功了20%，80%的重点应在售后服务，才能保证正好产品的长久的不再是旺销。

（3）晚上继续拜访在长沙暂住的乡镇医院和三、四级站客户，继续拿订单。

（4）很好整理会场，留下正好的良好印象。

（5）湖南大区会议，总结推广会的得失。为以后成功召开各种推广会做准备。

其五，媒体工作。

湖南卫视全程拍摄，并在卫视台新闻播放两次，很好地宣传了某某公司的企业形象。

其六，会议结果。

达到预期，不仅销售近六十万元，还开发了一百多家药店、诊所，十几家县级客户，三十多家区乡医院，在长沙乃至湖南医药界树立了某某公司良好的企业形象，其公司两大品牌进一步扩大影响。

总之，无论何种推广会，医药销售人员必须精心选择商业伙伴，用全国的人才做全国的市场，用全国的资源做全国的市场，根据公司的产品结构及当地具体环境精心策划组织，则无往而不胜。

其七，中小型推广会案例。

攸县推广会是长沙推广会以后组织的第一个面向县级市场的推广会，也是有意在长沙推广会以后安排的。原因有二：一是株洲的两个业务员没有经验和把握，有待利用长沙推广会实践培训，二是公司也没有人员去了解和帮助。

开会背景：攸县的县人民医院，县中医院已经进了某某公司的两个产品，且销售近一年，在攸县药材公司属于大品种，医生及各级乡村医院也有所了解，个别大药店和诊所开始经销，攸县公司的覆盖率较好，并有片区业务人员跑各级医院和诊所，而湖南大区株洲办事处也准备继续发展乡村医院及诊所、药店，并想利用会议机会导入另外两个品种。

开会经过：开会前的准备工作：经与攸县公司经理讨论决定开一个推广会，由于一家开会成本高，便决定与湖南某某制药有限公司合开，当时在某某公司也是第一次和别的厂家一起开。由于当时某某公司资金紧张，便与攸县公司商量从货款中扣会务费，并与该公司借了部分活动费用。当时已将时间及开会地址由攸县公司通知了所有邀请对象，由于是两家合开，又是第一次，我当时便提早一天赶到攸县和株洲办的业务人员一起讨论对策，并通知公司及时将货连夜发出并配给了一部分促销品，因在此以前就准备了条幅及 POP 的材料，故在合作厂家到达会场以前就将条幅及 POP 材料布置到了最佳位置，同时又给合作厂家留有余地。晚上又宴请了攸县公司的领导、业务人员和相关人员，并制定了高于合作厂家的激励机制，并制定了第二天开会的详细的方案，并确定了流程及关键点。同时又拜访了提前到的一些医院、诊所及卫生所的负责人，向他们介绍企业的相关情况，市场发展情况，此次开会的政策及售后服务等。

开会过程：第二天会议过程在程序上基本上和长沙推广会相似，但是没有文艺节目，但抓住了关键所在，并且开展了相关问题的有奖问答，在介绍企业及产品时并详详细细介绍了奖励政策，会议前由于我方准备工作充分，我善于调动会场的形势，开会过程中的签单高达 13 万多元，会后又签订 3 万多元，而和我方合作的企业的订单不到我方订单的 1/3，并将所有医院、诊所大多导入三个以上产品，同时将县人民医院和县中医院又成功导入两个产品，会议非常成功。

会后工作：和攸县公司清理会场，并落实了送货回款事宜，同时积极开展售后服务，兑现各项承诺，总结会议经验并写成材料供公司日后参考。

此文在首届“白内停”杯医药营销案例大赛中获奖 。后来我又根据太阳石药业产品的特点制作了许多有特色的订单，对于好娃娃的市场推广起到了很好的作用。

第四节　新品牌上市工具包制作思考

1. 理论工具思考

任何一个新产品、新品牌上市，一定要有一个理论工具作为指导，这个理论工具一定不是盲目照搬，而是一定要根据产品的特点来决定。比如4P理论、4C理论、4R理论等，以及其理论的融合，最近我在开发一个新项目时就是根据其产品及市场的特点，全面导入4R营销理论来进行市场开发和拓展，而采用这种理论的必然结果就是组织体系、价格体系、渠道体系、促销方法跟4P和4C的运行方法大不相同。不是所有的产品和服务一定需要大的广告才能够成功，在很多行业都出现了没有硬广告就能成功的案例，比如2010年3月上市的海南康芝药业就是利用4R营销理论成功做好产品并成功上市的。

4R营销理论以“关系营销”为核心，注重企业和客户关系的长期互动，重在建立顾客忠诚。它既从厂商的利益出发又兼顾顾客的需求，是一个更为实际、有效的营销制胜术。对于很多行业来说就更为适合。

（1）关联（Relevancy），即认为企业与顾客是一个命运共同体。建立并发展与顾客之间的长期关系是企业经营的核心理念和最重要的内容。狭义顾客是指与企业关联的价值链上的所有顾客，广义顾客为价值链上的任一顾客如何与其他顾客形成共同体。

（2）反映（Respond），在相互影响的市场中，对经营者来说最现实的问题不在于如何控制、制订和实施计划，而在于如何站在顾客的角度及时地倾听和回应。

（3）关系（Relation），在企业与客户的关系发生了本质性变化的市场环境中，抢占市场的关键已转变为与顾客建立长期而稳固的关系。与此相适应产生了5个转向：

①从一次性交易转向强调建立长期友好合作关系；

②从着眼于短期利益转向重视长期利益；

③从顾客被动适应企业单一销售转向顾客主动参与到整个过程中来；

④从相互的利益冲突转向共同的和谐发展；

⑤从管理营销组合转向管理企业与顾客的互动关系。

（4）回报（Return），任何交易与合作关系的巩固和发展，都是经济利益问题。因此，一定的合理回报既是正确处理营销活动中各种矛盾的出发点，也是营销的落脚点。

详细了解可以网上查询，之所以提起这个理论，是想告之创品牌的企业人员，这个世界除了广告还有关系和口碑可以创造更好的品牌，是一种很好的低成本的品牌发展之道，并且可以大量提供就业机会，是一个好的理论体系。

2. **销售政策**

什么是好的销售政策，他必须满足以下三个条件就是好政策，顺道、易知、简从。顺道是根本，易知影响思想让大家愿意了解，简从是大家愿意行动做出结果。

（1）能够让所有利益相关者基本满意。

即顺道，顺天道，一定要适应政策环境变化，别与政府对抗，有一个大企业家就有一个非常好的政治理念值得大家学习，“尊重各级领导意见，永远跟党走”，目前其企业已经近200亿元销售；而《大败局》中描述的金杯、健力宝等企业都是因为政治理念的缺乏而败落。顺地道，一定要保证利益链条的利益动态平衡，只有致中和才能和谐发展；顺人道，满足人性逐利的需求并引导好。这个世界没有永远的朋友、没有永远的敌人，只有永远的利益。

（2）能够让文化程度低的人员都能看懂。

要易知，即易则易知、易知则有亲，有亲则可久。也就是说您制定的政策要特别易懂、易记，只有这样大家才会感觉亲切，才可能作为一种长期的动力。记得某大型集团在一次招聘营销老总时，一个写了60页营销计划的博士落选，而一个只有3页纸的大专生实干家被聘上，当时某大型集团的陈总只问了博士一点，60页您能记住吗？回答是当然不能记住，试想一个制订方案的人都不能记住的营销方案，营销人员会去学习吗？学习不了的结果就是没有行动和结果了。

（3）能够让人马上想去行动。

即简从，简则易从、易从则有功、有功则可大。方案简单可信，大家就想去试试，如果一试就能得到一个结果，大家就会坚持做，就能将一件事做成功。

这个政策应当包含几个内容、公司的整体利益、推广者的利益、终端的利益、消费者利益，最终以消费者利益的货币化体现，当然只有好品质才能让消费者信任并长期埋单。

对推广者我们要告知其利益能得到保护，同时要告之他如何去搞定客户，如果其搞定了客户获得了回报，其自然就会长期去做。

同时公司要帮助客户如何获得消费者的信任来购买产品，我们必须要有一个简单可行的办法。

作为方案的设计者是将复杂的事情简单化，这个简单应是有针对性的简单，比如老板和高管看的政策，销售人员看的政策、客户看的政策，终端政策是不同的，设计者应当设计不同的文件包给不同的人看，这样事情就简单了，如果不该看到的人看到了不该看到的东西，事情就复杂了，就会阻碍行动。简单就能行动而成功，复杂就会疑心不行动而失败。

因此孔子曰：知之为知之，不知为不知之，为知也。很多人理解为知道了就说知道了，不知道就说不知道，是为明白了。而更深刻应是，该让人知道的就让人知道，不该让人知道就不让人知道，才是真的知道了。

因此见人说人话，见鬼说鬼话的人更容易生存和发展，因为其顺了人道。

3. 传播工具

传播工具到底解决什么问题，这个不明白就一定不能卖好产品，设计传播问题就是要解决信心的问题。那么到底在品牌的初创阶段要解决那些信心问题呢?

内部从老板、员工的信心，外部要解决销售队伍和客户的信心。因此一定要导入 CIS 系统，统一思想、规划未来，让大家看到希望，希望是最大的动力源泉。因此品牌规划书及体系规划书是能打动很多人的心的。

另外从形象商导入 VI 体系，从产品开始，到公司网站宣传用品，上平面广告等，总之一定要传达一种要做品牌的意思，只要销售队伍认为您要上广告，做品牌，其内心就会形成一种归属感，荣誉感。

在长期的品牌工作中，只要做了以上东西以后去招商，客户就很想来合作，如果没有，您的招商工作开展就很难，因为此时招商人员都没有底气，当一个没有百分之百信心的人和别人去谈判时，人未到就先输了一大半。

4. 合同文本

修订合同，用契约的形式来进行合作是现代社会必需的工作。一般应形成以下几个合同文本。

（1）与公司销售人员签订的协议书文本。

（2）与代理商签订的合同或合作协议文本。

（3）开发重点终端合作的 VIP 协议书及一般的订单文本。

（4）与商业客户的合同文本。

（5）与不同连锁合作的文本，因为其合作的关键点是不同的。

（6）市场保护承诺书；只有利益能得到保护的事大家才会卖命去干。

合同越是公平公正，就越能稳定人心，心安才能去无忧创造，企业前期开市场，创品牌一切都要围绕着人心展开，只要得了人心，必将创造出品牌及利益。

5. 销售队伍的实战工具

就是一切帮助销售人员搞定客户和消费者的工具，这些工具包含了以上一些工具。

工具一定要有杀伤力，也就是要帮助其搞定客户赚到钱。做任何一个品牌或新产品上市我都会这样做，而且已形成习惯。并且每一个工具开发出来后一定要下到市场检验，让销售人员拿到时一定要有威力。工具的威力的标准是什么呢？

就是对别人的内心的商业需求的满足，比如我开发终端用了3个保证，拿到熟悉和陌生的市场都能获得很高的成功率，当业务员拿到这样的工具去开发市场时就很容易成功，成功了其就会努力去干，帮助员工能快速赚到钱，销售管理就可以无为而治。

管理的最高境界就是不要管理。

我在设计所有的体系时都是围绕这个目标而努力，让所有的人当老板为自己干，在干好的同时也帮助了所有产业链的人。

6. 管理与服务工具

管理工具与服务工具一定是根据销售政策及销售模式来定的，这符合经营与管理的关系，在实战中我总是根据项目的情况来开发，一定是各方容易用，又容易看懂的，又容易管理，这个和模式、品牌、体系、政策是应当配套的。

7. 如何开发一份好的DM单

开发一份好的DM单是要花点心思的，不要让大家拿到手上就丢弃，而是要让他看到和记住您想“传播”的东西，否则DM广告就全白费。

（1）一定要有焦点内容。所谓焦点内容就是一定是人人喜爱的内容，即不能太雅、也不能太俗，要有点像东北的二人转，是人们休息时的一个笑料，冷静时的一份哲理，就像下面的软文：“男人不想回家，女人有一半责任，女人不想回家，男人负全部责任”，大多数拿到这份单页的人都保存了这份单页，当然企业、品牌及品种大家也记住了，并进行了口碑传播。

（2）单页的设计一定要时尚，同时要简洁、明快，如果企业有VI体系及LOGO，就一定要按VI来，要保持所有传播的统一。同时DM单的用纸要相对较好。

（3）要素要全，一般为以下几个：

品牌及商品名称要醒目，一般居首设计；

产品的广告词及卖点要更醒目，一般居中上设计，但是一定也要简单有冲击力，将产品品牌、功能及卖点能浓缩在一句十个字内。

企业名称及网站要注明，企业地址及电话要有，最好有免费服务电话，让人感觉放心。一般可落底设计。

软性宣传的标题要突出，但不要超过品牌及卖点、一般居中下。

8. 软性宣传一：男人不想回家，女人有一半责任

某日，与友小坐，闻其低头轻叹：今日不想回家！感慨良久。从当初曾经沧海难为水的义无反顾，到如今的有家不想回，那是何等艰难的一段心路历程。徘徊的心路中，女人肩负着一半责任。

当一个女人把自己托付给您时，她是拿一生的幸福当赌注。我想作为男人的您一定会为这种选择而怦然心动，心里升腾起一种理所当然的责任感，并在内心深处默默发誓：一定要为她温情脉脉地演绎一辈子的真诚。

彼此心灵默契的征程从此开始，用坚毅的表情，粗犷的动作，柔情的内心呵护和映照着如水般的女人，为走完这一段刻骨铭心的旅程而倍加小心。

可岁月的流逝让女人的心理起了微妙的变化，整日忙于现实而不修边幅，展现在自己老公面前的总是一幅邋遢的模样。殊不知修饰和容貌无关，一道优美的风景，谁都愿意欣赏，让疲惫的心在舒缓的环境中释放，是每一个男人的希望。

当时光的印记缓缓爬上俊俏的容颜时，女人的心变的浮躁，遇事不冷静，整天唠叨，常常猜疑，把一个安宁的家弄得鸡飞狗跳，原本温情摇曳的心思渐行渐远。男人沉静的心也就频频泛起涟漪，而往往这个时候，在外面像秒针的男人已经很在意这片港湾和这份亲情了，女人的一半责任让男人陷入了矛盾的深渊，也只有轻叹的份了。

祸起萧墙时，女人都有自己的杀手锏：

其一是：大吵大闹，大有您不回家，同归于尽的架势；

其二是：不闻不问，冷战处理，看您还要不要这个家？

而聪明的女人选择了第三种方法：煲好汤，留张条在桌上：

汤在锅里，我在床上，慢用！

很欣赏女人的第三种做法，能抓住男人刚毅外表下柔情万种的心，试想还有什么能阻止得了心的回归！

愿天下女人都用心承担起那一半责任，赢取一颗回归的心。

9. 软性宣传二：女人不回家，男人要负全部责任

贾宝玉一句“女人是水做的骨肉”，似乎道出了女人的全部，如水般与您相携一生。于是漫漫的旅途中，男人们的心中便烙上了一句话：女人在感情中跋涉；男人在责任中奔波。

殊不知女人的感觉并非仅仅是需要精神的安慰就了结了所有的期待：生理的需要、情感的寄托、物质的要素。当初热恋的一对人儿，在不经意的倾诉中完成了超出友谊的变化，历经各种艰难困苦、急流险滩而走到了一起，女人在与男人相濡以沫中趋向成熟，在对男人精神的感觉及日益丰厚的现实生活中让身心逐渐平稳。

而婚后的男人忽略了彼此的相欢，只顾及自身的全部感受，借应酬多为理由而夜不归宿，以工作累为借口而疏于搭理，无法忍受偶尔的寂寞抑或突然的激情而置往日恩情不顾，于是在形同死灰的爱情中，女人便成了婚姻中一个虚设的符号，于是义无反顾地走向了背离家园的道路，堂堂七尺男儿能不肩负起全部的责任吗？

其实很简单！

当女人脸上暗淡无光、憔悴减色、实在提不起回家的兴趣时，作为男人用不着担忧和惊慌：

只需在她默默无言，若有所思的时候轻抚她的双肩，对她深情地说：“亲爱的，告诉我到底怎么了？”

只需在阳光明媚的日子里对她说：“亲爱的，您真是太美了，我们去旅游吧！”

只需在晚餐后搂着她凭倚阳台，对她温柔地说：“亲爱的，全部都是我的错，您别放在心上，我们一起赏月吧？！”。

相信通过男人编织的浪漫，营造的温馨，打拼的天空，女人永远会小鸟依人。

第五节　实用表格

附表1　药店档案表

<table>
<tr><td>药店名称</td><td colspan="2"></td><td>药店地址</td><td colspan="2"></td></tr>
<tr><td>法人代表</td><td colspan="2"></td><td>进货渠道</td><td colspan="2"></td></tr>
<tr><td>进货经理</td><td colspan="2"></td><td>联系电话</td><td colspan="2"></td></tr>
<tr><td>药店性质</td><td colspan="2"></td><td>终端级别</td><td colspan="2"></td></tr>
<tr><td>职员人数</td><td colspan="2"></td><td>坐堂医生</td><td colspan="2"></td></tr>
<tr><td>可用促销品</td><td colspan="5"></td></tr>
<tr><td>可做促销方式及费用</td><td colspan="5"></td></tr>
<tr><td>同类产品名</td><td></td><td></td><td></td><td></td><td></td></tr>
<tr><td></td><td></td><td></td><td></td><td></td><td></td></tr>
<tr><td></td><td></td><td></td><td></td><td></td><td></td></tr>
<tr><td></td><td></td><td></td><td></td><td></td><td></td></tr>
<tr><td></td><td></td><td></td><td></td><td></td><td></td></tr>
<tr><td>价格</td><td></td><td></td><td></td><td></td><td></td></tr>
<tr><td>填　报　人</td><td colspan="2"></td><td>经　理</td><td colspan="2"></td></tr>
</table>

注：终端级别划分以药店销售为主要指标，再考虑（药店位置、药店营业面积、经营品种数量、营业员工作态度）。

附表2　经销公司产品营业员档案表

药店名		药店地址：		级别
姓　名	爱好	性格	性 别	婚　否
填报 人		经理		

注：如果能对营业员的家庭地址，家庭情况了解就更好。

附表3　终端药店周拜访工作表

药店	一	二	三	四	五	本周工报告总结
1						
2						
3						
4						
5						
建议：						

注：药店1～N家，填报时可以根据药店数加行。此表由OTC代表每周星期五交办事处经理审阅，经理签名。

附表 4　终端药店日拜访情况反映表

<table>
<tr><th>药店名称</th><th colspan="2">情况反映</th><th>拜访人物、时间</th></tr>
<tr><td>1</td><td colspan="2"></td><td></td></tr>
<tr><td>2</td><td colspan="2"></td><td></td></tr>
<tr><td>3</td><td colspan="2"></td><td></td></tr>
<tr><td>4</td><td colspan="2"></td><td></td></tr>
<tr><td>5</td><td colspan="2"></td><td></td></tr>
<tr><td>N</td><td colspan="2"></td><td></td></tr>
<tr><td>OTC 主管签字</td><td></td><td>经理签字</td><td></td></tr>
</table>

附表 5　终端奖品领用表

领奖人签名	领何种奖品	领用奖品人单位及柜组	领奖品人签名	发奖品人签名
1				
2				
3				
4				
5				
N				
办事处经理签字				

注：药店 1～N 家，填报时可以根据药店数加行。此表一星期由 OTC 代表汇总一次交给办事处经理，不跨月，以此作为奖品发放报销凭证。

附表6 终端药店月销售统计表

药店名称	已进品种	上月进货量	本月销量	本月存量

注：此表按药店分品种一一列明，以便跟进。

附表7 有奖问卷发放表

药店名称	领卷人签名	发卷人签名
经 理 签 字		

注：此表由OTC代表负责完成，交由办事处经理以作为有奖活动的依据。药店1～N家，填报时可以根据药店数加行。

附表8 铺货记录表

业务代表： 区域： 日期： 年 月 日

诊所、药店			地址		
经销渠道	经销商		办事处		
营业员签名			电话		
品种	价格		数量	金额	

注：可加行使用。

附表9　月销售及库存报表

用户：　　　地区：　　　日期：　　年　月　日　单位：盒

产品名称	规格	月初库存	本月进货	本月销售	月底库存	保质期	在途
1							
N							

注明：6~9表都可以加行使用

附表10　太阳石药业补货单

<table>
<tr><td colspan="2">太阳石药业</td><td colspan="2">补货单编号</td></tr>
<tr><td colspan="4">致：
下面零售药店、诊所现存在太阳石产品品种不齐或存货极低的情况，请立即联系补缺，以免脱销。多谢合作。
药店、诊所：　　　　电话：
地址：　　　　太阳石药业销售部</td></tr>
<tr><td>品种</td><td>缺货</td><td>存货极低</td><td>其他</td></tr>
<tr><td></td><td></td><td></td><td></td></tr>
<tr><td></td><td></td><td></td><td></td></tr>
<tr><td></td><td></td><td></td><td></td></tr>
<tr><td></td><td></td><td></td><td></td></tr>
<tr><td></td><td></td><td></td><td></td></tr>
<tr><td></td><td></td><td></td><td></td></tr>
<tr><td colspan="2">填表人：</td><td colspan="2">日期：</td></tr>
<tr><td colspan="4">追踪报告：</td></tr>
<tr><td colspan="4">第一联：太阳石经销商</td></tr>
</table>

第一联，太阳石药业经销商；

第二联，太阳石药业零售商；

第三联，太阳石药业销售代表，用颜色区分。

附表 11　广告投放计划表

区域：　　　　制表人：　　　　负责人：　　　　　年　月　日

媒体名称	发布时间	时段	规格	版面	内容	报价	折扣	次数	金额
					可附页说明				
总计									
效　果 预　测									
主管负 责人意见	年　月　日								
销售总 监意见	年　月　日								
总经理意见	年　月　日								

附表 12　促销计划申请表

制表人：　　　　　　　　　　　　　　年　　月　　日

活动名称	
时间	
地点	
负 责 人	
促销对象	
市场 基础 分析	可附页说明
竞争 对手 分析	可附页说明
促销　　措施	可附页说明
促销用品、资料	可附页说明
过程控制	可附页说明
效果预测	
费用预算	
主管部门意见	年　　月　　日
销售总监意见	年　　月　　日
总经理意见	年　　月　　日

第十三章　把握营销关键突破同质化

第一节　做好营销的三个关键要素

创造价值分配好，创造体系保护好，输出价值服务好是做好营销的三个关键点，尤其是新品牌、新品种上市就更为关键。我从20世纪90年代策划到2012年最新策划的企业，无不是做好这三个关键而成功的。

1. **创造价值分配好**

所谓创造价值分配好实际就是如何“造好钱、分好钱”的问题，简单的6个字，确是营销成败的关键。

分好钱的前提是要造好钱，如果没有足够的钱可以分配，您的经营链条就不可能很好地转动起来，比如本篇中好娃娃某产品启动时定价2.5元的价格给商业销售，其结果就是失败而告终，当提价到7.5元进行销售时，产品就逐步销售起来，这是为什么呢？是因为销售推广费用从0.3元到3元以上，销售推广人员的积极性大增，从不愿推广到主动推广，当其价格提到9.5元销售时，该产品做成了品类第一，为什么呢？因为推广人员还有3元推广费，而企业又增加了2元活动费投入更大的广告及公共关系活动，让消费者更多知晓该品牌，销售推广人员及零售商更容易推广品牌。

因此，做成一件事并将其做好，您必须要调动利益相关者，其利益是否可以让其满意是造好钱的关键。所以在定价时，如果没有考虑您的利益链条的合理分配，您从一开始就可能失败。

分好钱是一个动态概念，要有一笔“动态平衡钱”，在产品及品牌初创期，企业要以“弱势思维”来做，尽量满足推广者及终端利益是关键，用这笔钱多支持他们。到产品或品牌的快速上升期，要将这笔钱用得更合理，调动各方积极性。到产品的成熟期，企业可以慢慢将这笔钱更多分配给企业。但是也不必强势过头，以免对后续品种及品牌的上市不利。

价值创造中另外一个关键要素就是您的产品或品牌给消费者的质量、感觉、形式都应当匹配，在成本上比同类产品高一点，您才能真正保持产品的品质。

2. **创造体系保护好**

创造体系保护好：从狭义来说就是用一套体系来保护好分好钱，分好地。

（1）您对您的销售客户是否可以做到长期的分钱稳定及分地稳定。我亲自操作的好娃娃，从0开始到做成第一品牌，代理商的差价10年内没有太大变化，这是其成为第一畅销儿童品牌的关键要素。贵州某企业，10年前还是个千万元不到的微小企业，10年后达到15亿元，其成功的关键是长期给办事处及代理人的×0个点没有变化，而且所有渠道的利益都归该区域推广者，不像有些企业，看到别人做得稍有成功了，或马上取消别人代理权，或大幅涨价，或做另一规格去与客户抢夺市场。虽说企业在该品牌上也可能获得一定经济上的成功，但是，客户确会大量带终端去其他企业。

（2）当您的客户的地盘被别人窜货了，您能否有查处办法及公正地进行处理，让您的客户无后顾之忧来销售。让客户信任您是非常关键的。

因此建立“防窜基金”是最好的办法，可以进行及时理赔，建立客户信心，而很多老板，在要赔钱时，就好像是割肉，不知道市场秩序是客户最为关心的，因为没有市场保护及赔偿机制，客户是不会卖命去推广产品的。甚至很多做得好的客户在选择你时，如果不交纳保证金，不承诺赔偿机制他们是不会做的。

在机制的设计上，“防窜基金”是大家的，不是企业的，只是企业进行管理，但是能够做到的企业与老板太少。

创造体系保护好从广义来说，就是企业一定要从产品竞争进入企业好的体系竞争，企业要成为十好企业，好规划 + 好产品 + 好营销 + 好品牌 + 好团队 + 好管理 + 好机制 + 好模式 + 好组织 + 好文化。

3. **输出价值服务好**

输出价值服务好就是说一个企业不仅要在基础的营销服务上做好，如发货、回款、资料寄送、结算等做好，还要给您合作的客户输出价值，不仅给鱼，更要告知打鱼的办法。

我们营销策划人员或营销高管在做营销策划的时候，不仅要为企业打造好体系，更为重要的要为一线销售的团队制造出好的工具，并告之其运用。

在2010策划的AB制药过程中，我做了一个“以信为本，和谐共存”的规划，制定了一个终端VIP的拿单方案及推广会方案，代理商能够快速地将产品卖给终端，并教会他们如何让零售商卖好产品的办法，企业发展非常快，2011年在宏观环境很差的情况下，企业整体三位百分数发展，2012年又成功收购一家企业。

同时我在石家庄市华新药业的“顶克”品牌推广中，做了一个“体系为本、共生共荣”的整体规划，我将在AB制药的所有方案再次创新，不仅对终端推广商进行价值输出，更为重要的对零售商输出价值，比如，我在广东、山东济南、潍坊、江西、云南等10多个省区，对当地的重点零售药房及中小型连锁开展零售业的品牌、品类、促销的管理实战培训，客户非常感动，认为这样的企业不去合作就是傻瓜。会后，客户大量拿货，一个市场从2万左右马上升到10多万，而且后续效果非常好。目前我还在不断研发终端需要的课程，并且在2013年大规模对零售业开展培训。目前从全国各地连锁的培训来看，客户非常喜欢与这样的上游供应商合作，全国的各地终端推广商都在积极准备与配合。

在产品、模式、促销越来越同质化的今天，要想营销比竞争对手做得好，企业思维模式一定要从卖货到输出价值变化，否则，您会再次输给对手。

销售型企业的老板及高管最为重要的事情就是开发实战工具，让销售人员有好工具指导工作，你的策划才能够落实。

这是给合作代理商输出的实战工具系统，让大家能够快速开发与管理市场，这个在大多数的企业是没有的，这也是很多项目策划失败的原因。

工具1：单体店订单样本（多个版本）

（帮助您满足终端需求，解决终端担心问题，快速开发终端）

工具2：湖南乡镇村行政表

（帮助您用此方法了解您的区域市场，如何分解目标）

工具3：连锁开发申请表及样本

（规划连锁开发，防止连锁开发失误及防止连锁冲突）

工具4：连锁协议书样本

（帮助认识连锁合作机制，帮助您很好的开发连锁）

工具5：连锁工作计划与总结
（帮助大家很好管理连锁，提高连锁的销售业绩）
工具6：月度计划与总结报表
（帮助您提高市场管理水平、提高销售业绩）
工具7：周报表样本
（帮助您管理您及您的业务代表）
工具8：推广会建议
（帮助大家高效、集中、大规模开发客户）
工具9：推广会申请表
（帮助您规划及开好每一场推广会）
工具10：VIP终端开发建议
（帮助您如何开发重点终端，实现重点突破）
工具11：模式与产品PPT
（帮您培训您的员工、终端老板及店员）
其他培训工具等，有销售、零售经营、管理等方面的。

第二节　如何将同质化产品高价卖出去

在这个产品不断同质化的时代，很多企业考虑的都是如何降低成本将产品卖出去，很少有企业将产品涨价卖出去，也不敢涨价卖出去，更不知道怎样去涨价。

而结合我十几年的销售与策划经验，凡是产品打价格战以后，绝大多数的企业产品销售越来越差，而且很多同质化产品在做新品上市时几乎都是以卖不动或卖不好告终。但是，如果不能将同质化产品高价卖出去，对于同质化产品的厂家就要面临衰退或死亡，在很多行业有许多经典的案例就是将产品涨价卖出去，而且卖成了大品牌，如多年前的雅克V9系列，就是通过系统策划，不断将产品涨价卖成的；最近上市的陈克明面业就将挂面卖成了中国老大，并且在上市前不断涨价。

1997年我策划的玉清抗宫炎片，产品从A.8元卖到12元，结果3年成为本品种第一。

2000年我策划的好娃娃系列，其中主导产品小儿感冒药从策划前的2万盒每年到2006年获得中国驰名商标，并且成为中国第一儿童药品牌，并带动企业2008年美国上市，到2009年共获得4个中国驰名商标，2010年成为亚洲颗粒剂老大，2010年以35亿天价卖出，其主导产品就是从2.5元不断上涨到9.7元成功的，高峰期一年1亿多盒。

目前，我在策划产品时，一般的思路都是涨价将产品卖出去，包含目前策划项目，当然增长是非常猛的，一般前几年都在行业增长速度的5倍以上，关键是系统化地满足了各方面的需求。

那么，如何将低价产品高价卖出去呢？

1. 了解推动产品高价销售成功的因素有哪些

（1）消费者的要求在提高。

大家真的需要低价的产品吗？在中国这个多元化社会中，各种层次的需求都会存在，而消费的升级已经不断在扩大，中高档消费是一种长期发展趋势，消费者将会不断追求有品质的生活。因此，必须生产消费者满意的产品，而只要满意了，对于成本大家会越来越忽视。

（2）价格战的恶果推动价值回归。

价格战目前给人的印象就是压缩成本，偷工减料，忽视质量，最终牺牲消费者利益，摧垮企业利益、行业利益、地方利益，甚至是国家利益。人批人型乳制品企业的毒奶粉事件使洋奶粉天价高速畅销是对中国奶业最大的打击，大型食品企业的瘦肉精事件也冲击着企业与行业利益，大型药厂用苹果皮生产板蓝根颗粒，天理何在，连治病的药都在作假，这都是价格战的恶果。

（3）社会环境要求。

各项成本在不断上涨，人民币对内在不断贬值，资源不断紧张和枯竭，中国产品的产量已经足够巨大，是如何提升品质与效益的时代到来了。

（4）企业层面。

办企业的目的就是要不断创造就业及好的员工福利，不断创造税收，不断创新技术、产品与服务，不断创造利润，在目前的高税负、高物价、高房价、高人工、高的技术创新的环境下，价格战已经让很多企业走向衰败与灭亡，企业有回归价值战的愿望，但是苦于没有系统的策划与管理。

（5）经销商层面。

这是一个更务实的层面，需要的东西很简单——发财与发展，没有这两样好东西，再好的其他设计都是无力的，而只有高价才能满足他们为某个产品或品牌去卖命，这是我近20年与他们打交道的总结。

（6）政府层面。

在土地财政不断吃紧的今天，政府更多的希望本地的企业能够更多创造价值与大量的税收。

因此，在消费者要品质，其他环节要利益的情况下，一定会推动产品卖高价。

2．如何控制与设计高价产品的品质

（1）内在品质控制。

长期抓供应链条的品质掌控，确保原料关；抓生产环节的品质控制，优化工艺，做出高于同类产品的品质来。如我策划的顶克牌头孢克洛干混悬剂、头孢克洛分散片由于坚持用进口原料及进口辅料生产，并且保持独特工艺，目前市场接受度非常快，整个生产处于供不应求状态。

（2）外在品质的提升。

产品要美观，有品质感，即如何将产品进行品牌化的包装设计。如顶克西药产品包装加入英文，并设计超级符号及版式，终端及消费者从外观感觉上都认可其是好产品，更有利于大城市的占领，有利于提升品质。

因此，内在好的东西依然要靠外在美来吸引，但内在品质是根本，外在美的东西是促进。

3．如何设计高价产品的价值体系及保护体系

（1）价值体系最为关键的就是根据多方面因素分好钱，只有分好钱才能调动各方积极参与高价产品的推广。

（2）设计一套模式对分钱体系长期进行保护，否则，利益各方依然不会去努力推广产品。

消费者的利益链是靠优秀品质保证的，而销售利益链是一切利益链条突破的关键，只有保护了销售者的利益，推动产品销售的力量才会形成。

4．如何设计高价产品的服务体系

（1）传统服务的流程及标准的完善与坚持，确保客户与消费者的利益。

（2）对经销链条在输出利益保护体系时，企业还要进行价值输出，对于工业来说，您不仅要成为消费者的专家，也应当成为零售业及中间商的参谋。否则，同质化的产品要进入终端会非常难，尤其是连锁化的终端会更难。

（3）将企业的整个系统做好是高价产品畅销的长期保证。

5. 如何将同质化产品高价卖给客户体系

（1）善待员工，设立好的机制，即把自己想干的事情变成员工爱干的事情，就是好机制。

（2）制定实用的从企业到中间商，中间商到终端，终端卖给消费者的推销工具与传播工具。

（3）让客户认识第一点，转变思维模式，迎接价值回归。

（4）让客户认识企业的第二、第三、第四点，建立对企业的信心，放心大胆去开发市场与消费者。

而最为关键的还是要突破最为重要的一个点，如何让产品上柜的问题，让终端快速认可您的推广团队，而对于现实的世界是，我们的战略与战术如何完美地结合，在2011年我策划的顶克品牌的终端工具中，我用三个保证、四重大礼，五觉对比销售法让产品大量上柜。

6. 特色订单让产品快速上柜

顶克“四重大礼＋三个保证”送给您

顶克长期只干一件事：就是启发您的脑袋子，装满您的钱袋子，并用一套体系保护您的钱袋子。	
【一重大礼】：进货就送	
进货金额	赠送礼品
1000元	礼品1或2　　或换积分50元
2000元	礼品3或4　　或换积分120元
4000元	礼品5或6　　或换积分400元
6000元	礼品7或8　　或换积分900元

续表

<table>
<tr><td>12000 元</td><td>礼品 9 或 10　　或换积分 2400 元</td></tr>
<tr><td colspan="2">【二重大礼】所有进货 N000 元以上的客户可以免费听 4980 元价值的“如何提高零售药房竞争力”课程。
【三重大礼】现场抽奖，见现场规则：抽取一、二、三等奖，按销售额的 5% 提取现金，分配比例如下：一等奖 1 名，2%，二等奖各 2 名，各 1%；三等奖 10 名，共 1%。如销售 25 万，一等奖为 5000 元现金。
【四重大礼】单体店 6000 元以上，连锁 12000 元以上另外可以拷贝“如何提高零售药房竞争力”课程。
【3 个保证】：1. 保证您长期稳定的高毛利；2. 保证整个中国市场不做批发物流，坚决长期维护最低零售价；3. 保证 60 天内卖不动货物可以无条件换货，但包装不影响二次销售。</td></tr>
<tr><td colspan="2">【说 明】：1. 本次活动现场订货有效，活动赠品随货送出。2. 本次活动限终端客户（含连锁药房）。3. 本次活动的解释权归石家庄市华新药业有限责任公司；4. 本次活动付清货款才能抽奖及拷贝课件。</td></tr>
<tr><td colspan="2">产品订货单见反页</td></tr>
</table>

请全国终端客户对我们的业务员进行监督，凡是承诺的没有兑现，可以向华新全国监督电话投诉。

了解这个订单为什么能够打动终端老板，因为其把握了生意的本质及生意人的本质。

什么是生意的本质？

很多人认为是利润，我问大家是多长的利润，多少利润，很多人不能回答。其实终端老板也好，凡是做生意的人都希望自己的生意能够获得稳定、长久的好利润。

什么是好利润？就是行业中较能让人动心的那一种利润。如果我们的企业能够从根本上给所有人分好钱、分好地，并用一套体系保护，就会形成很好的“渠道信任”而成为渠道品牌，而任何生意的第一步一定是先让行业的人信任你，如果连行业人士都不会产生信任，又哪里来消费者信任。

那么在生意上什么是生意人的本质，就是既想得利，还想没有风险就好，因此，作为企业，您必须在您的战术上解决客户担心的问题。

一般来说，客户最为关心两个问题：

（1）您的产品的零售价格能否能够在较长时间内受到保护？不能受到保护就不能获得“稳定长期的好利润”。

（2）产品卖不动或有质量问题你能够退换货吗？否则就会风险很大。

当然在上市的初期采用选择型分销制造局部的小垄断更是终端所需要的，因此在上市的初期进行 VIP 的垄断销售有利终端选择与您合作。

我为顶克品牌策划的模式采用“4P + 4R 品牌关系营销”战略，采用了“选择型分销”终端控制策略上市，因此终端价格是可以控制的。而顶克品牌旗下的产品都是同质化的，因此市场容量非常大，而在同质化产品中一定存在品牌产品卖价高，因此一般来说，只要新品牌产品品质比旧品牌产品都好的话，终端一定能将产品卖出去。

为什么？

品牌产品赚 5 个点或还要亏损，而新品牌赚 N0 个点左右，新品牌一盒的利润能抵 N 盒左右品牌产品的利润，在品质同等或超越的情况下，终端肯定拦截品牌产品，即使不比品牌产品好，大量的终端也不愿经营无利润产品，这便是真实的终端与生意人本质。

还有，随着终端竞争的激烈化，终端需要如何提高零售业的竞争力的知识越来越迫切，因此，作为上游的供应商谁能够提供好利润的同时，又能够免费提供经营门店的技术，必然会引起门店的兴趣。而我看到了行业的这一大需求，就不断开发零售业的实战知识，对与顶克合作的门店开展免费培训，目前在全国开展的“启发您的脑袋子，装满您的钱袋子，并用一套体系保护您的钱袋子”的活动得到了全国中小型连锁及有发展意愿的散店的热烈欢迎，在全国试点的几十场演讲都获得了很好的社会效益与经济效益。

为了让客户能来，我们摆脱了以往推广会以利益诱惑为主的办法，而是以启发客户的脑袋为主，我们设计了一份很好的邀请函，内容如下：

“如何提高零售药房商品竞争力”研讨会邀请函

为了帮助与华新药业合作的客户提高门店竞争力，特定于2011年　月　日在　　　　　酒店召开“如何提高零售业门店竞争力”研讨会，本次讲课邀请到了中国十大杰出营销人，2010年中国十佳咨询师，彩虹企业管理咨询有限公司首席顾问，孟庆亮品牌营销工作室首席咨询师——孟庆亮老师授课。

孟庆亮老师简介：在国内100强企业及国际100强企业工作过，有多行业、多体制企业、多岗位的工作经历，服务过的非医药类企业主要有：华菱钢铁，美国亨氏、南山乳业等；服务过的医药类企业主要有：天士力、正清、片仔癀、安邦、迪诺、明瑞、太阳石、华新等；与国内的许多大连锁商户也有很好的合作，指导过多家连锁的OEM与自有品牌工作及品类分析。因成功策划“好娃娃——从卖不动到第一品牌”而被美国科特勒营销集团、俄罗斯工商联、中国工商联、《销售与市场》、《市场报》等多家机构联合评选为“中国十大杰出营销人”。2010年太阳石药业以35亿元天价成功卖给赛诺菲，以及孟庆亮老师的其他多个成功策划再次被北京大学、清华大学、中小企业协会等机构联合举办的前沿金坛奖评选为“2010年中国十佳咨询师”。网上可以点击“孟庆亮营销”了解孟庆亮老师的思想与论著，也可以点击“男人不想回家，女人有一半责任；女人不想回家，男人负全部责任”的男女和谐智慧。另广东经济出版社即将出版孟庆亮老师的“从弱小走向强大的实战智慧”《卖不动到畅销》一书。

如何提高零售药房门店竞争力课程介绍：本课程是针对医药零售药房如何提高门店竞争力进行了长达5年以上的研发，经过多位顶尖的零售业的专家编著而成，内容丰富，图表、图片及工具众多，有标准，实战性非常强，学后马上可以操作，对于广大的中小型连锁及单体药房非常实用，其他连锁商户听本公开课为4980元一人，“本次由石家庄市华新药业提供赞助，零售药户门店免费听课”，具体内容如下：

（1）如何进行药房的品类管理、采购管理及操作流程与标准

（2）如何进行药房价格管理、毛利组合及操作流程与标准

(3) 如何制定药房的促销管理及操作流程与标准

(4) 如何进行药房的陈列管理及加强陈列的操作流程与标准

(5) 如何进行药房的分区管理及操作流程与标准图片等

(6) 如何进行绩效管理及操作流程与标准

本次培训“禁止拍照”，听后如感觉能帮助企业，如要拷贝本课程，请向华新药业申请，目前全国已有很多连锁听后都在导入，收获很多，让大家一起共赢。

华新药业介绍：是河北省政府评选的三家诚信医药企业。以生产抗生素、儿童药及老年心脑血管药为主，以分散片、干混悬、软胶囊、缓释片等先进剂型为主的高新技术药厂，华新药业愿意帮助合作的终端发展得更好，坚决维护零售门店的高毛利，让大家成为战略伙伴。

报到时间：________________

上课时间：________________

抽奖时间：________________

答谢宴会时间及地点：________________

由于所有产品都是同质化产品，有的厂家几百个，为了防止业务推广人员无法让客户了解我们的产品，我们制定了一个五觉对比法，让客户看到我们产品的优秀。同时在送达邀请函时同时送达一些终端感兴趣的东西，如下表。

零售门店门市高手行为举止检测表

1. 您是否在营业时靠着门站？ (　)
2. 您是否在营业时间内干点自己的活？ (　)
3. 您是否在对顾客的要求视而不见，熟视无睹？ (　)
4. 您是否将药店当茶馆，一起吃零食和侃大山？ (　)
5. 您是否在店里看书报，打瞌睡，像在家里一样？ (　)
6. 您是否拿白眼看顾客？ (　)
7. 您是否在给顾客药时、找钱时将药和钱重重地扔在柜台 (　)

8. 您是否在店内与其他同事打闹与出语粗俗？	（ ）
9. 您是否在回答顾客问题时支支吾吾，有气无力？	（ ）
10. 您是否在顾客看药品时在顾客与药品中间穿过？	（ ）
11. 您是否在顾客离去后，对顾客品头论足？	（ ）
12. 您是否喜欢坐着药品箱上歇一歇？	（ ）
13. 您是否因为一个顾客不卖东西就不搭理他？	（ ）
14. 在顾客询问与药品无关的事情时不搭理顾客？	（ ）
15. 您是否在顾客面前说企业的坏话？	（ ）
16. 您是否将顾客落下的贵重药品占为己有？	（ ）

最后祝大家成为一名门店销售高手，真诚、友善、微笑、热情、专业是您获得顾客满意的法宝。立足零售业不断学习，摆正心态，您一定会是未来的店长、经理、总监、老板，您及您的家庭将会越来越幸福。

7. 五觉对比法让产品更好卖

五觉对比销售法。展示核心产品头孢克洛干混悬剂的优点。人有五觉，视觉、听觉、嗅觉、味觉、触觉，将其用到产品推广中，您将获得意想不到的效果。

第一，制定对比的标准，让客户认可您。

（1）可以先解决第一个问题，为什么有了头孢克洛干混颗粒还要生产头孢克洛干混悬剂？

指标对比	辅料加入	速溶性	吸收性	安全性
干混悬剂	极少	快（无沉淀）	快	更高，可以给6个月以下孩子服用
颗粒	多（香精、糖等）	慢，有沉淀	慢	一般1岁以上

香精及其他辅料更少更有利于分解、吸收，治疗速度更快，减少香精及辅料是优秀产品发展的趋势，但是工艺、设备、原料要求更高。

（2）一定要制定标准，最好的干混淆的五个指标。

项　目	视　觉	听　觉	触　觉	嗅　觉	味　觉
具体对比	盒子大，中英文 粉末状，分量少、白色 10℃ ～20℃水温15秒内速溶	小袋摇晃听不到声音，因为很少砂糖及香精	摸上去像面粉	冲泡前后无香精味，有非常少的药味	吃的时候没有苦味及浓浓的香精味

（3）了解国内头孢克洛干混悬剂三种工艺及竞争对手。

工艺1	工艺2	工艺3
满足以上5个指标	砂糖香精型	有结块或漂浮物
目前国内厂家能15秒内速溶的只有顶克一家，另外BB要30秒左右 顶克全部进口原料及辅料生产，特别工艺	溶解慢、有沉淀 色彩太浓、香精味太重 目前厂家有原研厂家，CC某厂，VV某厂	香精少，但有结块及漂浮物，会严重影响溶解及吸收 有石家庄某厂及CC某厂

卖点：快速溶解、快速吸收，不伤肠胃、不伤肝肾。

记住，一定不要去攻击对手，您只要知道您比所有对手好就行。

记住，一旦攻击对手将会遭受反攻击。

记住，只要让终端知道您最好就行。

第二，6步对比法让客户认识您的产品最好。

（1）看外盒。

谁更有特色，强调我公司的盒子大及中英文的外包装。

（2）听声音。

没有沙沙响就代表产品含辅料很少，香精及糖极少。

（3）摸一摸。

剪开产品并倒在白纸上。白色粉末状，量较少的是最好的。

（4）看溶解。

比速度：倒入10℃～20℃水中，并摇晃15秒，看谁的产品能在这个时间段溶解。

比纯度：如果全部溶解并且没有沉淀及漂浮物的为最好的溶解性，确保产品的吸收性最好。

（5）闻气味。

要有一定的药物气味，但是没有香精味。

（6）品一品。

没有苦味，淡淡的甜即可，而不是非常重的香精味。香精太多不利吸收，并且对儿童肠胃不好。

为了下一代的健康，请少给孩子吃香精。

第三，注意事项。

（1）一对一的对比，一定要让客户参与，您可以从公司准备好产品，也可以让客户挑他认为最好的与我们比。

（2）大型推广会，卖2盒不同产品，可以让5～10个业务员下到不同客户处进行对比，这种直观的感觉会促进客户认可我们的产品。

（3）推广会中可以增加进100盒送××的活动，因为是公司给的，一定说是公司特别增加的政策。记住，权利与荣耀归于上级对您的销售只会更好。不明请向公司咨询，以公司文件为准。

（4）另外就是我们的模式与利益也是其他厂家无法比的，我们分给终端的利益最大。

（5）另外我们的另一个核心产品头孢克洛分散片的包装是本品中最好，这也是特点：中英文说明，双铝包装加彩色防潮袋。

卖点：快速分散、快速吸收，不伤肠胃，适宜空腹服用。这也是本品单日服用价高的原因。片剂可能便宜点，但产品服用后对肠胃刺激大。与消费者说明，让他们选择吧。我坚信，消费者会选择爱胃多一点。

（6）特别提示：做生意的本质是保护客户长期稳定的高毛利。

因此推销三部曲为：

卖自己：快速让客户喜欢您，方法可以用小礼品、赞美、实战知识赠送、有趣的故事分享等；

卖模式：推销您的模式，如4重大礼加3个保证，快速让客户认可。

卖认知：让别人感觉你的产品是最好的，当客户不相信产品时演示核心产品与任何同类产品的对比试验。

同时为了让客户更好地沟通，我又编写了培训教材，并对大家进行培训与演练。本书的快结尾时，我更要与中国的老板与管理人员分享另一个重要的人力资源观点：

最廉价的人力资源是最为昂贵的人力资源，没有经过培训合格的员工就上岗对企业是最大的浪费。

这里的员工可以包括外面的代理商，在中小企业做大过程中，要将培训做好，做到位，对企业，对管理人员都是一个挑战。目前我在做的顶克项目，企业通过在江西市场建立培训实战基地，招聘了一批80后年轻人，通过“以销带训，以会带训”的模式，培养了一批真正懂得销售管理的人才。

何谓真正懂得三个标准？

（1）能够亲自做出好成绩

（2）能够写成流程与标准

（3）能够带领别人再次做出好成绩

当然，对于弱势企业来说，复制真正懂得推广的团队的营销模式在前1～3年是最为艰巨的一项任务，做好了产品销售会过亿元，以便第二个三年开展整合传播，带动企业高速成长为畅销品牌。

目前，我不仅对服务的工业项目是这样做，同时对与工业合作的商业企业和中间销售团队也大力推出产业链营销思想，比如：由石家庄市华新药业有限责任公司与广东大方医药有限公司联手，在广东成立了十六万家（广东）医药咨询管理投资有限公司，我们对零售业不仅输出商品，更为重要的是我们整合零售业、工业最优秀的专家团队，系统对零售业输出行销，管理等价值，在广东及全国的试点都大受欢迎。因此，我预言：未来营销的竞争的趋势就是产业链营销，谁能成为整合者，并长期坚持创造价值分配好，创造体系保护好，输出价值服务好，就一定会成为产业链最受欢迎的佼佼者，并最终带领大家实现共赢。

后记一：感恩并一起赢

感谢伟大领袖毛主席，他不仅带领一群共产党人为中国老百姓创造了一个崭新的新中国，为中华民族的伟大复兴带来了和平与安定，而且给我们留下了许多的宝贵思想，尤其是从农村包围城市最后解放全中国的思想，对于所有的中小企业的营销应是一个很好的借鉴，我从14岁起就开始读毛泽东选集，因此吸收养分很多，对我影响很大。

感谢我们生在一个伟大的时代，我们没有什么好骄傲的本钱，如果没有邓小平的改革开放就不可能有创造杰出企业和品牌的机会，离开了这个大背景我们将不可能成功。我从百强国企出来，进入跨国公司亨氏，在这里我学到了很多做企业、做品牌的方法，为后来做品牌吸收了很多养分，我衷心地谢谢给我机会的朋友和领导。我要感谢天士力药业让我进入医药行业，同时也从复方丹参滴丸这个产品上感受到了什么是好产品，容量、疗效、价格空间是三个产品推广成功的3个关键点。我更要感谢好上劲的董事长朱明杰先生带我进入正好制药，感受到了一个高速成长企业的运作。感谢正好制药的王和良总经理让我进入市场部，这个部门充分发挥了我的策划及市场开发的能力，让我从这里学习与实践管理企业及品牌，让我站在高端认识中国医药市场。

感谢太阳石药业的原董事总经理韩志强先生给了我做好娃娃的机会，让我一起运作并见证了一个产品从卖不动到畅销，在这里我有了很多的感受与体念，这个将是我人生真正的竞争力，同时收获了作为营销人最高的荣誉“中国十大杰出营销人”。在太阳石我也写作了百多万字的手稿，发表了近40多篇近20万字的文稿。同时感谢所有为好娃娃及太阳石努力过的人们及团队。

感谢彩虹企业管理咨询有限公司的潘勇先生，是他让我将从卖不动到第一品牌进行研究与举办讲座，也让我对此案例提前5年进行了重新研究与整理，不然不可能写出这样的好书籍。我更要感谢新春都生物制药的孙建勋总经理，是他对中小企业品牌的认真研究及高度责任感让我感到了责任，是他的鼓励让我将这本书写出来去帮助那些需要的中小企业的奋斗者。感谢生命中最让我敬佩的谢志军老人，带动我开始学习中国传统的文化《易经》、《中庸》、《道德经》、《孙子兵法》、《论语》等书，让我更变得更加成熟理性。感谢静空法师送给我的《法语菁华录》，他让我知道了佛学的智慧和奥秘，对于顺境与逆境都能够内心平静，让我更加多了一份淡定。感谢明瑞医药及明瑞制药的董事长兼总经理蔡辉先生，他让我了解了商业贴牌研发及运作的品牌感受，如何通过绑定关联优势企业贴牌研发创造竞争力，尽管后来只进行了品牌规划及流程建设，没有有效的实行整个体系导入，但是让我的眼界更宽。感谢原安邦的董事长佘定国先生，让我接触到了西方世界的创世经典《圣经》，让我对西方文明有了了更多了解，对事、对物看得更开，也让我对中西方的思想有了更多本质的认识，同时《圣经》中的很多经典思想对我的工作帮助也是很大，比如选择大于努力，信、望、爱的思想，权利与荣耀归于上级的等。感谢奥华奥美的董事长李国平先生，让我知道了什么叫生产公司卖公司，生产品牌卖品牌。感谢《销售与市场》让我第一次写作就能发表，激励了我更多的思考和写作。感谢广东经济出版社能够出版《卖不动到畅销》，让我能给更多人分享经验。

感谢石家庄市华新药业力高欣三高事业部总监许泽晰先生，是他向华新药业推荐我担任企业的品牌总监，让我对华新药业进行了整体规划，并担任顶克事业部操盘手。同时感谢华新药业的董事长李明海先生的大力支持，从合作开始到本书发表前，对我提出的营销方案除了支持就是支持。感谢华新药业的营销老总周如亮先生，他的果断及睿智让我的谋划有了价值。

感谢我的妻子、女儿，在整个好娃娃的推广过程中，我的妻子在湖南湘潭老家一个人带着经常感冒的女儿，无论女儿的病有多急，多大，她都是一个人坚强地扛着。更为重要的是，她的育儿经历及购买行为对我了解好娃娃、了解消费者，了解儿童产品，了解购买行为有了更深刻的认识。

这是我最欣赏的一段词，再次与大家分享。

让我们共同生活在一个感恩的世界，让我们共同来感激。

感激伤害您的人，因为他磨炼了您的心志；

感激欺骗您的人，因为他增进了您的见识；

感激鞭打您的人，因为他清除了您的业障；

感激遗弃您的人，因为他教导了您应自立；

感激绊倒您的人，因为他强化了您的能力；

感激斥责您的人，因为他助长了您的定慧；

感激所有使您坚定成就的人，让我们共同赢在一个感恩的世界里。

要想“赢”，无论是个人还是组织，您必须掌握“赢”的秘密，其实我们的老祖宗在造“赢”这个字的时候，他已经将这个秘密告诉了我们，只是我们没有认真去分析罢了，“赢”是由五个字组成的，这五个字就是“赢”的五个秘密。

第一个字：亡。

中国有句老话，致之死地而后生。

很明显，当任何一个物种在面临到死亡危险的时候，他的潜能将最大地发挥出来，为什么在非洲大草原上是羚羊这个物种跑得最快，因为羚羊每天要面对狮子、猎豹、狼狗等一大批猛兽的追杀，它们必须不断优化自己奔跑的能力，否则就只能成为别人的美餐，而它们的追赶者如果不能跑赢它们，其生存同样存在问题，据近几十年的科学观察，由于这种死亡机制的刺激，这群追杀者和被追杀者的奔跑速度已提高了几千米/小时。

其实人类成为万物之灵也是在不断看到自己同类被大型猛兽猎杀，在死亡的刺激下不断成长起来的。国内很多优秀的公司，就是在认识到死亡的威胁才不断成长起来的。

因此“赢”的第一个秘密就是“危机感”，只有危机才会刺激进化与改进。

第二个字：口。

为什么人要有一张口，口的功能除了饮食，它最重要的功能就是要用来说话，为什么要说话呢，其目的就是为了表达自己的想法，与别人进行沟通。

另外口不仅仅是长在自己的脑袋上，还长着别人的脑袋上，而别人的口您是不能控制的，因此，您的沟通与您的行为都将影响别人怎样来说您，别人都说您好，您就有好口碑，别人都说您不好，您就没有好口碑，如果都是好口碑，您就会赢得顺利，如果是好口碑大于坏口碑，您就可能赢得很难，如果是坏口碑多，那估计您会马上要败。

因此“赢”的第二个秘密就是要有好口碑，但好口碑的背后是有好行为，善沟通。

第三个字：月。

何为月，日积月累。

这是《读者》上一个包子的故事，安徽农民老陈和一群安徽老乡都到了北京去讨生活，十年后，连小学都没毕业的老陈在北京买了房、买了车，并拥有十几家餐馆，而同期与他一起去的老乡确还在底层讨生活。为什么，因为老陈从进入北京的时候，一没本钱，二没门路，三没文化。但是由于会做面食，就投资做早点，与其同去的很多人也是干着同样的活，几个月下来，很多人感觉只能养家糊口就改做收废品或建筑工去了。老陈想，我没啥本事，还是做包子，后来他就增加了品种，又细心发现别的早餐点的优点，并将其融和到自己的早点中，慢慢的老陈有了很多忠实的顾客，后来他有了自己的第一家餐馆，慢慢地有了第二家，直到现在十几家。这是一个真实的故事，目前老陈一家都迁到了北京过着幸福的生活。

因此“赢”字的第三个秘密就是发现自己的优势并不断日积月累，发扬光大。

第四个字：贝。

贝字很多人可能将其理解为钱，其实也没错。但是一个人光有钱就一定能成功吗？答案肯定是不可能，在这个快速发展的世界，国与国之间在竞争什么？企业与企业之间在竞争什么？人与人之间在竞争什么？

答案就是综合实力。所谓综合实力，对于企业来说：用文化吸引人心，用制度控制人性，用品牌成就人生。这三点也是一个成熟企业的三大软件。

当然不断累积财富及资源也是长期要做的一件事情，但是如果没有好软件，再好的硬件也将失去竞争力。

因此：“赢”字的第四个秘密就是要不断提高自己的综合实力。

第五个字：凡。

凡者，平常也。海尔的张瑞敏常说：一个人能够将一件平常的事长期做，重复做，做好做精就是不平凡。

我也非常认可这个道理，而且世间很多事的成功就是平凡的事情重复做，包括很多伟大的发明，包括我们背熟一篇文章，一个单词都是如此。如果您轻视平常事，不将每一件平常事做好做精，您就不可能获得成功。

因此，“赢”字的第五个秘密就是将平凡的事认真做、重复做，做到最好。

后记二：认识成长才能更好成长

畅销不是一种偶然的原因而是一种必然规律的结果，只要顺天应人并且管理到位就一定能够实现。

大家可以看看我从1994年到2013年的20年内，无论什么时间和环境；无论从事的是快速消费品，还是医药保健品；无论是在跨国公司，还是国内企业；无论是在具体点上，还是在区域市场上或是中国市场上，为什么都能够持续获得成功，到底是巧合，还是有规律？

答案是肯定的，那就是因为我了解规律，并且能够“创造系统”去适应这个市场，未来企业的竞争一定是能够“创造系统”的企业最后活得最好。

在书中我谈到了什么是“真正懂”，看完下面几个案例与事实你就会对“真正懂”的标准理解得更加精准，你就一定知道要怎样来寻找你企业需要的咨询师，唯有“真正懂”并且“对结果负责”的咨询师才是你需要的，这也是未来的发展方向，企业凭结果付费才心甘情愿。目前在很多行业都开始出现这样杰出的咨询师，关于这个方面我已经有一套经过实践过的“成熟的零风险”合作系统，企业与咨询师一定是双赢的。

1. 具体点上案例：6小时销售培训就产生好结果

6个小时，大家从来没有接触过的一种新型销售模式，通过3小时培训演练，3小时市场实际工作，就产生了非常好的销售业绩，这种培训我想一定是一切企业都想要的。

2011年“顶克”产品上市，我在总体上为华新药业的“顶克”品牌系列产品做了一套“控销+助销”的销售模式。上市初期大多数客户不相信产品能够卖出去，因为“顶克”系列产品推销确实存在几个方面的难度。

（1）产品终端供货单价比“太和”批发市场高出一倍，在终端会产生太贵了的感觉。

（2）产品大多数都是市场上常见同质化产品，客户已经有了为什么还要经营你的产品呢?

（3）华新药业以前是以医院与市场批发销售为主，从来没有做终端，品牌无人知晓。

为了提高公司信心，我决定到医药行业最乱、价格最透明的太和客户处试点。那一天，我带上华新药业的安徽经理，利用上午3个小时对客户员工进行了一场高效的室内培训，下午3个小时进行了一场效果非常好的室外拉单训练。

结果，6名业务员随我一起拜访客户，一个下午3小时左右拜访了7个客户，就成功开发了5个客户。第1个客户开发失败，败在7人同时进店推销，把客户吓着了。第7个客户确实是因为GSP认证不进货，其他都产生不同程度的进货。最为重要的是3小时内产生了7500元终端毛利润，创造了一个同质化新产品终端开发的神话。

那一天上午8点30分，企业的6名业务员和公司其他人员全部到齐，我上台开始培训，没有用电脑及投影，只是拿了一支彩笔开始了我的“启发式”培训。

我走上讲台，面对大家开始了提问：“请问大家，卖‘顶克’产品时终端客户会提出什么样的问题，请大家提出来?”大家马上进行列举，具体归纳如下主要四点：

①产品价格太贵了!

②产品卖不掉怎么办?

③零售价保护不好赔不赔?

④产品质量到底怎么样?

首先，我列举了好娃娃如何通过涨价卖到行业第一名的故事，让大家明白，只有卖高价才能够成长为畅销品牌的原理。

其次，我又与大家探讨什么是生意的本质。

我问大家：“客户与你合作的目的是什么?”

大家齐声告诉我：“赚钱。”

我又问：“是3个月，还是3年?”

大家再次齐声告诉我说：“当然是3年以上更好哦。”

我再问：“一盒产品是赚4元好，还是能赚8元好呢?”

大家这次兴奋地告诉我：“当然是8元了。”

可见在人们的脑海中，与你合作做生意是想获得“长期＋稳定＋好利润”，因此你只要让客户感受到这三样，并且在进店后快速侦查竞品及客户喜欢的模式，抓住一个没有市场保护的竞品进行对比就行了。当客户觉得你的产品确实能够比竞品多赚钱时你就成功了一半。

因此，任何商业合作的前提是获得更多利益才能够产生合作意愿，如能够长期共享就会非常愿意合作，这个就是不变的商业真理。

因此，太贵了只是相对的，你只有告诉他你多赚2元钱是为了保护他多赚4元钱就行了，这时他一般不会再提太贵了。遇到特别纠缠的客户，你还可以告诉他2元你要花出的成本，别让他们感觉你利润太好了就行。另外顺便提一下，如果你能够教给他赚钱的办法一定会成功得更快，也就是说你除了“给鱼”更要“授渔”。

解决了“太贵了”的问题，客户因为首次与你合作，他一定会有几个担心的问题，也就是前面归纳的2～4项问题，因此我们制定以下对策进行化解。

问　　题	对　　策
卖不掉怎么办？	承诺90天内无条件换货或者上门促销（最后概率是3%，我们确实换到畅销的门店卖掉了）。
零售价保护不好赔不赔？	承诺由于窜货或管理不当造成价格损失赔价差（我们用1＋N终端模式控制了）。
产品质量到底怎么样？	承诺产品质量如比对手差，马上滚蛋。因此拿出拳头产品，采用5觉对法，让客户拿出任何同类竞品比都让竞品输掉，本书中已经有详细介绍。

当所有关键困难都被我开导化解后，大家豁然开朗。

于是我帮助大家一起制定了老板绝对不会拒绝的开展白：制定了一个开发流程及一个特色订单，名字为“三重权益加三项保证送给您”，让老板看到就会心动。

为了下午的试点推销能够成功，我又让大家两人一组，互为终端老板和推销员“反复演练三遍”，直到大家都能够非常熟悉地介绍订单为止。

当然，大家在试点拉单前依然很紧张，不知道我说的东西是吹牛还是真正的管用。

下午2点钟，实战演练开始。我亲自上场开始第一份拉单演练，由于一个细节没有注意，又没有说明，6个业务员急于想学习，都跟进来了，客户以为是药监检查来了，因此非常谨慎地拒绝了我们，不谈进货事宜。

出门后，业务员与华新省区经理非常紧张，认为这个推销太难。我告诉大家不要害怕，刚才是因为我们把客户吓着了，从下一单起，大家两人一组，每组拜访两个门店，一个主谈，一个当助手。进店谈判时其他人员站远点，我当做顾客跟进店内观察，但是绝对不帮忙，只会在出店后点评，以便开发下一个客户时能够更加容易成功。

就这样，三组业务员一共拜访6个客户，成交5单，获得毛利7500元，最后一家因为进行GSP验收，确实是不可能进货的。最后，拉单训练业务员上柜成功率为70%。

因此，一个高效的培训一定要注意几点：

1. 培训者一定要多问，少讲，采用启发式培训，让大家将问题提出来，并要大家一起来想办法解决问题，当方法不对时，培训者才进行纠正和补充，这样，被培训人才能够记忆深刻。

2. 要现场一起来制定工具及行销话序，让培训的成果转化成被培训人的，培训者的目的就是要把你的东西快速准确地转化成别人的东西。

3. 光有培训是不够的，一定要立即反复演练，并且是互换角色，练到自己及大家都认为你没有问题为止。

4. 光有演练是不够的，一定要立即进行实战训练，训练者一定要在旁边观察，不要在店内进行点评，出门后马上点评，并进行鼓励后再进行实战。

5. 如果是要大量复制人才，最好的办法就是一群人住在一起，一起开发市场，每日培训、每日实战、每晚总结、每日鼓励、每日分组PK，结果是每日提高。

可惜的是，目前企业老板普遍比较急功近利，能够系统培训人才的企业太少，大多数的培训是老师讲完课赚钱走了，员工当时激动，到了市场就被动，企业费用花了不少，但是就是没有好结果。

目前，我针对市场的变化又开发了一套“卖感觉+卖价值+卖服务”3M市场开发系统，并且在最难的广东市场试点，目前效果很好，只是因为华新药业的欧版的新厂房没有建成，不好公开，目前全部在保密当中，相信等到《卖不动到畅销》出版之日我已经用起来了。如果你的产品与华新药业没有冲突，如果你不是药业，难道你不想获得这套实战系统吗？上面的这个小案例只是“3M 系统”中的一部分。

2. 区域市场快速畅销最经典案例

（1）1995 年年初，我从 300 人中被唯一选中进入亨氏，从理货员做起，1995 年我接手的湘潭市场是销售 23 万元，报损 2．5 万元，到 1995 年底销售达到 125 万元，没有出现一分钱经营性报损，大家难道不想知道我是如何做到的吗？又是如何管理到位的吗？难道不想分享我的经验为您所用吗？难道不想知道这次经历与好娃娃成长为第一品牌的关系吗？

（2）1997 年，我与一群朋友开始策划南山奶粉，帮助其完成三件非常大事，成就了一个高速发展传奇。

第一件是如何用最快时间让“长沙”市场从单品经营到多品经营，并且如何规范化高速发展。

最后我们只用了 7 天就完成长沙市场的 70% 以上门店多品上柜及长沙市场销售翻番，这样超速的方法你的企业难道不想拷贝吗？

第二件是如何用最快时间完成湖南市场从单品到多品种经营，并且实现规范化高速发展。

最后我们的结果是只是用了 7 天时间就让湖南的 14 个地级市场所在的地级市区 80% 以上门店从单品到多品经营，并且实现当月湖南省区销售翻番。

第三件就是如何最快时间完成全国市场的布局。告诉大家我们只用了不到 10 天就完成了 12 个省级市场布局并全部实现 50% 以上预付款。

这样快地完成三件大事，大家一定会认为我在吹牛，但是有一个杰出的成功人士是可以见证这件事情的，就是现在上市公司澳优乳业的总裁陈远荣先生，当时南山奶粉的总经理。他是非常清楚我们是如何在 7 天完成规划，如何在 7 天训练出一支团队的，关键是如何在长沙 7 天实战训练的，前面 14 天的实战训练是如何奠定后面 7 天湖南翻番，10 天 12 个省的布局。

2011 年，澳优乳业成功收购欧洲荷兰一家乳业，他们用这套训练方法再次创造奇迹，10 个月销售从零开始到年度突破 1 个亿，其大部分的策划由我与天润文化传播公司的罗浩完成，品牌为加倍爱特，我们做的创意是“加倍爱特，加倍爱 TA”。

以上案例是我策划最为成功的案例，这个里面到底有多少你需要的东西呢？我们到底是如何规划的？我们到底是如何训练的？我们到底是如何管理的？

只有掌握了能够创造核心系统的思维方式，快速造出合适的系统，你的企业才能够实现高效畅销。

（3）2004 年，上市公司片仔癀药业股份有限公司的一个产品在福建市场出现了急剧下滑，销售从 140 万元一个月跌倒 28 万元一个月。我接手项目后，通过快速分析与制定方案，只用了 6 个月的时间，就让销售每个月不断上升，第一个月 48 万元，第二个月 68 万元，第三个月突破 110 万元，第四个月 125 万元，第五个月 145 万元，第六个月突破 160 万元，目前该产品在福建市场依然有 240 万元一个月。

你想知道我是如何稳定大家情绪，如何树立大家信心的吗？你想知道我是如何在销售不好的情况下连续 3 个月完成月月涨价的吗？你想知道我是如何用 1000 元帮助其一个新品种完成一个新市场预付款开发的吗？这些东西你如果掌握了，就是你的财富，企业的财富。

3. 我亲自参与规划与执行的“快速过亿”的部分案例

（1）1997 年，南山奶粉通过 40 多天的策划加上几个月的运作，企业从上一年的 7000 万元到当年的 1 个多亿。

（2）1998 年—2000 年，怀化正好制药有限公司通过三年运作，企业从 150 万元达成 1 个亿目标。

（3）2000—2003 年，太阳石药业的好娃娃从销售几万元到过亿，康妇特栓从 2500 万元到过亿，实现两个品牌三年同时过亿。

（4）2006—2008 年，湖南明瑞医药有限公司在徘徊两年 4000 万元后，通过导入系统管理，企业三年内过亿。

（5）2012 年，加倍爱特奶粉从当年三月零启动到当年度过亿元。

目前正在研究华新顶克系列如何过亿元，研究如何在多个省区市场过亿，一个地级市场过亿。

“过亿”对于一家企业来说，可以说从生存期到了发展期，销售过亿的时候，你的利润一定要达成 20% 左右甚至更高才是本事，光有销售额而没有利润的过亿是虚弱的。这个本领对于弱小企业来说都是需要的，就像书中所说有“利润的增长”才是有血有肉的增长。

中国中小制造业第一步就是要“过亿”，有好利润的“过亿”，只有这样才可能奠定好的发展基础，这个就是我要继续研究的。从目前研究的企业来看，希望都很大，将会持续我的“过亿记录”，其中的规律对于大家都会有很大帮助，这个是“无中生有”的实战智慧，是“由弱变强”的实战智慧，对于创业者、小企业老板及其团队都是非常需要的。很多朋友建议我的下一本书就是《快速过亿》，如果大家看完《卖不动到畅销》还是觉得一个案例不够用，我可以考虑继续写作或者开课。

4. 如何帮助大家成长

当《卖不动到畅销》一书真要出版的时候，我对部分朋友发了一下提纲，大家认为这本书是一本中小企业发展的经典之作，里面道术俱全，适合公司各个层面人员，因此有一些企业家朋友准备大量购买。一是让公司全体人员进行学习；二是准备送给自己的朋友圈，帮助大家更加快地让产品走向畅销。

希望2013年年底起这本书能够成为企业圈、营销人圈子一本“好礼物”，爱惜自己、珍惜朋友，对于生意圈子与企业界的朋友，想帮助朋友快速成长，帮助朋友企业快速实现畅销，让大家摆脱“卖不动”的痛苦，就给他送一本《卖不动到畅销》吧。

目前有意向的企业是：石家庄市华新药业有限责任公司、现代阿胶领跑者的山东鲁润阿胶、广东逸舒制药有限公司、洛阳星和生物工程有限公司、洛阳新春都生物制药有限公司、广东大方医药有限公司、辽宁一鼎医药有限公司、十六万家（广东）管理咨询投资有限公司、长沙彩虹企业管理咨询有限公司、长沙天润文化传播有限公司、贵州远程制药有限公司、北京思享广告、贵州苗通医药科技有限公司、成都拜欧医药有限公司、拜欧空中卖场、浙江横店集团优胜美特公司、广东太安堂制药股份有限公司等企业。

对于这本书我是花费了很多心血的，是用心来写作的。这本书可以说是我20年的记录，20年的经验的总结，只是通过一个完整的案例真实写出来，里面有成功，有教训，避免教训，强化成功是大家必须吸取的。

5年前我开始总结讲学，3年前开始写作，稿子前后改了二十几次，目的就是要让大家分享到一个真实的有灵和有肉的东西。由于多种原因，还是有很多东西没有办法来直白告诉大家，比如：营销解密图大家是很难看懂的，但是那却是最实用的“核武器”，只能以后开课或者用其他途径来分享了。

另外由于每个人经历与阅历不同，很多人会有很多不理解。因此很多朋友问我："能否给他们讲课，能否给他们做方案"，我想在我的精力允许的情况我是非常愿意分享的，具体如何合作等您仔细阅读完《卖不动到畅销》后再讲吧！同时我在"中国营销传播网"已经写了60多篇文稿，并将继续写作，当然我也会将它们发布在我的微信上与大家分享。

2011年下半年一次偶然的计划，我到山东参加一个客户的答谢会，客户邀请我给其邀请的零售门店讲了一堂《如何提高零售门店竞争力》的课程后，我开始对零售业大量研究与大量培训，所到之处大家学习的热情超出我的想象，大家对"渔"的热情不亚于获得"鱼"，因此我认定营销已经进入到"价值营销"阶段，于是我开始研究"产业链价值系统"。我认为未来最优秀的企业一定是产业链价值的整合者，可以是工业，可以是商业，也可能是零售业，关键是如何让自己从产业链的参与者转变为产业链价值的整合者，如何从整合者成为领先者，唯有能够持续创造并创新产业链价值，才能长期保护好产业链价值，长期输出产业链价值。因此未来的竞争一定是造平台和造系统的竞争，当然平台创造者与系统创造者必然会成为行业领导，就像淘宝、携程、腾讯、麦当劳、屈臣氏、7天等企业。

2013年起，我与"第一药店"进行合作，对中国医药零售业开展"产业链价值营销理论"的培训，一群零售业的朋友问我：《卖不动到畅销》零售业是否可以看？我想当然是可以的，一是目前很多集团公司已经是工业、商业、零售业一体化运作，二是了解了工业策划与运作会让零售业更加理智，更加会选择优秀的工业合作，三是零售业如何做品牌在这本书中应当会找到启示，无论是自有品牌发展还是零售商品牌发展都一定可以找到答案，目前我正在研发"零售业如何进行品牌营销"，这个也许是中国零售市场急需的，因为到目前为止，很多行业的零售业的品牌建设才刚刚开始，对于医药零售品牌更是这样。

另外对零售业及工业提醒一下，未来零售业最为重要的三项动产：是消费者、员工与供应商，大家如何相互成就。

对于消费者管理主要是五项：如何让过客变成顾客、如何让顾客变成熟客、如何让熟客变成会员、如何让会员变成VIP、如何让VIP变成家人。在医药保健品、化妆品等行业中，第五步是最大的创新来源，未来优秀的零售企业一定产生在这里，目前我与朋友正在研究与实践"核心会员制"，并有慢性病管理有所突破。

对于员工管理主要是两点：如何帮助他们发财、如何帮助他们发展。另外记住就是人人有责不如人人有利。

对于供应商管理主要要看他给予你什么：稳定的物质利益加上持续的精神价值输出，光有物质没有精神的时代将一去不复还了。零售业的采购管理一定要从采购产品与毛利率向采购“综合价值”转变，要善于发现优秀的供应商，而优秀的供应商一定是有理念、有实战的高级人才组成的。

最后再说三个观点作为本书的结束语，这个对任何企业及管理者一定都管用。

一是分好钱并且持续保护好才能用好人。

二是持续不断给予别人价值才能回报价值。

三是如何将别的行业的东西融合到本行业中进行突破。